MW01641233

UMBRALES PARA LA PLANTACIÓN DE IGLESIAS

UNA GUÍA CENTRADA EN EL EVANGELIO

CLINT CLIFTON

ISBN-13: 978-1983679261
ISBN-10: 1983679267

Número de control de la Biblioteca del Congreso: 2016908700

Fecha de Rev.: 21/06/2016

Clint Clifton es un visionario para la iglesia actual, especialmente con respecto a lo que Dios puede hacer a través de la obra única de la plantación de iglesias. Aún más, es un practicante: toma grandes ideas y las hace prácticas e imitables para los demás. Estoy agradecido de que haya plasmado su probada sabiduría en este excelente recurso. Será una guía y un amigo para los plantadores en cada una de las etapas de la plantación.

– Christine Hoover, autora de *The Church Planting Wife*

Este es un libro excelente, realista y práctico que aborda el "cómo" de la plantación de iglesias. Hay un montón de cosas teóricas que se están produciendo en masa en este momento, pero nada que le ayude a usted a pensar realmente en los engranajes básicos de este trabajito. Pero este osado ejemplar realmente merece una gran audiencia. No conozco a este tipo, pero me gustaría que estuviera en el Reino Unido porque su sabiduría y su experiencia serían inestimables aquí.

– Mez McConnell, autor de *Church in Hard Places,*
Pastor Principal de *Niddrie Community Church*,
Edimburgo, Escocia, y Director de *20 Schemes*

Difícilmente se pueda tener una conversación en Washington, DC sin mencionar la obra de Clint Clifton y su red de plantación de iglesias. Clint ama a su ciudad y ha trabajado incansablemente para plantar iglesias para que más personas en la capital de la nación puedan escuchar el Evangelio. Este es un libro que no fue escrito en una torre de marfil, sino en las trincheras de la plantación de iglesias en una región difícil, y por un hombre que sabe lo que conlleva. Este es un libro que recomiendo que todos los plantadores de iglesias lean, estudien y luego ejecuten.

– Dan Darling, Vicepresidente de *Communications for the Ethics and Religious Liberty Commission*,
autor de *The Original Jesus*

Mi amigo Clint Clifton conoce bien la plantación de iglesias. La plantación de iglesias no es un ejercicio teórico para él, es su vida. Es precisamente por esa razón, que *Umbrales para la Plantación de Iglesias* es un recurso tan valioso. Este libro es ricamente teológico y, sin embargo, intensamente práctico. Le guiará al considerar su propio compromiso con la multiplicación de iglesias. ¡Le recomiendo encarecidamente que usted adquiera este recurso!

– Micah Fries, Vicepresidente de *LifeWay Research*

¡Ojalá este libro hubiera estado disponible cuando plantamos *New Song*! Habríamos ido más lejos, más rápido y con más gozo.

– Hal Seed, Pastor Fundador de *New Song Church*
y autor de *The God Questions*

Umbrales para la Plantación de Iglesias es un recurso fantástico. Es abarcador, específico, aplicable y sabio. Clint Clifton ha visto todo lo que un plantador de iglesias tendrá que atravesar y ha plasmado su experiencia en el papel para nuestro beneficio. Lo uso para capacitar a plantadores de iglesias en mi congregación y no tengo dudas de que será útil para cualquier plantador de iglesias que lo lea.

– Mike McKinley, autor de *Church Planting Is for Wimps*
y Pastor Principal de *Sterling Park Baptist Church*

¿Qué recurso existe para ayudar a un plantador de iglesias a medir el progreso de su obra y a dedicarse a la faena mientras transita eficazmente por las diversas etapas de la plantación de iglesias? Hasta hace poco yo hubiera respondido: "No existe". Pero Clint Clifton nos lo provee ahora. *Umbrales* es un trabajo sólido forjado a través de la experiencia. Se hace relevante mediante las historias personales, y es capaz de avivar el corazón y el espíritu para alcanzar uno tras otro tras otro los umbrales cruciales en el camino. Lo ingenioso de este trabajo es que tiene sentido. A través de estas diez etapas esenciales, Clifton ayuda al plantador ávido a trazar un curso que se puede medir fácilmente con logros sencillos. Sin embargo, esta herramienta no es solo para el plantador de iglesias; debería de adquirirse y aplicarse en toda iglesia que quiera plantar otra iglesia una y otra y otra vez.

- Randy Ferguson, Director de Evaluación de Plantadores de Iglesias,
Red *SEND*, *North American Mission Board*

A Ud. le será difícil encontrar a otro hombre con esta visión, con ese impulso y con esa pasión por expandir el reino de Dios a través de la multiplicación de iglesias. Clint ha sido un regalo increíble para el cuerpo de Cristo en la que es presumiblemente la ciudad más importante del mundo. Ya ha ayudado a plantar casi una docena de iglesias en el área metropolitana de Washington, DC y se ha convertido rápidamente en una autoridad local como líder para la revitalización y plantación de iglesias. Lo que el Señor nos envió a nosotros, ahora también se lo envía a Ud. *Umbrales para la Plantación de Iglesias* es el modelo que ayudó a nuestra iglesia a cambiar su enfoque de crecimiento interno al enfoque bíblico de la multiplicación. Este marco de trabajo es un modelo bíblico para establecer y sostener una iglesia saludable que esté en una posición favorable para alcanzar el mundo para Cristo.

– Lon Solomon, Pastor Principal de *McLean Bible Church*

La voz de Clint Clifton, llena de sabiduría bíblica y demostrada en docenas de iglesias plantadas en lugares poco fértiles, se escucha fuerte y claramente en este libro. Este libro es práctico, pero evita el pragmatismo conveniente. *Umbrales* es para el plantador de iglesias que anhela el fruto y está dispuesto a pagar el precio. Este libro es fácil de leer, pero no es un paseo fácil. Escrito por un líder que ha vivido experiencias en su propia carne, este libro desafiará y motivará tanto a los plantadores de iglesias nuevos como a los más experimentados. Antes de terminar este libro, comencé a planear cómo producirlo en otros idiomas. Clint ha producido un libro que se aplica a todos los contextos.

– Brian Jose, Director Ejecutivo de *Radstock Ministries*

Haber tenido el privilegio de mirar la vida de Clint Clifton desde que era un adolescente rebelde hasta lo que es ahora, uno de los líderes de plantación de iglesias más centrados en el Evangelio en Norteamérica, me emociona profundamente. Me complace decir que fui y de muchas maneras, todavía soy su pastor. La lectura de *Umbrales para la Plantación de Iglesias* me hace alzar la vista al cielo y decir una vez más: "¡Qué Dios tan poderoso servimos!" Este libro debería de ser una lectura obligatoria para todo plantador o pastor de iglesias. Responde a tantas interrogantes que todo plantador se pregunta y obliga a prestar atención al trabajo del reino que la mayoría de los líderes de la iglesia no aceptan. Desafía a todos los que desean ser plantadores a considerar el precio, y a todos los soñadores que anhelan grandeza personal, a considerar de quién es la gloria que realmente está en juego después de todo. Es una obra maestra, escrita por alguien que ha pagado el precio y está llevando a otros a abrazar este noble esfuerzo por Cristo.

– Dannie Williams, Pastor Principal,
First Baptist Church of Lyons, GA

Clint Clifton trae corazón y conocimiento al alto llamado de la plantación de iglesias. Como resultado de su propia experiencia y a través de interacciones con numerosos plantadores de iglesias y equipos de plantación de iglesias, Clint ha proporcionado un recurso que de manera sucinta y estratégica habla de la necesidad de la plantación de iglesias para el desarrollo sistemático de la iglesia y el avance de la misión. Al igual que tomamos nota de los hitos de nuestros propios hijos, las iglesias también tienen umbrales clave en su nacimiento, crecimiento y desarrollo. Mantenga este recurso a la mano mientras ora sobre el llamado de Dios a plantar una iglesia, se involucra en las etapas iniciales de la plantación de iglesias, y mientras se convierte en parte del movimiento de iglesias que plantan iglesias.

– Dr. Brian Autry, Director Ejecutivo, *SBC* de Virginia

¡Clint Clifton ha escrito un libro sobresaliente! *Umbrales para la Plantación de Iglesias* es poderoso, claro y perspicaz para los plantadores de iglesias ansiosos de seguir el camino correcto hacia la "plantación centrada en el evangelio". Usando principios bíblicos y la experiencia personal, de forma muy eficaz, Clifton ha compartido sabiduría que ayudará a todo plantador que preste atención a su consejo en la aplicación de estas diez etapas para multiplicar sus esfuerzos. Los pasos de aplicación y las hojas de trabajo de inventario son adiciones inestimables para hacer que *Umbrales* sea una adición invaluable para quienes se toman en serio la expansión del Reino.

– J. David Jackson, autor de *PLANTED: Starting Well, Growing Strong*
y Director de *Church Multiplication, Baptist Convention of New England*

CONTENIDO

RECONOCIMIENTOS

Jesús me salvó. Mi esposa Jennifer me da coraje para intentar cosas que no creo que pueda hacer. Mi pastor de la infancia, Dannie Williams, y su esposa Gwen, me inculcaron la pasión por la iglesia local. Las personas que componen *Pillar Church* (Iglesia Pilar) de Dumfries son realmente maravillosas; la iglesia fue un laboratorio para crear las ideas que leerá en este libro. *McLean Bible Church* me impulsó hacia la línea de meta con este proyecto. Mis hijos increíbles, Noah, Ruthe, Isaiah y Moses hacen mi vida plena y divertida.

PRÓLOGO

"Hijo, los recursos que te he dado no son solo para ti, ni son para tu iglesia; son para MI iglesia y para MI gloria".

Estas son las palabras que el Espíritu Santo me habló tan claras como un silbido durante un tiempo de oración privado hace un año.

Después de servir como pastor principal de la iglesia más grande de la región del Atlántico Medio por 35 años, ya me había acostumbrado a hacer ministerio a gran escala. Nuestra iglesia se reunía en cinco templos por todo Maryland y Virginia y se jactaba de una asistencia semanal promedio de más de 13000 personas. Dios en su gracia nos había dado un presupuesto anual de $ 32 millones — más de lo que algunas iglesias recolectan en toda su *existencia.*

Me sentía orgulloso de lo que toda nuestra iglesia había logrado — no solo de nuestro tamaño, sino también de nuestro impacto. Al decir de todos, estábamos *teniendo éxito.* Teníamos una reputación en el área metropolitana de Washington. La gente sabía quiénes éramos. Estábamos haciendo ministerio. Las vidas estaban siendo transformadas por el Evangelio. Ciertamente, Dios estaba complacido.

Estaba convencido de que, para continuar en esta trayectoria de crecimiento y éxito ministerial, necesitábamos mantener el crecimiento de nuestra familia de la iglesia. Así que cuando el personal se me acercó con la idea de comenzar nuevas iglesias con miembros de nuestra congregación, yo me opuse con vehemencia. De muchas maneras, ser el pastor de una iglesia grande se convirtió en parte de mi identidad y yo me aferraba a eso. Lo último que yo quería para mi iglesia era que los miembros de nuestra congregación se dividieran para comenzar nuevas iglesias. Solo quería que nuestra iglesia continuara creciendo.

Mirando al pasado, me doy cuenta de que lo que yo pensaba que era un enfoque saludable para el crecimiento de la iglesia, era en realidad pecaminoso.

Claro, éramos una congregación grande. Claro, nosotros estábamos haciendo grandes cosas para el Señor, por su gracia. Pero, sin saberlo, me gané la reputación de ser "el pastor Llanero Solitario", porque nuestra iglesia, aunque grande y bien dotada de recursos, operaba en un vacío. Estábamos completamente inconscientes de todo lo que Dios estaba haciendo a través de otras iglesias en nuestra zona.

Pero como todo buen padre, el Señor me corrigió amorosamente y me mostró mis deseos egoístas cuando me arrodillé ese día en oración, y misericordiosamente me enfrentó cara a cara con mi propio pecado y, por primera vez, pude ver mi arrogancia. Solo había una respuesta apropiada: el arrepentimiento.

Ese día, le pedí a Dios que me mostrara cómo quería moverse en *Su* iglesia. Le prometí que, si me daba otra oportunidad, sería un pastor diferente. Yo pastorearía a nuestra congregación de una manera que reconociera que Dios era el Señor de nuestra iglesia, no yo.

¡Alabado sea Dios por la gracia! ¡Él oyó y contestó mi oración! En los meses siguientes, Dios reveló Su voluntad para nuestra iglesia, y al buscarle diariamente, me dio una nueva visión para reenfocar a nuestra iglesia en convertirse en una iglesia "poderosa" en cinco áreas clave:

- Poderosa en la Oración
- Poderosa en el Evangelismo
- Poderosa en la Edificación de los Discípulos
- Poderosa en la Palabra de Dios
- Poderosa en el Servicio al Señor

Quizás lo más importante es que me mostró que esta no es solo Su visión para *nuestra* iglesia — es Su visión para LA iglesia. De repente entendí que la Gran Comisión es una carga tan enorme, que requerirá de los esfuerzos de cientos y miles de iglesias "poderosas" de toda nuestra ciudad, de toda nuestra nación y de todo el mundo para lograrlo.

Esto significa que cuando ayudamos a revitalizar las iglesias con el deseo de ser fieles al Evangelio y de plantar nuevas iglesias donde hay una necesidad de un testimonio fiel del Evangelio, propagamos el Evangelio de forma efectiva.

Esta estrategia de multiplicación no es solo una buena idea. Es además es bíblica.

En el Nuevo Testamento, encontramos al Apóstol Pablo tomando una ofrenda de las iglesias gentiles para la iglesia en Jerusalén, que era pobre y con pocos recursos. En 2 Corintios capítulo 8, Pablo exhortó a la iglesia de Corinto, en su abundancia, a darle ayuda a la iglesia de Jerusalén. ¿Cómo lo describe? Como "ministerio de servicio" al Señor mismo.

Al igual que la iglesia de Corinto, el Señor ha bendecido la iglesia norteamericana con una abundancia que muchas iglesias en todo el mundo nunca conocerán. Nuestra bendición no es solo para nosotros. Es para que Su gloria sea proclamada en nuestras ciudades y entre las naciones.

Sé que un cambio en mi corazón solo podría haber sido por la obra del Espíritu Santo. De pronto, la asociación con otras iglesias se hizo imperativa, solo que no sabíamos por dónde empezar. Y entonces buscamos de nuevo al Señor en oración, y Él nos envió a Clint Clifton.

Prometo que usted se verá en la necesidad apremiante de consultar a otra persona con visión, con impulso y con pasión por expandir el reino de Dios a través de la multiplicación de iglesias. Clint ha sido un regalo increíble para el cuerpo de Cristo en lo que es posiblemente la ciudad más importante del mundo. Ya ha ayudado a plantar casi una docena de iglesias en el área metropolitana de Washington, DC y se ha convertido rápidamente en una autoridad local prominente en la revitalización y la plantación de iglesias.

Lo que el Señor nos envió a nosotros, ahora también se lo envía a usted. *Umbrales para la Plantación de Iglesias* es el modelo que ayudó a nuestra iglesia a cambiar su enfoque de crecimiento interno al enfoque bíblico de la multiplicación. Este marco de trabajo es un modelo bíblico para establecer y sostener una iglesia saludable que esté bien posicionada para alcanzar el mundo para Cristo.

Sé bien lo que digo. A principios de este año, usamos el modelo de *Umbrales para la Plantación de Iglesias* en *McLean Bible Church* (Iglesia Bíblica de McLean) para lanzar la Red *New City*, nuestro grupo de plantación y revitalización de iglesias. Por la gracia de Dios, esperamos iniciar 30 iglesias en apenas nuestro primer año de plantación de iglesias y debemos mucho de lo que hemos aprendido a la obra del Espíritu Santo y a la increíble manera en que Dios ha dotado y cableado a Clint.

Hermanos y hermanas, creo que Dios está listo para producir avivamiento en Su iglesia por todo nuestro país. Y como en todos los avivamientos, comenzará con oración y con corazones que se rinden completamente ante Él.

Mi oración por usted es que mientras lee este libro, el Espíritu Santo le muestre claramente su papel en la expansión y la multiplicación de Su iglesia. Ruego que Dios levante a la próxima generación de líderes piadosos que solo deseen *"dar a conocer sus obras entre los pueblos"* (Salmo 105:1). Y espero con impaciencia el día que las Escrituras describen en Efesios 5:27, cuando Cristo se presentará "a sí mismo una iglesia en toda su gloria, sin que tenga mancha ni arruga ni cosa semejante, sino que fuera santa e inmaculada". ¡Amén!

Para Su Fama,
Lon Solomon

INTRODUCCIÓN

Jesús me salvó a través del ministerio de una iglesia moderadamente grande y perfectamente ordinaria en mi ciudad natal. Comencé a ir a la iglesia por motivos que no eran muy puros: estaba persiguiendo a una chica. Para mi sorpresa, al final encontré a Jesús más atractivo que cualquier chica. Después de un tiempo, Jesús me salvó y encaminó mi vida por la trayectoria del ministerio del Evangelio.

Mirando hacia atrás, en los últimos veinte años de mi vida cristiana, puedo decir con sinceridad que ninguna institución ha causado un impacto tan dramático y tan duradero en mi vida como la iglesia de la que fui parte cuando me convertí en cristiano. *Peniel Baptist Church* (Iglesia Bautista Peniel) en Palatka, Florida me discipuló, me amó y me reprendió. Me martillearon hasta más o menos moldear el hombre que soy actualmente.

Una de las contribuciones más significativas que hicieron en mi vida fue que se preocupaban más por el crecimiento del Reino de Dios que por el crecimiento de su propia congregación. La iglesia enviaba equipos de personas regularmente para formar nuevas congregaciones en lugares donde eran insuficientes, e hicieron todo lo posible para que otras iglesias de la comunidad también prosperaran. He aprendido que esta es una postura increíblemente única para la iglesia local.

Casi inmediatamente después de hacerme cristiano empecé a servir en diversas áreas en las iglesias que estábamos plantando. En una, tocaba la guitarra; para otra, participaba en el evangelismo de puerta en puerta. Las oportunidades eran infinitas porque había nuevas congregaciones formándose todo el tiempo y los obreros eran pocos. El mensaje era claro para mí: ***las iglesias hacen discípulos y los discípulos hacen iglesias,*** y decidí que así quería pasar mi vida. Entonces, eso fue lo que hice. Fui a la universidad, luego al seminario, y unas semanas después de graduarme del seminario, comencé a trabajar para plantar *Pillar Church* cerca de Quántico, Virginia, área de confluencia del Cuerpo de Marines de los Estados Unidos, en los suburbios de Washington D.C.

Desde los primeros días de nuestra iglesia, determinamos medir nuestro éxito por nuestra capacidad de enviar y no por nuestra capacidad de asientos, alineando así la misión primordial de nuestra iglesia local con la misión primaria de la iglesia universal de Jesús: hacer discípulos de todas las naciones. Este énfasis ha requerido que invirtamos una tremenda cantidad de energía y recursos en la fundación de otras iglesias. También nos ha obligado a elegir intencionalmente la propagación del Evangelio por encima de nuestro propio crecimiento numérico. Desde el primer culto de nuestra iglesia en el 2005, hemos participado en la plantación de más de una docena de iglesias nuevas, con varias más que se preparan para comenzar. Muchos de los hombres que hemos enviado a plantar iglesias nuevas comenzaron como miembros de nuestra iglesia, como laicos que tenían trabajos no ministeriales. Cerca de la mitad de estos hombres todavía no han tenido capacitación en un seminario y no tenían aspiraciones de plantar una iglesia antes de unirse a *Pillar Church*. Eso no quiere decir que estos hombres no están bien adiestrados o no sean competentes para el trabajo. Son hombres fieles y piadosos con amor por el Evangelio, con buen carácter y una innegable habilidad para *"manejar con precisión la palabra de verdad"* (2 Timoteo 2:15).

No digo estas cosas para presumir de *Pillar Church*, sino para enfatizar que la plantación de iglesias no es solo tarea de mega iglesias con presupuestos multimillonarios. Con mucha frecuencia me preguntan de qué tamaño debe ser una iglesia para comenzar a plantar otra iglesia o cuánto dinero hace falta para comenzar una iglesia nueva. Estas preguntas, por muy bien intencionadas que sean, no son las correctas. La pregunta correcta es: ¿Qué edad y qué tamaño necesita tener una iglesia para comenzar a obedecer la Gran Comisión en Mateo 28:18-20?

La Gran Comisión es el deber de toda iglesia independientemente de su tamaño, de su demografía o de su presupuesto. La Gran Comisión no dice: "Id, pues y haced discípulos de todas las naciones, bautizándolos en el nombre del Padre, del Hijo y del Espíritu Santo, tan pronto tengáis el dinero" o "tan pronto tengáis más de 500 personas". El mandamiento es para todas las iglesias del Nuevo Testamento y punto.

En mi observación, solamente hace falta un recurso para que una iglesia comience a plantar otra iglesia y no tiene nada que ver ni con instalaciones ni con presupuestos. Ese recurso necesario es un líder dispuesto. Las iglesias se plantan por misioneros-pastores enviados por iglesias que expanden el Reino. Por lo tanto, si ha elegido este libro en busca de la clave para la plantación de iglesias, aquí está. La única cosa que decididamente se debe tener para plantar una iglesia nueva es un misionero-pastor bíblicamente calificado para enviarlo.

En nuestro entorno actual, la mayoría de las iglesias evangélicas de los Estados Unidos no intentan plantar otras iglesias nuevas. Las iglesias norteamericanas han estado demasiado ocupadas con el ministerio como para dedicarse a pensar mucho en la misión. La plantación de iglesias se ha practicado más o menos con la misma frecuencia que el lavado de los pies y la predicación en las calles, pero eso parece estar cambiando. Durante las últimas décadas, se ha producido un ascenso notable en la plantación de iglesias. Muchas denominaciones y redes están ofreciendo recursos para la capacitación de quienes desean plantar iglesias nuevas. Existen universidades y seminarios que están desarrollando programas de plantación de iglesias, y se están imprimiendo varios libros sobre la plantación de iglesias y materiales de capacitación.

Pero a medida que las denominaciones, las redes y los seminarios se suman a este tren, no olvidemos que la responsabilidad de plantar iglesias recae mucho más en la iglesia local que en una red, denominación, individuo, ministerio para-eclesiástico, o institución educativa. Nuestro mayor potencial para el crecimiento del Reino se encuentra en las iglesias locales, cuyos ancianos y miembros se dedican a capacitar y a enviar miembros para plantar iglesias nuevas en las comunidades que las necesitan. Las iglesias locales están en una mejor posición para iniciar nuevas iglesias que cualquier otra organización en el planeta. De la misma manera que una madre da a luz a un hijo, las iglesias dan a luz a iglesias nuevas de forma muy natural. Las denominaciones y las organizaciones para-eclesiásticas son recursos tremendos para el plantador de iglesias y deben de utilizarse en la medida en que sean útiles, pero estas organizaciones nunca deberían de reemplazar a la iglesia local como figura central para el establecimiento y la renovación de la iglesia. Esto no quiere decir que las denominaciones y las redes no hayan tenido éxito en su esfuerzo de iniciar iglesias nuevas, o que las iglesias plantadas por tales organizaciones son ilegítimas. Sin embargo, las iglesias son el medio normal y natural cuando se trata de iniciar otras iglesias nuevas.

El objetivo de este escrito es ayudar a iglesias saludables y centradas en Cristo, a través del proceso de iniciar otras iglesias nuevas. Las etapas que se proponen en este material se desarrollaron a través de las experiencias, a veces alegres y a veces dolorosas, que he vivido guiando a una pequeña iglesia a reproducirse activamente. El propósito es que sean una guía general para pastores e iglesias que desean preparar líderes para el ministerio de plantación de iglesias.

Etapas del Proceso de Plantación de Iglesias

La plantación de iglesias es una obra extremadamente difícil y desalentadora. Es el equivalente sagrado de iniciar un pequeño negocio con solo una tasa de éxito ligeramente mejor. Según la *Small Business Administration* (Administración de Pequeños Negocios), cerca de la mitad de los negocios nuevos sobreviven por cinco años o más y cerca de un tercio sobreviven diez años o más.[1] Las iglesias nuevas se comportan un poco mejor atravesando las primeras dificultades. El *North American Mission Board's Center for Missional Research* (Centro para la Investigación Misionera de la Junta Norteamericana de Misiones) informa que el 99% de las iglesias sobreviven el primer año, el 92% el segundo año, el 81% el tercer año y el 68% el cuarto año.[2] Con uno de cada tres plantadores de iglesias renunciando a su llamado antes de su quinto año, todo aquel que entre en el campo de la plantación de iglesias debe de hacerlo con un nivel apropiado de humildad y de temor. La plantación de iglesias está plagada de dificultades. Recuerde que su oración continua, su confianza en la dirección de Dios y su obediencia fiel serán cruciales para cada etapa del proceso.

Los plantadores de iglesias son misioneros que enfrentan constantes ataques espirituales de Satanás y sus demonios. En su propia esencia, la iglesia es una organización que Satanás odia profundamente. Las iglesias ayudan a los cristianos a unirse a Cristo y resistir a Satanás y a sus ardides (2 Corintios 2:11). La iglesia es una organización que enseña la Palabra de Dios (1 Timoteo 5:17), que es lo que usan los cristianos para librar la guerra contra Satanás. El archienemigo de Satanás, Jesús, es la cabeza de la iglesia; así que no piense ni por un minuto que su trabajo de plantación de iglesias pasará desapercibido para el *"el príncipe de este mundo"* (Juan 12:31). Lo último que Satanás desea es una iglesia nueva, saludable, fiel y vibrante.

Como si eso no fuera lo suficientemente espantoso, los "bienes y servicios" que ofrece la iglesia de Jesús, aparte del Espíritu de Dios, no son de interés para nuestro mundo. Si se le diera a escoger, la mayoría de las comunidades preferirían tener una tienda en vez de una iglesia nueva. Las iglesias se ven como algo que nadie visita, como un desperdicio de tierra y una molestia general para las autoridades cívicas. En casi todas las arterias de la vida norteamericana moderna, tanto en la ciudad como en los suburbios, nuestra nación escupe en la cara del cristianismo.

Tenacidad

Si usted va a plantar una iglesia nueva o a guiar a su iglesia a plantar una iglesia nueva, tendrá que mantener una profunda resolución para soportar las dificultades que enfrentará. La plantación de iglesias requiere del compromiso inquebrantable de predicar, orar, evangelizar y permanecer. Habrá muchos momentos en el camino en que usted deseará renunciar — ciertamente yo he pasado por esos momentos — pero los mejores plantadores de iglesias que conozco no son los que comenzaron iglesias que crecieron a cientos o a miles de miembros en pocos años, sino los que continuaron fielmente a través de la adversidad. Si está planeando comenzar una nueva iglesia, le animo a examinar la hoja de trabajo que le propongo en el Apéndice B.

Este libro se basa en diez etapas para el proceso de plantar una nueva iglesia. Cada etapa, especialmente las ocho primeras, debe de llevarse a cabo antes de pasar a la siguiente etapa. Omitir una etapa o seguir adelante antes de alcanzar los "umbrales" de cada etapa, debilitará el resultado y podría poner en peligro la sostenibilidad o la eficacia a largo plazo de la iglesia. Piense en estas etapas como si fueran una serie de puertas. Detrás de cada puerta encontrará las llaves de la siguiente.

No se permita precipitarse en el proceso de edificación de la iglesia de Dios. La obra es demasiado importante y lo que está en juego es demasiado alto. **Mi experiencia al plantar iglesias y al ayudar a otros a plantar iglesias me ha convencido de que la mayoría de los problemas que las iglesias nuevas enfrentan se deben a una transigencia que se hizo durante la formación de la iglesia**. Completar estas etapas no garantizará que la iglesia que está intentando plantar sobrevivirá, pero sí aumentará las probabilidades de evitar que tropiece con escollos por el camino.

Umbrales

Como hay una serie de definiciones para la palabra "umbral", voy a explicar exactamente lo que quiero decir. Un umbral es el "valor mínimo de una magnitud a partir del cual se produce un efecto determinado"[3]. Para que cada etapa se considere finalizada, habrá un umbral mínimo que se deberá alcanzar.

Permítame utilizar un ejemplo monetario para explicarlo. Si Ud. está comenzando una iglesia y planea reunirse en una escuela u otra instalación de alquiler, tendrá que pagar el alquiler y los costos del seguro. Digamos $ 1,000 por mes. Si planea ganarse su sustento como plantador de iglesias, tendrá costos de personal. Digamos $ 2,500 por mes. Si planea ahorrar dinero para una labor futura de plantación de iglesias, necesita dinero para eso: $ 300 por mes.

Todas estas necesidades equivaldrían a una determinada cantidad en dólares y en este caso es de $ 4,000. Así que $ 4,000 es la cantidad mínima que necesitará para lograr todas las cosas que planea hacer. Ese es el umbral. Si sus ingresos están por debajo de su umbral, se verá obligado a hacer una de dos cosas: conformarse con un local de reuniones menos costoso y potencialmente menos efectivo, aunque sabe que no es la mejor idea; o aceptar algo aún peor, desechar totalmente algo que usted cree que sería de bendición para la nueva iglesia.

Abandonar o ajustar su plan, no le acercará más a su objetivo de plantar esta nueva iglesia. Por lo tanto, los umbrales son necesarios para lograr sus aspiraciones para esta nueva iglesia. Al trabajar con este material notará que cada etapa del proceso de plantación está asociada a una serie de umbrales. En la mayoría de los casos, el plantador de iglesias, de mutuo acuerdo con los ancianos de la iglesia que lo envía, debe de establecer estos umbrales. Los ancianos de la iglesia que lo envía, además de su mentor, tendrán la responsabilidad de que usted mantenga y alcance los umbrales cuando se sienta tentado a abandonarlos o a ajustarlos. Recuerde que los umbrales son los requisitos mínimos para pasar al siguiente paso del proceso. Es aconsejable superar los umbrales mínimos siempre que sea posible. Como con la mayoría de las cosas en la vida, cada etapa costará probablemente más y tardará más de lo que usted espera. Tener un extra disponible en cada paso sería un acto prudente de mayordomía.

En el Apéndice A encontrará una lista de verificación con todos los umbrales enumerados. Debería de utilizar esta lista para llevar un seguimiento de su progreso. También encontrará los umbrales a lo largo de los capítulos. Algunos de los umbrales son tareas sencillas que se pueden completar con relativa facilidad y otros tardarán mucho tiempo y costarán mucho esfuerzo para completarse. Cuando establezca un umbral, debería de escribirlo y no cambiarlo sin consultar a los líderes de la iglesia que lo envía. Esto le ayudará a medir el progreso y a no distraerse a medida que supera las diferentes etapas.

La Iglesia que Envía

Le animo a luchar contra la tentación de hacer este trabajo solo. Si una iglesia saludable le envía, procure la guía de los ancianos de la iglesia mientras trabaja en las etapas y determina los umbrales. Comuníquese con ellos con regularidad y dígales cuando esté listo para pasar de una etapa a la próxima.

Tenga en cuenta que los líderes de su iglesia que le envía probablemente estén ocupados con asuntos relacionados con la salud y el bienestar de su propia congregación. Su responsabilidad como plantador es mantenerlos informados de las luchas y de los éxitos que experimenta a lo largo del camino. Esto es particularmente importante si usted es un plantador de iglesias joven o si es nuevo en el ministerio pastoral. Los plantadores jóvenes e inexpertos con frecuencia pasan por una racha de rebeldía e independencia, que casi siempre es pecaminosa.

Conozco a un plantador de iglesias, "John" que era un pastor asociado muy querido en *"Community Church"* en su ciudad. El ministerio en esta iglesia había crecido rápidamente durante su tiempo como pastor y tanto el personal como la congregación amaban mucho al pastor John. Después de servir en la iglesia por algunos años, el pastor John se inquietó y comenzó a pensar en plantar una nueva iglesia. John fue a ver al Pastor Principal Bill para compartir la noticia de su nuevo llamado. A diferencia de la mayoría de los pastores, Bill respondió con entusiasmo. Prometió hacer todo lo posible para animar a *Community Church* a apoyar la nueva obra de John. Con el respaldo de su pastor principal, John comenzó a compartir su sueño con el resto del personal y con la congregación de *Community Church.* El entusiasmo por el nuevo ministerio de John comenzó a contagiar a la iglesia. *Community Church* le dio a John una "licencia de caza" diciéndole que tenía la libertad de invitar a algunos miembros de la congregación para que se unieran a su equipo principal. Como si no fuera suficiente, *Community Church* prometió apoyarlo financieramente hasta que la iglesia despegara. John se esforzó mucho en reclutar, tratando de reunir el mayor apoyo posible para lanzar su nueva iglesia. Al final, John tenía un gran equipo de *Community Church.*

Por supuesto, con todo ese impulso, la nueva iglesia creció rápidamente. John dejó que todo el éxito se le fuera a la cabeza. Honestamente, creía que el éxito del ministerio era debido a su liderazgo sobresaliente y a su predicación carismática. No pasó mucho tiempo antes de que el equipo de John regresara a *Community Church.* Cuando regresaron, se sorprendieron al descubrir que *Community Church* todavía estaba luchando para recuperarse de la pérdida de recursos y de los miembros que se fueron con el pastor John. Los miembros que regresaron hablaron negativamente del liderazgo de John y les advirtieron a los miembros de *Community Church* que no plantarían más iglesias. Años más tarde, otro hombre de *Community Church* sintió el llamado de Dios para plantar una iglesia. Con los recuerdos del Pastor John aún frescos en sus mentes, *Community Church* optó por no plantar de nuevo.

Un plantador de visión corta percibe que su trabajo es simplemente plantar una iglesia. Los plantadores de iglesias deben de trabajar duro para mantener buenas relaciones con las iglesias que los envían y que los apoyan para que esas iglesias se esfuercen por plantar más iglesias en el futuro. Hablando claramente, si usted está plantando una iglesia nueva con el apoyo de una más establecida, usted debe de someterse y apoyar a la iglesia que lo envía, a lo largo del proceso.

El Ejemplo de Pablo

Piense en el ejemplo del apóstol Pablo. Su ministerio se caracterizó por su cuidado de las iglesias; enfrentó la "presión cotidiana" y la "preocupación" por ellas (2 Corintios 11:28-29). Las iglesias de Macedonia dieron sacrificialmente para que el Evangelio se arraigara en Corinto. En un momento Pablo dice: *"A otras iglesias despojé, tomando salario de ellas para serviros a vosotros"* (2 Corintios 11:8). Otra vez Pablo escribe para instar a los corintios a tomar una ofrenda para los santos en Jerusalén — la iglesia que lo envía. Siga el ejemplo de Pablo mientras se prepara para plantar una nueva iglesia. El derroche negligente de los recursos de la iglesia que lo envía puede lucir como un éxito al principio, pero a la larga será perjudicial para el crecimiento del Reino.

Mantener una buena relación con la iglesia que lo envía implicará un buen número de desafíos, pero no se dé por vencido ante el proceso. Pocas cosas contribuirán más a la salud de esta nueva iglesia a largo plazo que el consejo y sabiduría ofrecida por hombres de Dios que le conocen y comparten un interés particular por su bienestar personal y por el éxito de esta nueva iglesia.

Nunca pierda de vista el hecho de que las iglesias plantan iglesias. Usted es una extensión del ministerio de la iglesia que lo envía. La plantación de iglesias es un deporte de equipo, no un deporte individual. Las iglesias con un liderazgo individualista son vulnerables a los ardides del diablo y son susceptibles a innumerables cepas de cáncer de iglesia. Si usted no puede ponerse de acuerdo con otros hombres de Dios ahora, tampoco podrá hacerlo más adelante cuando surjan nuevos líderes locales. Trabajen juntos en las dificultades. Y como siempre, *"sometiéndoos unos a otros en el temor de Cristo"* (Efesios 5:21).

ETAPA UNO

CONFIRME

Ver empezar a los plantadores de iglesias me recuerda a mi pasatiempo de infancia favorito: visitar la piscina pública local. Mis amigos y yo caminábamos hasta la piscina en nuestra ciudad natal para disfrutar de horas de ocio sin supervisión. La mejor parte de ir a la piscina era cuando aquellos clavadistas inexpertos se lanzaban del trampolín, encaramados a cuatro pies de altura sobre la superficie del agua. Algunos se lanzaban con gracia al agua como un clavadista olímpico, mientras que otros se daban barrigazos contra el agua dignos de *YouTube.*

Aunque es imposible predecir con exactitud qué plantadores de iglesias serán eficaces y cuáles fracasarán, hay factores que contribuyen al éxito o al fracaso de una iglesia nueva. En mi opinión, el factor más significativo es el llamado del plantador de iglesias. Si usted pierde esto de vista, las consecuencias serán traumáticas. Como mínimo, significará años de miseria para usted y para los que tienen la desgracia de asistir a su iglesia. En la década de 1890, el gran teólogo y predicador británico, Charles Spurgeon, aconsejó a sus estudiantes:

> No entréis en el ministerio si podéis evitarlo… Debemos sentir aflicción si no predicamos el evangelio; la palabra de Dios debe ser para nosotros como fuego en nuestros huesos; de lo contrario, si emprendemos el ministerio seremos desdichados en él, careceremos de aptitud para armarnos de la abnegación que debe de acompañarle,

> y seremos de poca utilidad para aquellos entre quienes ministramos.[4]

Pasé mucho tiempo pensando en los consejos de Spurgeon antes de llegar a la conclusión de que ningún otro afán era una opción para mí. Sentía una aspiración sincera hacia el cargo de anciano (1 Timoteo 3:1) y cumplía con los requisitos bíblicos (1 Timoteo 3:1-7, Tito 1:5-9; 1 Pedro 5:1-4). Entonces fui confirmado y enviado por el liderazgo de mi iglesia local. Podría decir con confianza que fui llamado al ministerio de plantar iglesias y lo que es más importante, otros también pudieron dar fe de mi vocación.

Con el paso de los años, me he reunido y he hablado con muchas personas interesadas en comenzar iglesias nuevas, muchas de ellas ya sirviendo en algún tipo de ministerio. En estas conversaciones, me he encontrado pastores que ven la plantación de iglesias como la solución a todos sus problemas del ministerio. A veces es un pastor de jóvenes inquieto que está harto de "ser la niñera de los adolescentes" o un pastor asociado que está a la espera de dar el siguiente paso en la escala ministerial, o incluso un pastor principal listo para entregar sus ovejas a la vecindad de lobos por causa de su rebeldía. Otras veces, desesperado por una ocupación más sagrada, un posible plantador de iglesias emergerá de quienes trabajan secularmente usando una visión de ministerio como la ruta de escape más próxima, porque su trabajo secular no tiene futuro. La posibilidad de plantar una nueva iglesia puede ser tentadora para los que están cansados de su trabajo actual, pero ni la inquietud, ni la pasión, ni la frustración constituyen el llamado.

En el Apéndice B encontrará una Hoja de Trabajo de Abandono que le ayudará a considerar las circunstancias que pudieran hacerle abandonar la plantación de iglesias. Examínelo con su cónyuge y comparta sus descubrimientos con los líderes de la iglesia que lo envía.

He completado la Hoja de Trabajo de Abandono.

Si cree que Dios le ha llamado a plantar una iglesia nueva o a revitalizar una vieja, el llamado tiene que consistir en algo más que una inquietud o frustración con sus circunstancias actuales. Si está contemplando la posibilidad de entrar en el ministerio público, confirme su llamado asegurándose de que posee una aspiración genuina, idoneidad espiritual y la afirmación de una iglesia saludable.

Aspiración

En 1 Timoteo 3:1, el apóstol Pablo introduce su lista de características que debe reunir un anciano con esta declaración: *"Si alguno aspira al cargo de obispo, buena obra desea hacer"*. La palabra griega traducida como "aspirar" significa "estirarse para tocar o agarrar algo"[5]. La palabra "desear" significa "anhelar" o "codiciar"[6]. Pablo está diciendo que para ser apto para el oficio de anciano, uno debe estirarse para alcanzarlo y desearlo. Dios es un maestro en producir deseo donde alguna vez hubo apatía. El mismo Dios que diseñó a los hombres para que desearan a las mujeres y a los tiburones para que codiciaran la sangre, le concederá un apetito voraz por la difusión del Evangelio. El salmista sintió esta pasión cuando dijo: *"Prefiero estar en el umbral de la casa de mi Dios que morar en las tiendas de impiedad"* (Salmo 84:10). Pedro y Juan lo sintieron cuando dijeron a sus captores: *"porque nosotros no podemos dejar de decir lo que hemos visto y oído"* (Hechos 4:20). Este es el tipo de impulso visceral que necesitará para plantar una nueva iglesia.

Necesitamos más pastores de tipo misionero como los del libro de los Hechos, semejantes a soldados, valientes, llenos de fe, "listos para lo que sea". Esos poderosos hombres de Dios son cosa rara hoy. En su lugar, ha surgido una contraparte más suave, más profesional. "El profesionalismo" escribe John Piper, "no tiene nada que ver con la esencia y el corazón del ministerio cristiano. Cuanto más profesionales anhelemos ser, más muerte espiritual dejaremos a nuestro paso. Como mismo no existe una forma profesional de asemejarse a los niños, tampoco existe una forma profesional de tener un corazón tierno. No existe el ansia profesional por Dios."[7] Al entrar en esta línea de trabajo, usted debe preguntarse si su aspiración es dar a conocer a Cristo o darse a conocer a sí mismo.

La vida de un eclesiástico es una vida de servicio y sacrificio. Para manifestar a Jesús debidamente, debemos estar dispuestos a permanecer invisibles. Ninguna figura bíblica nos da una imagen más clara de este tipo de adoración que Juan el Bautista, el precursor de Jesús. La vida de Juan estuvo definida por un propósito sencillo y autoproclamado: *"Preparad el camino del Señor"* (Mateo 3:3). Juan dedicó todo su ministerio al revelamiento de Jesús. Cuando se le preguntó si él era Elías o el profeta, Juan respondió: *"Yo soy la voz del que clama en el desierto: "Enderezad el camino del Señor"* (Juan 1:23). Aunque tuvo muchas oportunidades de ganar gloria para sí mismo, Juan comprendió la belleza y la gloria de Cristo y se consideró indigno de siquiera desatar las sandalias de los pies de Jesús (Juan 1:27). Cuando Jesús llegó, toda la atención se apartó de Juan; Juan ya no era el centro de atención. En el momento en el que fue completamente eclipsado por Jesús, Juan proclama con deleite pleno: *"Este gozo mío se ha completado"* (Juan 3:29).

¿Alguna vez ha visto usted al hombre que corre el telón durante una actuación teatral? Probablemente no. Se esconde en la oscuridad para no distraer la atención al escenario. Si hace su trabajo adecuadamente, él descubre el escenario mientras permanece fuera del foco de la luz. Del mismo modo, si su ministerio es fructífero, Jesús estará en el centro del escenario mientras usted permanece oculto entre las sombras. Si esta es la vida que anhela, entonces existe una buena posibilidad de que usted sienta una aspiración verdadera al ministerio.

Como usted es el único que puede explorar sus motivos personales, solo usted puede aprobar este umbral. Dedique algún tiempo a examinar sus motivos y pida la opinión honesta de otros que le conocen bien. Hágase muchas preguntas. ¿Cuáles son mis verdaderas motivaciones para plantar una iglesia? ¿Y si Dios me llama a algún lugar que no quiero ir? ¿Seguiré trabajando para Cristo, aunque mi ministerio no tenga éxito en términos humanos?

Idoneidad

A primera vista, las cualidades de un plantador de iglesias pueden parecer diferentes de las de un anciano de una iglesia más establecida. Pero dado que el plantador de iglesias tendrá roles de pastoreo y supervisión, se aplican las mismas cualidades de un anciano, según 1 Timoteo 3 y de Tito

1. La Biblia cita más de 25 cualidades para un anciano. Las Escrituras enfatizan que estas son cualidades esenciales para el hombre de Dios que será líder de una congregación local.

En el Apéndice C, podrá encontrar una Hoja de Trabajo de Idoneidad según las Escrituras diseñada para ayudarle a evaluar si cumple con las cualidades que están plasmadas en las Escrituras. Autoevalúese; y si es casado, que su cónyuge lo evalúe; luego pídale a un mentor que lo evalúe. Anímelos a responder honestamente y luego compare las evaluaciones para que le ayuden a determinar si usted está preparado para el ministerio pastoral.

He completado la Hoja de Trabajo de Idoneidad según las Escrituras.

Además de las cualidades bíblicas que se pueden encontrar en la Palabra de Dios, existen algunas cualidades secundarias que comúnmente están presentes en los plantadores de iglesias fructíferos. Las Escrituras no imponen estas cualidades, por lo que tampoco usted debería considerarlas obligatorias. Sin embargo, es sabio para quienes aspiran a plantar iglesias y carecen de estas cualidades, que trabajen diligentemente para desarrollar estas áreas y que busquen la ayuda de los que obviamente las poseen.

- **Fervor Evangelístico** — Todos los cristianos deben de evangelizar porque es un mandamiento de las Escrituras. Dicho esto, todos sabemos que algunos cristianos comparten su fe más fácilmente que otros. Dado que el ministerio de plantar iglesias está tan estrechamente asociado a ganar a las personas perdidas para Cristo, un plantador de iglesias con luchas en el área de evangelismo personal percibirá la plantación de iglesias como algo particularmente difícil y frustrante. Si tiene luchas para ser audaz, claro y consistente al compartir el Evangelio con los no cristianos, necesitará esforzarse para crecer en esta área antes de plantar una iglesia.

- **Iniciativa** — La plantación de iglesias requiere de mucha iniciativa. Si es una persona que necesita directivas claras de un supervisor para progresar en su trabajo, la plantación de iglesias resultará ser un reto para usted. Un plantador de iglesias debe ser una mezcla de misionero y pastor. Para plantar una iglesia nueva con éxito usted tendrá que iniciar muchas conversaciones, relaciones y asociaciones.

- **Tenacidad** — Como he mencionado algunas veces, la plantación de iglesias es difícil. Si usted se rinde fácilmente o se desanima rápidamente, la plantación de iglesias le será casi imposible. Empezar una iglesia nueva en una comunidad que no la desea es una batalla cuesta arriba. Algunos de los plantadores de iglesias más eficaces que conozco son también algunas de las personas más obstinadas que conozco y con la capacidad única de luchar para resolver el problema en vez de retirarse ante él. No aceptan fácilmente el "no" por respuesta e incluso cuando lo hacen, buscan otra manera de lograr que se haga el trabajo. Es un equilibrio delicado entre poseer estas cualidades y continuar siendo agraciado, humilde y santo. Si no se siente cómodo con las confrontaciones o las situaciones interpersonales desafiantes, no le gustará la plantación de iglesias en lo absoluto; está llena de cosas como estas.

- **Visión** — La iglesia que va a plantar no existe todavía; por lo tanto, gran parte de su progreso inicial descansará en su capacidad de describirle su futura iglesia a los que estén dispuestos a escuchar. Esto es particularmente importante durante las etapas del dos al cuatro del proceso de plantación de iglesias. Un amigo una vez me aconsejó diciendo que nadie quiere ser la última persona en escribir un cheque para una organización moribunda. Si las personas no creen que su iglesia realmente llegará a buen término, es muy improbable que ni la apoyen, ni participen en ella. El liderazgo visionario es especialmente importante para invitar a otros cristianos a servir en su equipo principal y para solicitar el apoyo de iglesias, individuos y otras organizaciones. Para mantenerse motivados, estas personas necesitan recordatorios consistentes sobre la obra del Evangelio que está desarrollando esta nueva iglesia. Sin esos recordatorios, es probable que pierdan el interés y abandonen el trabajo.

Piense en las palabras que Charles Spurgeon dijo a sus estudiantes:

> He conocido a diez hermanos ¿diez digo? veinte, cien, que han alegado que estaban seguros, absolutamente seguros de que habían sido llamados al ministerio. Se sentían tan seguros porque habían fracasado en todo lo demás [...] El ministerio requiere de la flor y nata de los hombres, no los que no sirven para nada. Un hombre que alcance buen éxito como predicador, lo alcanzaría probablemente también como comerciante, abogado o cualquier otra cosa. Un ministro realmente estimable podría distinguirse en todo. Apenas habrá cosa imposible para un hombre que pueda mantener una congregación unida por años, y ser instrumento de su edificación durante centenares de días de reposo consecutivos; debe ser poseedor de algunas habilidades, y de ninguna manera sería un necio o un bueno para nada. Jesucristo merece que los mejores hombres prediquen su cruz, y no los cabeza-huecas o los holgazanes... Si podemos soportar todo esto: el desdén, el cansancio, la calumnia, el escarnio, los trabajos molestos, ser el desecho de todo, y ser tratados como nada, por amor a Jesucristo, tenemos algunos de los puntos que indican la posesión de las raras cualidades que deben hallarse en un verdadero siervo de nuestro Señor.[8]

Spurgeon sabía por experiencia propia de las dificultades y desafíos que acarrea el ministerio. No quería que sus estudiantes entraran en el ministerio a la ligera. Usted no debe entrar a la ligera tampoco.

En resumen, le aconsejo que estudie en oración y minuciosamente 1 Timoteo 3:1-7, Tito 1: 5-9 y 1 Pedro 5:1-4 con respecto a las cualidades bíblicas de un anciano. Después de estudiar, aparte algún tiempo para comparar esas cualidades bíblicas con su vida. Luego, considere si Dios le ha dotado naturalmente de un don apostólico. Su aptitud para este trabajo dependerá tanto de su apego a las cualidades bíblicas de un pastor como de la iniciativa que emplee como apóstol. Esto es una realidad para los que plantan y para los que revitalizan iglesias. La revitalización requiere el mismo nivel de iniciativa. Usted tendrá que hacer la obra del ministerio hasta que haya capacitado debidamente a los santos para la obra del ministerio (Efesios 4:12). A medida que el tamaño de su congregación aumenta, también aumenta su responsabilidad de equipar a los que están bajo su cuidado. El ministro sabio prestará mucha atención a este cambio y administrará su tiempo en consecuencia. Si usted cumple con los requisitos bíblicos de un anciano y posee el don apostólico, probablemente tendrá una buena experiencia con la plantación de iglesias.

> Yo, al igual que otros que me conocen muy bien, creemos que siento el fervor evangelístico, la iniciativa, la tenacidad y la visión para plantar una iglesia.

Misionero + Pastor = Plantador de Iglesias

La mayoría de las ocupaciones tienen una descripción de trabajo estática; el trabajo es el mismo en el primer año y en el quinto. ¡La plantación de iglesias no es uno de estos trabajos! Cuando usted comienza a plantar una iglesia, usted es un misionero, o por lo menos debe de serlo. Los misioneros bautizan, enseñan y hacen discípulos (Mateo 28:19-20). Los pastores, por otro lado, trabajan para equipar a los cristianos para el trabajo cotidiano del ministerio (Efesios 4:12). Ambas ocupaciones son importantes. Si usted realiza solamente los deberes de un pastor en el primer año de la plantación de su iglesia y evita las actividades misioneras, es probable que descubra que su nueva iglesia no crecerá mucho.

La conclusión a la que llegamos es que las necesidades de una iglesia cambian a medida que la iglesia madura. El plantador de iglesias también debe cambiar. La siguiente tabla muestra el cambio gradual que un pastor fundador debe de hacer durante los primeros años de la vida de una iglesia.

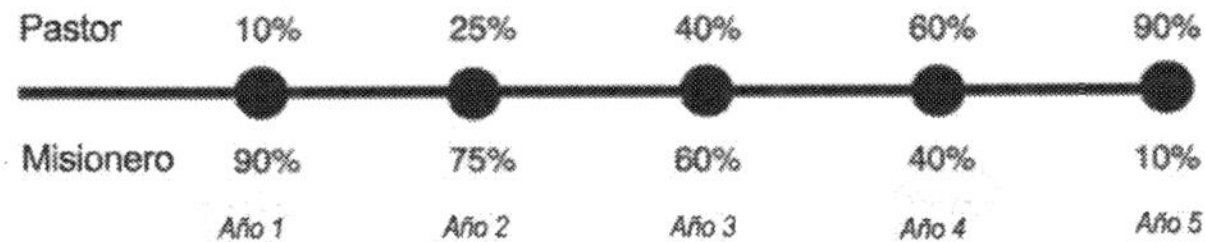

Los plantadores de iglesias con un fuerte don misionero se sentirán como en casa con el evangelismo y el desarrollo de liderazgo, pero lucharán con labores pastorales diarias como el discipulado, la preparación de la predicación, la administración y la consejería. Por otro lado, los plantadores de iglesias con un fuerte don pastoral probablemente estarán inclinados a pasar todo su tiempo ocupándose de las preocupaciones de los miembros de su equipo, dejando poco tiempo para establecer relaciones con los que están lejos de Dios. La autoevaluación siempre le ayudará a tener una buena idea de sus inclinaciones. En las primeras etapas de una iglesia nueva, el compromiso misionero es esencial. Al ganar personas para Cristo, las necesidades pastorales de la iglesia requerirán más de su atención.

Afirmación

Finalmente, la afirmación de la propia iglesia es la tercera confirmación indispensable que debe de buscar. Aunque usted pueda creer que Dios le está llamando a plantar una nueva iglesia, si los ancianos y los miembros de su iglesia actual no están de acuerdo, esta es una señal de alarma importante que debería traer como resultado que usted frene un poco el proceso de plantación de iglesias, o que lo dé por acabado completamente. La iglesia local es el medio a través del cual Dios expandirá Su Reino. Las denominaciones y las organizaciones para-eclesiásticas son recursos tremendos para el plantador de iglesias y deben de utilizarse en la medida en que sean útiles, pero estas organizaciones no pueden reemplazar a la iglesia local como autoridad central para el establecimiento y la renovación de la iglesia local. Busque la ayuda de individuos piadosos que le conozcan bien y ocúpelos para que le den una evaluación honesta de sus debilidades. Hágales preguntas difíciles. ¿Me considera prudente? ¿Cree que soy un buen administrador de mi casa? Escuche sus respuestas y tome muy en serio sus sugerencias y evaluaciones.

Muchos plantadores se preocupan porque piensan que una relación cercana con la iglesia que los envía de alguna manera ahogará lo que Dios les ha llamado a lograr. De hecho, es completamente al revés. Un plantador de iglesias necesita la guía, la sabiduría y la asistencia de una congregación madura y de un cuerpo fiel de líderes para ayudarle a tomar decisiones difíciles y guiar el corazón salvaje de un plantador de iglesias. Se ha hecho cada vez más popular entre los plantadores el recabar apoyo monetario de muchas iglesias locales, pero no aceptan la instrucción de ninguna. El plantador de iglesias solamente debería de pensar en plantar cuando el liderazgo y la congregación de su iglesia local lo comisionen a hacerlo. En el Apéndice D encontrará ejemplos de compromisos de plantadores de iglesias, diseñados para comenzar a aclarar las expectativas entre el plantador de iglesias y la iglesia que lo envía. Utilice este documento como una guía para crear expectativas claras entre usted y los líderes de la iglesia que lo envía.

He revisado el Ejemplo de Compromisos de Plantadores de Iglesias y he acordado algo similar con los ancianos de la iglesia que me envía.

¿Es Saludable Mi Iglesia?

Si no es miembro de una iglesia local saludable, es especialmente importante que forme parte de una antes de intentar plantar otra iglesia. Muchos plantadores confunden el llamado a plantar una nueva iglesia con la inquietud que sienten mientras son parte de una iglesia que no es muy saludable. Si se encuentra en esta situación, únase a una congregación más saludable. Tal vez no está seguro de lo saludable que es su iglesia actual. Considere estas preguntas de diagnóstico para ayudarle a determinar la salud de su congregación actual.

- ¿Enseña mi iglesia la doctrina bíblica?
- ¿Tiene, mi iglesia, líderes que son hombres y mujeres de Dios?
- ¿Comunica mi iglesia claramente el Evangelio?
- ¿Ve mi iglesia a otras iglesias como competencias o como aliadas?

- ¿Los ancianos y los pastores de mi iglesia se ponen a mi disposición para servirme como mentores y para discipularme?
- ¿Trataría mi iglesia de rescatarme si caigo en un pecado grave?
- ¿Generalmente los miembros de mi iglesia están madurando en su relación con Cristo?

Si no puede contestar afirmativamente estas preguntas, entonces no es parte de una iglesia saludable. Por lo tanto, debería de reorientarse hacia una iglesia saludable y tratar de vivir esta pasión a través del ministerio de esa iglesia. Luego, trabaje con los líderes de esa congregación a un ritmo en que se sientan cómodos, para plantar una nueva iglesia.

Mi iglesia local ha desarrollado un Cuestionario para el Posible Plantador de Iglesias que usamos para conocer a los que están interesados en entrar en el ministerio pastoral. Puede encontrar este recurso en el Apéndice E. Si su iglesia no tiene algo similar aún, úselo como guía para compartir con ellos detalles relacionados con sus aspiraciones, experiencias y posiciones teológicas.

He completado el Cuestionario para el Posible Plantador de Iglesias y se lo he entregado a los líderes de la iglesia que me envía.

Afirmación del Cónyuge

Su cónyuge también puede ser de gran ayuda cuando usted intenta afirmar su llamado. Una vez le di a mi esposa la descripción de cuatro tipos de hombres cristianos: el Babosa, Hormiga, Oso y Perro. Describí a cada uno con gran detalle para que pudiera identificarme fácilmente. Le pedí que fuera honesta y me dijera a cuál me parecía más. Me sorprendió cuando me describió como una hormiga, cuyas buenas acciones y piedad religiosa monopolizan su vida, sin dejar lugar para su ministerio en el hogar. (¡Ay!) Mi percepción de mí mismo y la percepción de mi esposa sobre mí, eran mundos aparte. Precisamente, como ella es parte de la iglesia y es alguien que le conoce bien, permítale a su cónyuge la libertad de confirmar o negar su aptitud para el oficio y no se frustre cuando cuestione su llamado.

Mi esposa ha afirmado mi deseo de plantar una nueva iglesia y está dispuesta a unirse a mí en la labor de plantación de iglesias.

Hágalo Público

Una vez los líderes de su iglesia hayan acordado enviarle a plantar una nueva iglesia, es importante que le comuniquen esta decisión a la congregación. Nuestra iglesia lo hace con un culto de ordenación pública. Antes del culto se hace una presentación pública de las posiciones doctrinales del plantador, de la filosofía del ministerio y de la posición sobre el matrimonio y la familia. Para más información sobre el proceso de ordenación, consulte el Proceso de Ordenación en el Apéndice F.

Pídale a la iglesia que lo envía que afirme públicamente sus planes de plantar iglesias. Esto cambiará la relación entre usted y la congregación, y catalizará muy buenas conversaciones con otros miembros en el futuro. He descubierto que nada promueve más el celo misional en mi congregación que ver a miembros ordinarios ser llamados, preparados y comisionados para una vida de ministerio.

Una vez que haya confirmado su aspiración al ministerio y su calificación bíblica, y haya recibido la afirmación de su iglesia que le envía, puede comenzar la labor de plantar iglesias.

Mi iglesia se ha comprometido formal y públicamente a enviarme a plantar una nueva iglesia.

El Ministerio Pastoral es un Honor

Mientras se prepara, recuerde regularmente que no hay mayor honor en esta vida que servir al Rey Jesús edificando Su iglesia en la tierra.

A veces podemos engañarnos pensando que nos hemos ganado nuestra posición o que la merecemos. Eso es una mentira satánica. Usted pertenece enteramente al rey Jesús. Él le creó y luego le compró con Su propia sangre. Él puede enviarle al lugar que Él desee, en el momento que lo desee; y cuando lo haga, usted debe obedecerle alegremente. Cuando llegue adonde Él le envíe, trabaje duro para Él y obedezca cada mandamiento que Él le dé. No abandone Su llamado, no importa lo difícil que sean las condiciones o lo desalentado que pueda llegar a sentirse. Dios cumplirá Sus propósitos a través de usted y en usted, y Él no está obligado a revelarlos de antemano. Servir a otros es el privilegio de todo buen pastor. Hágalo con alegría. Recuerde que cuando sirve a personas pecadoras, está imitando a su Salvador que sirvió con regocijo y sufrió a lo largo del camino.

Tenga cuidado, su corazón vano le dirá que su rebaño es demasiado pequeño y que su potencial está subutilizado. Eso también es una mentira. Si hubiera obtenido lo que se merecía, estaría haciendo algo mucho menos significativo, en un lugar mucho menos agradable. Cada persona que Dios le envía tiene un alma y le fue confiada a usted por Cristo. Cuando esté ante Él en ese gran día, dará cuenta de cómo trata a cada uno de ellos, así que cuide de ellos como si fuesen hijos. Si por casualidad, para esta excelente labor usted recibe un sueldo o un honor, será un salario y un honor que solo le fue concedido por causa de Cristo. Despierte cada mañana y dedíquele una oración agradecida a Dios, porque le formó (Salmo 139:13), resucitó su corazón sin vida (Ezequiel 36:26) y *"porque le tuvo por fiel, poniéndole en el ministerio"* (1 Timoteo 1:12).

ETAPA DOS

PREPÁRESE

Abraham Lincoln dijo una frase muy famosa: "Deme seis horas para cortar un árbol y pasaré las cuatro primeras horas afilando el hacha". Esa cita es un buen resumen del consejo que voy a darle en este capítulo. Su familia y su fidelidad serán probadas severamente mientras intenta plantar una iglesia nueva. Si resiste o no ante esas pruebas dependerá en gran medida de cuán preparado esté para ellas antes de que vengan. Pronto estará ocupado escribiendo sermones y planificando eventos evangelísticos, pero antes de poner su atención en esas cosas, le aconsejo que le eche un vistazo a la salud de su familia y a su vida interior.

Plantar iglesias es difícil; es difícil porque los recursos son escasos, el desaliento se cuela suavemente, y porque vivimos en un tiempo y en una era en que las iglesias generalmente no se consideran relevantes o significativas. A la mayoría de las personas que usted le cuente que está plantando una nueva iglesia le sonará como decirles que ha abierto una farmacia o un puestecito para vender refrescos. Por lo general, la gente no cree que las iglesias hagan algo significativo u ofrezcan algo bueno a la sociedad. La mayoría de los norteamericanos sienten que ya hay demasiadas iglesias. Además, Satanás está trabajando activamente para sabotear sus esfuerzos. Al final sabemos que no va a prevalecer, pero en ocasiones parece que tiene ventaja a lo largo del proceso.

Satanás sabe que la pureza, eficacia y visión de su iglesia estarán directamente relacionadas con su salud espiritual personal, su vida interior. Este hecho solo le coloca en la mira del ataque satánico. En esta sección, vamos a explorar algunas maneras muy prácticas para que se proteja a usted mismo, a su iglesia y a su familia de ser víctima de los ardides del maligno.

No quiero alarmarle con toda esta charla sobre Satanás. Sabemos que Dios está *"con nosotros todos los días"* mientras tratamos de hacer discípulos de todas las naciones (Mateo 28:20) y que *"mayor es el que está en vosotros que el que está en el mundo"* (1 Juan 4:4). Así que no hay razón para que tengamos temor o seamos tímidos, pero sí hay razones para que tengamos cuidado.

Por ese motivo, permítame animarlo a hacer conscientes a los líderes de la iglesia que lo envía de todas las áreas de tentación a las cuales Ud. es particularmente susceptible. El conocimiento de estos "puntos débiles" les ayudará a proporcionar la rendición de cuentas y supervisión adecuadas. En el Apéndice E encontrará el Cuestionario para el Posible Plantador de Iglesias. Antes de comenzar una asociación con un plantador de iglesias, nuestra iglesia le pide a cada plantador que complete y presente este documento para ayudar a identificar algunas de estas áreas de debilidad.

La Familia y el Rebaño

Su familia es su campo de prueba como pastor. Si es un buen pastor para su esposa e hijos, probablemente será un buen pastor para más personas también. Sin embargo, si no se preocupa por las almas de los que están bajo su propio techo, es poco probable que se preocupe por el alma de su vecino. Pablo parece compartir esta creencia cuando pregunta: *"pues si un hombre no sabe cómo gobernar su propia casa, ¿cómo podrá cuidar de la iglesia de Dios?"* (1 Timoteo 3:5). La prueba definitiva de su idoneidad para pastorear una iglesia es convertirse en un pastor para su familia. Como pastor, su familia es la expresión del Evangelio más visible que usted posee.

No importa cuán fuerte usted se considere como cristiano, su nivel de fidelidad verdadera se medirá por su fidelidad en su hogar. El hogar es el lugar más difícil para vivir una vida consistente que agrade a Dios y mostrar los buenos frutos dados por el Espíritu Santo. Nuestras relaciones más profundas tienen lugar con los propios miembros de nuestra propia casa. Las relaciones familiares producen estrés, dolor, alegría y emoción, inigualables en cualquier otro escenario de la vida. Para el cristiano, el matrimonio y la crianza de los hijos no son disciplinas espirituales diseñadas para hacernos felices, como comúnmente pensamos, sino para hacernos santos. Cada aspecto del matrimonio — el bueno, el malo y el feo — ha sido dado por Dios para ayudarnos a entenderle y amarle más. Un hombre que siempre esté dispuesto a amar, proteger y enseñar a aquellos que regularmente pecan contra él, es idóneo para el puesto de pastor.

Si tuviera un dólar por cada vez que alguien me ha aconsejado no "sacrificar a mi familia en el altar del ministerio", podría comprar todo el material necesario para construir tal altar. Sé que los que me aconsejan de esta manera lo hacen por mi bien, pero el ministerio y la familia no compiten entre sí. Podría amontonar los beneficios de ministrar junto a mi familia muy por encima de las ventajas de proteger a mi familia del trabajo y el dolor de ministrarle a otros.

Es irónico que celebremos a Ana y a Abraham por su disposición a poner a su descendiente en el altar, pero aconsejamos a nuestros ministros que hagan lo contrario. Ana llevó a Samuel al templo con el resto de sus ofrendas tan pronto como fue destetado (1 Samuel 1:24). Exaltamos su fe y figurativamente nos unimos a ella en nuestro compromiso de entregar nuestros hijos al Señor. Sin embargo, en nuestros propios hogares nos esforzamos por un equilibrio entre el ministerio y la familia. ¿Qué hay de Abraham? Ciertamente llevó a su hijo a una montaña para sacrificarlo en obediencia a Dios (Génesis 22). ¿Cuántas veces hemos celebrado la fe de Abraham desde el púlpito, pero hemos descuidado su ejemplo en el hogar?

Vivir una vida de sacrificio familiar produce beneficios a largo plazo para su iglesia y para sus hijos. Algunos padres creen que mientras más educación y actividad extracurricular provean a sus hijos, serán más felices y más saludables. Asumen erróneamente que involucrarlos en un gobierno estudiantil y asegurarse de que están bien socializados asegurará su éxito como adultos. Por favor, recuerde que los padres cristianos no están en la tierra para criar ciudadanos rectos, sino ciudadanos eternos. Si anhelamos que nuestros hijos crezcan con un gran amor por Cristo y afecto por su iglesia, debemos de exponerlos a las alegrías y tristezas de vivir siendo parte de la comunidad cristiana.

La Biblia describe a la iglesia como la familia de Dios (Efesios 2:19), describe a Dios como el Padre de todos los cristianos (Gálatas 4:7) y ordena a los cristianos a ser afectuosos unos con otros con amor fraternal (Romanos 12:10). No hay fin para la conexión bíblica entre la iglesia y el hogar. Los problemas que surgen en el hogar probablemente surgirán en la iglesia también. El esposo que aplica el Evangelio a cada problema en el hogar es probable que lo haga también en la iglesia. La capacidad de un hombre para manejar los asuntos de su hogar es una medida útil de su aptitud para el pastorado.

Prioridades para las Familias que Plantan Iglesias

Es fácil permitir que el estrés de plantar iglesias nos distraiga de la tarea principal, ser un buen pastor en casa. La plantación de iglesias está llena de problemas, expectativas insatisfechas, horarios agotadores, proyectos fallidos, guerras espirituales, personas difíciles y la ardua batalla de cimentar un testimonio evangélico en una comunidad que no lo quiere. Pero hay algunas prioridades que pueden ayudarle a seguir siendo un buen pastor para su familia.

Es Mejor Armonizar que Equilibrar. Parece haber un acuerdo de que los pastores deben mantener un equilibrio saludable entre la familia y el ministerio para tener éxito en ambos. El problema es que dos elementos de tanto peso como la familia y el ministerio no pueden estar adecuadamente equilibrados sin romper la balanza que los equilibra. Cada vez que debo elegir entre las ovejas de mi iglesia y las ovejas de mi casa, uno de los dos grupos queda desatendido. Imagínese un verdadero pastor pastoreando dos rebaños. Mientras más alejados pasten estos dos rebaños el uno del otro, más difícil es la tarea de cuidarlos a ambos. Imagínese al pastor ocupado corriendo hacia allá y hacia acá para obtener un conteo rápido del rebaño, y sintiendo la necesidad de volver al otro. ¿Y si uno de sus rebaños necesita algo especial, un lobo que debe ser espantado, o una herida que atender? Su trabajo será apresurado y algunas de sus ovejas siempre quedarán vulnerables al ataque.

Nadie lo está obligando a elegir entre la familia y el ministerio. ¿Qué pasaría si dejamos de intentar ponerlos a los dos en la balanza y comenzamos a tratar de armonizarlos? Cuanto más podamos armonizar la familia y el ministerio, menos forzados nos veremos a elegir entre los dos. Piense en la forma en que Dios instruyó al pueblo de Israel en cuanto a la crianza de los hijos:

> *Amarás al Señor tu Dios con todo tu corazón, con toda tu alma y con toda tu fuerza. Y estas palabras que yo te mando hoy, estarán sobre tu corazón; y diligentemente las enseñarás a tus hijos, y hablarás de ellas cuando te sientes en tu casa y cuando andes por el camino, cuando te acuestes y cuando te levantes. Y las atarás como una señal a tu mano, y serán por insignias entre tus ojos. Y las escribirás en los postes de tu casa y en tus puertas* (Deuteronomio 6:5-9).

Note que Dios no les pide que detengan su trabajo regular para instruir a sus hijos sobre asuntos espirituales. En su lugar, Él les dice que les enseñen durante el curso normal de sus vidas. Así es como integramos la familia y el ministerio. Visualice a la familia y al ministerio como dos esferas muy importantes en la vida de un pastor. Mientras más se superponen estas esferas, menor será la tensión entre ellas. Si visualiza a estas esferas como completamente separadas, entonces descubrirá que no hay suficiente tiempo durante el día para hacer bien ambos trabajos. Si usted logra encontrar maneras de involucrar a su familia en el ministerio, e involucrar al ministerio en su familia, disfrutará del tiempo con ambos.

Dele prioridad a su familia en su horario. Uno de los privilegios únicos que tiene como plantador de iglesias es la capacidad de aprovechar su agenda para el beneficio de su familia. Usted puede alinear su ministerio y su calendario familiar, y aún ser capaz de cumplir todas las tareas ministeriales importantes durante la semana. A veces esto implica estudiar en su casa, o llevar a su familia en un viaje ministerial. Como pastor misionero, usted trabaja cuando las personas están fuera del trabajo. Cuando todo el mundo está trabajando, debe dedicarle tiempo a su familia. Cuando se trata de su calendario, existen ventajas reales para el plantador de iglesias. ¡Durante los primeros cinco años de la vida de mi iglesia, organicé el calendario de la iglesia en torno al calendario personal de nuestra familia! Usted no se podrá dar ese lujo por mucho tiempo, así que disfrútelo mientras pueda.

He colocado eventos familiares importantes en mi calendario antes de crear un calendario ministerial.

Pase tiempo privado con los miembros de su familia. Es común que las familias en el ministerio se sientan como si su padre o su esposo se preocupara más por los miembros de su iglesia que por los miembros de su familia. Una forma de evitar este sentir es pasando tiempo privado con cada miembro de su familia. No tiene que ser semanal, pero sí debe de ser regularmente. En cada ocasión en que pase un tiempo con su esposa o hijos, comuníqueles el valor que tienen para su vida. Sería trágico si su familia le observara salir de casa una y otra vez para asistir a reuniones con otras personas, pero nunca saca tiempo para reunirse con ellos.

Mi horario semanal incluye una cantidad adecuada de tiempo con la familia.

No haga por su iglesia lo que no está dispuesto a hacer por su familia. La triste verdad es que muchos pastores ven su vida hogareña como un lugar para descomprimir el estrés del ministerio, un lugar donde no tienen que ser el pastor. Estos pastores se agotan en el servicio a otros, pero no están dispuestos a servir a su familia con el mismo celo. Si se reúne con miembros de su iglesia para orar cuando están enfermos, asegúrese de hacer lo mismo con los miembros de su familia cuando no se sientan bien. Si les enseña la Biblia a los miembros de su iglesia, asegúrese de enseñarles la Biblia a los miembros de su familia también. Si es paciente con los que no están de acuerdo con usted en la iglesia, asegúrese de mostrar la misma gracia hacia los miembros de su propia casa.

Utilice los beneficios del ministerio para darle alegría a su familia. Plantar una iglesia nueva pondrá a prueba a su familia de maneras inesperadas. Su esposa e hijos experimentarán los altibajos de la plantación de iglesias tanto como usted. Debido a que esta experiencia es compartida, usted debe de buscar cualquier oportunidad para usar los beneficios del ministerio para traerle alegría a su familia. Hace unos años nuestra iglesia ordenó un nuevo bautisterio portátil para usarlo en el próximo culto de bautismos. Sabiendo que todo siempre sale mal los domingos por la mañana, decidí que sería aconsejable probar el bautisterio en mi garaje. Le llevó a mi familia unas cuantas horas para averiguar cómo ensamblarlo, pero una vez que estaba listo, tuvimos una fiesta de piscina improvisada en nuestro garaje. Mis hijos nunca olvidarán cuánto nos divertimos ese día y ¡yo tampoco! Tal vez su horario flexible le permitirá ser un visitante frecuente durante los almuerzos escolares, o su acceso a un proyector LCD le permitirá una noche de cine familiar memorable. Tal vez un miembro de la iglesia le permita utilizar su casa de vacaciones para una escapada de fin de semana, o tal vez las sobras del helado que quedaron de una actividad en la iglesia conformarán el banana split más grande que sus hijos hayan visto. Si mantiene sus ojos abiertos, descubrirá maneras pequeñas de bendecir a su familia y hacer que el ministerio sea agradable para ellos.

Historia de una familia plantadora de iglesias

Conozco a un plantador de iglesias que ha hecho un muy buen trabajo armonizando el ministerio y la familia. Durante sus 35 años en el ministerio, Dave Proffitt se propuso involucrar a su hijo Aarón en su trabajo. Cuando Aarón alcanzó la edad adulta, él y su papá se trasladaron al otro lado del país y plantaron *Aletheia Church* en el campus de la Universidad James Madison en Harrisonburg, Virginia. Actualmente, Aaron es el líder de la Red *Aletheia*, plantando iglesias en los campus universitarios. Una vez le pregunté a Aarón lo que su papá hizo para que él quisiera entrar en el ministerio. Esta fue la respuesta de Aaron:

> Desde que tengo uso de mi memoria, mi padre me incluyó en su trabajo, en su pasión y en su vida. Nunca hubo separación. En todo lo que hacía, vivía el Evangelio; por lo tanto, nunca estaba confundido acerca de cómo podía incluirme. Mi papá no solo logró hacer que el ministerio fuera atractivo para mí, sino que además lo

> hizo divertido. Recuerdo innumerables viajes a España para plantar iglesias, a partir de los ocho años. El trabajo de esos viajes nunca parecía gravoso. Estaba lleno de baloncesto, natación, helado, caramelos, corridas de toros a la medianoche y viajes en tren por todo el país. Recuerdo los viajes intercontinentales a Europa con estancias en hostales, buena comida, visitas turísticas y un montón de risas. Pero él nunca endulzaba nada; más bien, usó los momentos feos del ministerio como tiempo de instrucción. Pude ver lo bueno, lo malo y lo feo del ministerio, que a veces me hizo despreciarlo, pero al final, tuve una perspectiva saludable y aprendí mucho. El enfoque siempre fue alcanzar personas en vez de construir mega-iglesias, resolver problemas de logística en la iglesia, o escalar la pirámide hacia la posición más alta de la denominación. Mi padre nunca se preocupó por nada de eso. Solo le importaba ganar a los perdidos, incluyéndome a mí, y hacerlo lo más divertido posible. ¡Tuve una infancia impresionante!

La experiencia de la familia Proffitt demuestra cómo el plantar iglesias también puede edificar a su familia.

Armonizando Mi Familia con Mi Ministerio

De la manera que yo lo veo, el pastor que planta iglesias tiene dos opciones con respecto al equilibrio entre la familia y el ministerio: él hace el trabajo ministerial por 40-50 horas a la semana y le dedica el tiempo restante a su familia, o busca maneras de hacer del ministerio el estilo de vida de su familia. Yo he elegido el último. Empecé a trabajar en el ministerio poco después de convertirme en cristiano. Cuando empecé una relación con Jennifer (ahora mi esposa), se unió a mí en el trabajo. Cuando nació nuestro primer hijo, también se unió a la obra. Cada vez que Dios nos daba otro hijo, nuestro equipo se expandía. Como familia, oramos juntos por las necesidades de nuestra congregación, pruebo las ilustraciones y las ideas del sermón con ellos y les hablo sobre cuestiones relacionadas con la dirección de nuestra iglesia. Cuando alguien está sufriendo o en necesidad, llevo a mi familia para que ayuden en el ministerio. Así como un pastor de ovejas puede llevar a su hijo a atender el rebaño con él, cuando me es posible, yo tomo el mío para que venga conmigo a atender a las ovejas. Quiero que aprendan lo que hago y quiero pasar tiempo con ellos. Traerlos conmigo es lo único que tiene sentido.

Claro, puede que no parezca profesional para algunos, pero el profesionalismo no es el objetivo de un pastor o un padre. Ha habido momentos en los que mis hijos han hecho más para ministrar en las habitaciones del hospital y en los pórticos, que lo que yo fui capaz de hacer. Esto no significa que todo lo que hacemos como familia se centra en el trabajo del ministerio, pero sí significa que gran parte de lo que hacemos tiene como objetivo servir a nuestra congregación local o alcanzar a los perdidos a nuestro alrededor. También significa que existen menos horas en el día para las actividades que no benefician a la iglesia. Por favor, no sienta pena por mis hijos o por mi esposa. No son esclavos mendigando por más tiempo en el campo de béisbol o en el parque local. Créame, mis hijos están bien familiarizados con el interior de un *Chuck E. Cheese*; pero también reconocen que, incluso en *Chuck E. Cheese,* somos ministros del Evangelio.

La Experiencia de Su Esposa

No hay ninguna posibilidad de que yo pueda escribir algo significativo para usted bajo este título, así que no voy ni a intentarlo. En lugar de ello, he invitado a una esposa plantadora de iglesias para que nos ayude. Le pregunté a Christine Hoover lo que piensa que los plantadores de iglesias deben de saber acerca de lo que sus esposas experimentarán durante los primeros años de la plantación de iglesias. Christine dijo:

> "Las palabras de estímulo para una esposa son como el agua para una planta". Cuando leí esa cita recientemente, pensé en lo verdadera que es esa declaración; cada esposa necesita y ansía el estímulo de su marido. Mi esposo es

magistral mostrándome amor: planea las noches de citas, me regala cajitas de caramelitos Junior Mints cuando me estoy cansando, involucra amorosamente a nuestros niños y dirige bien nuestro hogar. ¡Pero nada se compara a una palabra oportuna de aliento suya! Oír a Kyle decir que soy una buena mamá, que aprecia como cocino, que soy hermosa, que él ve a Dios usarme... esas palabras me revitalizan por días.

Existe otra razón por la cual sus palabras de aliento son necesarias: mi esposo es un pastor que planta iglesias. Durante los últimos tres años, Dios nos ha usado para edificar una iglesia desde cero, un trabajo que ha sido agotador y gratificante. El primer año de plantación de iglesias fue especialmente difícil para mí debido a la incertidumbre, la inestabilidad y la magnitud del trabajo. Sin el estímulo y la atención verbal de mi esposo, no podría haber sobrevivido.

Su esposa también enfrentará desafíos únicos en su primer año de plantación de iglesias. A veces se sentirá desanimada, abrumada, e incluso resentida del tiempo y la energía que su trabajo demanda de usted. Hay muchas cosas que puede hacer para tratar de confortar a su esposa: trace límites claros entre el ministerio y la vida en el hogar desde el principio, protéjala de convertirse esencialmente en otro miembro del personal y esfuércese por aplacar su propia preocupación y distracción para que pueda brindarle toda su atención. Pero no hay nada que usted pueda hacer que supere el efecto produce el animarla.

Después de una predicación o de un evento evangelístico en la iglesia, mi esposo recibe una palmadita en la espalda o palabras de afirmación sobre cómo Dios lo ha usado. Pero ¿quién me anima en mi papel de esposa del pastor, centrándome en las necesidades del pastor? Esa oportunidad le pertenece principalmente a mi esposo.

Cuando él reconoce y afirma mi ministerio para él y para los que me rodean, se refresca mi alma y me ayuda a crecer y florecer en mi papel.

Esta necesidad que tienen las esposas de los pastores no es irracional ni es el resultado de un enfoque equivocado. Proverbios 31 describe a un esposo bien conocido en la comunidad, que se sienta entre los ancianos de la tierra. A las puertas de la ciudad, recibe respeto y afirmación. Su esposa también le ofrece su admiración y le honra por cómo vive. Pero ¿dónde recibe aliento la esposa piadosa? *"Sus hijos se levantan y la llaman bienaventurada, también su marido, y la alaba diciendo: Muchas mujeres han obrado con nobleza, pero tú las superas a todas".* (versículos 28-29). Al igual que el marido de Proverbios 31, riegue a su esposa con elogios específicos:

- "Estaba desanimado, pero tus palabras me ayudaron a perseverar".
- "Tú y tus dones son vitales para nuestro ministerio".
- "Tú eres más importante para mí que la iglesia".
- "Gracias por los sacrificios que haces que me permiten hacer bien mi trabajo".

Como ustedes, plantadores de iglesias, su esposa también da continuamente a los demás. Muchas personas no piensan ni comprenden sus necesidades o las exigencias de su vida. Usted puede ser la única fuente de estímulo que su esposa recibe continuamente y el bienestar de ella tendrá una profunda influencia en su éxito. A través de sus palabras de bendición, usted tiene la oportunidad de ministrar a su esposa de una manera que nadie más puede, especialmente durante el agotador primer año.

Christine Hoover es la esposa de un pastor plantador de iglesias en Charlottesville, Virginia; madre de tres hijos y autora de varios buenos libros, entre ellos *The Church Planting Wife: Help and Hope for Her Heart* (La esposa en la Plantación de Iglesias: Ayuda y Esperanza para Su Corazón) (Moody 2013).

Su Vida Interior

Su vida familiar no es la única área de su vida que probablemente sufra ataques cuando comience la plantación de iglesias. Su vida espiritual interior también estará bajo asedio. Permítame tener algo de libertad creativa para explicar lo que quiero decir.

Imagine que su familia se mudó a un nuevo hogar situado en una autopista principal. El tráfico en la autopista es constante a 90 kilómetros por hora durante la mayor parte del día. Al conocer a sus vecinos por primera vez, le advierten que han ocurrido muchos accidentes en la carretera y que docenas de mascotas familiares han sido víctimas del peligro que representa la autopista. Un vecino incluso le cuenta la trágica historia de un niño que fue atropellado por un automóvil mientras paseaba en su bicicleta cerca de la carretera. Su casa anterior era segura y usted tenía la costumbre de dejar salir a sus hijos a jugar fuera sin supervisión, y de dejar que su perro corriera fuera de la casa sin preocuparse. ¿Cómo protegería usted a su familia en este nuevo hogar? ¿Haría usted ajustes en su estilo de vida? ¿Construiría una cerca en el patio delantero? ¿Les prohibiría a los niños jugar sin supervisión? ¿Le pondría una correa a su perro? ¡Por supuesto que sí! El aumento del peligro le haría ser más cauteloso.

Convertirse en plantador de iglesias es como mudarse a esta casa nueva. La autopista es el pecado y la tentación, la cerca y la correa son medidas de rendición de cuentas, y yo me acerco a usted con una seria advertencia como un vecino preocupado.

Como plantador de iglesias, la tentación de pecar es grande y también lo es el recuperarse de los daños causados por decisiones pecaminosas. No es raro oír hablar de un pastor o plantador de iglesias que ha sido víctima del pecado. Usted puede pensar que nunca le sucederá, pero ningún pastor que haya caído en la trampa del pecado comenzó su ministerio con la intención de hacerlo. En cambio, Satanás los supera en astucia porque ignoran sus ardides (2 Corintios 2:11). Como resultado, las iglesias son destruidas, las familias devastadas, y el nombre de Cristo es arrastrado por el fango.

¿Cómo se guarda usted de los ardides de Satanás y se protege de "la pasión de la carne, la pasión de los ojos y la arrogancia de la vida?" (1 Juan 2:16) Las siguientes sugerencias pueden ayudarle a guardar su corazón de los ardides de Satanás.

Revístase **de Humildad.** Muchos pastores hablan como si fueran expertos en la vida cristiana. No hablan con honestidad sobre sus propias luchas con el pecado y el orgullo. No piden a los demás que oren por ellos, y no piden consejo a los miembros de su congregación. Este tipo de relación con la iglesia es perjudicial. He aquí algunas maneras prácticas de cultivar la humildad en su ministerio:

- No se preocupe solamente por las preguntas que otras personas tienen acerca de Dios. Asegúrese de hacerse sus propias preguntas y estar dispuesto a aprender de los demás.
- No hable con los demás solamente acerca de las áreas de pecado y orgullo en sus vidas, sino que esté dispuesto a hablar honestamente acerca de sus propios problemas y a buscar el consejo sabio de otros cristianos.
- No hable con su congregación como si usted no fuera un miembro de ella. No procure ser visto como un "cristiano profesional". Puesto que todos somos sacerdotes los unos de los otros (1 Pedro 2:9), y debemos de "*someternos unos a otros en el temor de Cristo*" (Efesios 5:21), es necesario que nos revistamos de humildad (1 Pedro 5: 5), especialmente ante nuestras congregaciones.

Redefina el Éxito. Como visionarios, los plantadores de iglesias tienden a hablar en términos abstractos e inconmensurables. Por ejemplo, uno podría decir: "quiero lograr impactar mi comunidad" o "quiero ver que las personas alejadas de Dios lleguen a tener una nueva vida en Cristo". Estas frases, y otras como ellas, están buenas para ponerlas en los letreros de nuestra iglesia, pero no sirven como indicadores de nuestra efectividad en el ministerio. En el fondo, hay un conjunto de expectativas mensurables que nunca han sido expresadas. Si usted no está consciente de ellas, harán estragos en su autoestima durante los próximos años. Si cerrara los ojos y pudiera imaginar el culto de adoración de su iglesia dentro de cinco años, ¿cómo sería?

- ¿Cuántas personas asistirían?
- ¿Cómo sonaría el grupo de adoración?
- ¿Dónde se reunirían?
- ¿Cuántas personas responderían a su sermón?
- ¿Cuántos miembros tendría en el personal?
- ¿Cuánto se recogería en la ofrenda?
- ¿A qué se dedicaría su esposa?
- ¿Cuántas personas se bautizarían?
- ¿Se llenarían todos los asientos?
- ¿Expresarían las personas agradecimiento y aprecio por su trabajo?

Tenga cuidado de las respuestas a estas preguntas pues pueden determinar el éxito de su ministerio. La Biblia nos advierte contra este tipo de presunción (Santiago 4: 13-17) y nos recuerda: *"Muchos son los planes en el corazón del hombre, mas el consejo del Señor permanecerá"* (Proverbios 19:21). No permita que su celo por lograr grandes cosas en el nombre de Dios le haga olvidarse de que dirige una iglesia que pertenece a Dios.

Limite las Comparaciones. Las iglesias nuevas que experimentan un crecimiento explosivo aparecen en libros, blogs y conferencias populares, haciendo que el plantador de iglesias promedio se sienta inadecuado. Por el bien de su alma, limite su exposición a las historias de éxito de otras iglesias. En vez de eso, centre su atención en la historia que Dios está escribiendo en su propia iglesia. En el apéndice G encontrará una Hoja de Trabajo de Expectativas diseñada para ayudarle a identificar sus expectativas impías al plantar iglesias entre los incrédulos.

> He completado la Hoja de Trabajo de Expectativas y he compartido el resultado con los líderes de mi iglesia que me envía.

Procure la Piedad. Esto puede parecer obvio, pero los pastores deben de orar y leer sus Biblias regularmente. Una iglesia es como un centro para la distribución del Evangelio. Usted está distribuyéndole el Evangelio a la congregación, y esperamos que la congregación lo esté distribuyendo al mundo. Pero uno no puede distribuir lo que no tiene. Si no crece en su vida de oración, en su comprensión de la Palabra de Dios y en su confianza en el Espíritu Santo, tendrá poco que dar. Si el flujo del Evangelio en su vida es lento, fluirá de igual manera en los demás. Dedique tiempo cada día a la oración y al estudio. Esto le aportará un valor inconmensurable a usted y a su congregación.

Guarde un día de reposo. Los plantadores de iglesias generalmente fluctúan hacia uno de los dos extremos cuando se trata del mandamiento bíblico para descansar (Éxodo 20:8). Algunos ignoran el mandato completamente, incapaces de hallar valía personal fuera de su trabajo. Esta clase de personas son incapaces de separarse del ministerio por un período de tiempo. Pasan sus vacaciones revisando el correo electrónico, piensan en el gobierno de la iglesia cuando están sentados a la mesa para cenar, y buscan ilustraciones para el sermón en cada conversación. Otros no trabajan tan arduamente como debieran. La plantación de iglesias requiere de mucha iniciativa, y esto puede ser abrumador para algunos. Estos prefieren lucir ocupados, aunque logren poco. Ninguno de estos extremos es bueno para el plantador, la iglesia o su familia.

El diseño de Dios para todas las personas es elegir un día de la semana para estar liberados del trabajo, incluso si su trabajo es plantar una iglesia. Debería de ser un día que no fuera el domingo. Pase tiempo descansando y adorando. Podría ser útil elegir a una persona fiel de su iglesia para que se encargue de los problemas que surjan ese día con el fin de que usted no se vea en la obligación de elegir entre ayudar a alguien en necesidad y tener el descanso que necesita.

He elegido un día de la semana para descansar.

Rodéese de Personas a Quienes Rinda Cuentas. Rodéese de consejeros de confianza que sean fieles al Señor y se comprometan con su bienestar y el de su congregación. Busque hombres que le conozcan bien, que entiendan sus debilidades y tengan confianza suficiente para confrontarlo cuando vean surgir patrones malsanos en su vida personal o en su ministerio pastoral.

Sirva en Asociación. Para la protección de la iglesia, es sabio comenzar con un equipo de líderes competentes y calificados. Si esto no es posible, asegúrese de encontrar al menos un compañero que se asocie con usted, que le ayude a tomar decisiones acertadas, que comparta la carga de trabajo y valide su trabajo. A menos que su iglesia patrocinadora le esté ayudando con la supervisión, le corresponde a usted solo tomar todas las decisiones formativas sobre su iglesia. Esto no es sabio. La Escritura enseña: *"Sin consulta, los planes se frustran, pero con muchos consejeros, triunfan".* (Proverbios 15:22). Aquí es donde un compañero ministerial puede ser de un valor tremendo. Cuando busque un compañero ministerial, asegúrese de que sea alguien que esté dispuesto a hacer los mismos sacrificios personales que usted con el fin de involucrarse en el ministerio. Busque a alguien cuyos dones complementen los suyos, y considere si es un candidato para dirigir un futuro proyecto de plantación de iglesias.

Como pastor de plantación de iglesias, usted pasará innumerables horas invirtiendo en otras personas. Asegúrese de dedicar tiempo cuantioso para nutrir su propia relación con Cristo para que pueda tener sabiduría valiosa para transmitirla a otros. Estas medidas de rendición de cuentas no asegurarán su supervivencia como plantador de iglesias, pero ciertamente aumentarán las probabilidades de que usted y su familia permanezcan saludables durante el proceso de comenzar una nueva iglesia.

ETAPA TRES

RECLUTE

En mis primeras etapas de la plantación de iglesias, hubo dos personas que influyeron significativamente en mí mientras me preparaba para plantar. Estos hombres fueron Dale Marks y Naethan Hendrix. Por aquel entonces, Dale era un Teniente Coronel lesionado en la Guardia Aérea Nacional, quien providencialmente se recuperaba de una cirugía de rodilla por unos meses, justo en el preciso momento en que yo me preparaba para iniciar una nueva iglesia. Dale era miembro de la iglesia que me enviaba y un líder dotado con un genuino amor por Cristo. Había ayudado a plantar varias iglesias a lo largo de su carrera militar; y como planificador estratégico para las fuerzas armadas, Dale estaba acostumbrado a tomar una gran visión y desglosarla en pedazos fáciles de manejar. Él me ayudó a pensar en todos los aspectos de esta nueva iglesia y fue mi persona de confianza para las decisiones que tomaba; oró por mí y me habló honestamente sobre áreas de orgullo y debilidad que había notado en mi vida.

Dale me aconsejó buscar un compañero pastoral con quien compartiera el ministerio para prepararme para plantar la iglesia. Señaló que tener un compañero de ese tipo era bíblico (Marcos 6:7) y práctico. Después de considerar infructuosamente a varios amigos mutuos para el trabajo, Dale sugirió que oráramos. Día tras día oramos para que Dios proveyera un compañero. Un día le dije a Dale que tenía a alguien en mente, un conocido de la universidad llamado Naethan, con quien no había hablado en varios años. Dale me instó a llamar a Naethan e invitarlo a asociarse conmigo en la plantación de la iglesia. Naethan aceptó la invitación y estuvo dispuesto a hacer el sacrificio de dejar su trabajo en ese momento para sumarse. Se mudó cubriendo sus propios gastos y se instaló en el sótano de Dale. Repartía pizzas y dedicaba todo su tiempo extra al trabajo del ministerio. No mucho después de que la iglesia comenzó, se convirtió en nuestro primer plantador y dirigió un equipo pequeño de nuestra joven congregación para comenzar una nueva plantación a pocos kilómetros de distancia. Su ejemplo de sacrificio estableció un precedente para nuestra iglesia que permanece hasta nuestros días. Dale y Naethan se han trasladado a otros proyectos, pero siguen siendo amigos de confianza y asesores.

Al mirar hacia atrás a las etapas de desarrollo de *Pillar Church* (Iglesia Pilar), puedo decir honestamente que no ha habido dos individuos más significativos para la fundación de la iglesia que Dale y Naethan. Mi experiencia me ha convencido de que cada plantador necesita un compañero pastoral y un mentor para compartir las alegrías y las dificultades del ministerio pastoral.

Eligiendo a un Compañero Pastoral

Tener un compañero pastoral cuando usted planta una nueva iglesia ofrece muchas ventajas, pero esas ventajas no son la única razón por la cual necesitamos que nuestros plantadores tengan un compañero ministerial. Nuestra motivación es puramente bíblica. A medida que las iglesias se establecían a lo largo del Nuevo Testamento, el patrón de asociación pastoral se hizo evidente. Comenzó cuando Jesús envió a sus discípulos de dos en dos (Marcos 6: 7 y Lucas 10: 1), y continuó cuando la congregación en Antioquía comisionó a su primer par de misioneros (Hechos 13: 2). Incluso el apóstol Pablo, el plantador de iglesias más famoso de la historia, llevó compañeros consigo en sus viajes misioneros. Bernabé (Hechos 15: 36-41), Aristarco (Hechos 19:29, 20:4, 27:2), Juan Marcos (Hechos 13:13), Tíquico y Onésimo (Colosenses 4:7-9). Todos estos se mencionan en el Nuevo Testamento como compañeros de Pablo durante sus esfuerzos de plantación. Los compañeros pastorales eran tan vitales para el ministerio de la plantación de iglesias que los plantadores del Nuevo Testamento fueron instruidos a seguir trabajando en equipo, incluso después de que la iglesia estuviera establecida (Tito 1: 5-9).

Como ya he mencionado, el nombre de mi primer compañero pastoral es Naethan. Cuando comenzamos, yo trabajaba en el ministerio a tiempo completo y vivía en mi propia casa. Naethan, por otra parte, vivía en el sótano de Dale y se quedaba hasta la 1:00 de la madrugada entregando pizzas. Esa realidad hizo que fuera muy difícil para mí lloriquear o sumergirme en algún tipo de autocompasión debido a lo difícil de mi trabajo. Él estaba tan calificado como yo para la tarea, era tan dedicado como yo, y era amado de igual manera por nuestra congregación. Sin recompensas notables, Naethan trabajaba desinteresadamente para ayudar a la congregación a echar raíces. La experiencia de trabajar con él para plantar *Pillar Church* y el claro precedente de la colaboración pastoral en el Nuevo Testamento me han hecho instar a los plantadores a trabajar en equipos pastorales. Permítame concluir mi recomendación sobre este tema enumerando otras cuatro ventajas prácticas de las asociaciones pastorales.

- **Reproducción R**ápida — Quizás la ventaja más obvia de plantar con un compañero pastoral es que no tienes que pasar años preparando a un miembro de tu congregación para plantar una iglesia nueva. Si el compañero que usted elige está calificado y ya aspira a plantar una, probablemente usted estará listo para plantar de nuevo dentro de los primeros años del ministerio de su iglesia. En muchos de nuestros esfuerzos de plantación, el compañero pastoral ha acordado servir como futuro plantador de iglesias incluso antes de unirse al equipo. Lo denominamos "plantar estando encinta", y hablaremos más sobre el tema en la etapa nueve.

- **Compartición de las Cargas** — La plantación de iglesias es una labor difícil. Es difícil para su familia, difícil para su agenda y difícil para su presupuesto; y es aún más difícil si usted tiene que hacerlo solo. Compartir la carga con alguien ciertamente lo aligera. Uno de los ancianos en mi iglesia frecuentemente dice: "Trabajar juntos multiplica nuestra alegría y divide nuestras cargas". Habrá días en los que no querrá trabajar. Habrá días en que se despertará, mirará por la ventana de su pequeño apartamento en la comunidad que desea alcanzar, y querrá volverse a la cama. Y si usted está trabajando solo, es muy posible que eso sea lo que haga.

- **Volumen de Trabajo** — Es curioso que cuando hablamos con la gente acerca de sus vidas espirituales, rápidamente nos percatamos de que no les gusta hablar de eso. Usted puede ofrecerse como voluntario en la comunidad, conocer gente en una cafetería, o visitar a pacientes en el hospital, y por cada veinte personas con quienes habla, típicamente sólo una o dos muestran interés en lo que usted tiene que decir. Para ver algo de progreso, tendrá que hablar con un tremendo número de individuos. Si son dos personas, ese trabajo se logra mucho más rápido.

- **Rendición de Cuentas** — Plantar una iglesia abre las compuertas de la guerra espiritual. Satanás tratará de atacarle a usted y a su familia en cada punto vulnerable. Un buen compañero pastoral le protegerá de muchos de los dardos del enemigo. El adversario generalmente ataca cuando usted está solo y sin tener que rendir cuentas. Mantener a alguien a su lado en la obra del ministerio le protegerá de muchas de las tentaciones que enfrentará como plantador de iglesias. Al trabajar solo, es mucho más fácil ceder, tomar atajos, y evitar pasos importantes. Tener un compañero pastoral le ayudará a mantenerse por el buen camino. Usted y su compañero trabajarán juntos para planificar cada aspecto del ministerio de esta nueva iglesia. Dado que ambos conocen el plan, cada uno sabrá cuando sus acciones pondrán en riesgo el ministerio.

Un Compañero Pastoral ES...

Un compañero pastoral es un hombre capaz y calificado, ansioso por unirse a usted en el trabajo cotidiano de la plantación de iglesias. Debe de ser apto para el trabajo tanto como usted y totalmente dedicado al establecimiento de esta nueva congregación. El compañero pastoral adecuado es alguien que comparte su filosofía de ministerio y sus posiciones teológicas. Si no tiene cuidado en el proceso de elección, podría hallarse en conflicto frecuente sobre cuestiones de prácticas y políticas en la nueva iglesia. La elección de alguien que usted conozca bien o con quien haya trabajado en el pasado es generalmente una buena idea. Dado que su compañero pastoral será un colega cercano en esta faena, primero debería de considerar a las personas con las que usted haya trabajado exitosamente en el pasado. Él trabajará con usted en la toma de decisiones con respecto a la iglesia; así que dedique tiempo a esta selección tan importante.

Un Compañero Pastoral NO ES...

Un compañero pastoral no es ni un interno, ni un aprendiz, ni un asistente ni un cargabates. Él no es alguien a quien usted está entrenando para el ministerio futuro, y usted no es su jefe o mentor. Ver a su colega como un súbdito no le ayudará a recibir el tipo de ayuda para la rendición cuentas y para la toma de decisiones que un compañero pastoral debe de proporcionar. Para ser más claro, no estoy en contra de la idea de tener internos o asistentes en la labor de plantar iglesias, pero aquellos que sirven en estas posiciones desempeñan un papel distinto al de su compañero.

Hallando al Compañero Pastoral

Asuma que, puesto que Dios le ha llamado a esta labor, también está llamando a otros a la misma labor. Si Dios le ha llamado a plantar una iglesia, Él también tiene la intención de proveerle todas las personas y los recursos que necesita para lograrlo. Esté atento a las evidencias de que Dios está llamando a alguien más para asociarse con usted. Puede que sea alguien que usted no se imagine. Pregúntese si este hombre tiene el carácter requerido para tomar su lugar si usted ya no estuviera disponible para dirigir esta iglesia. Muchos equipos de plantación de iglesias hacen la distinción entre "Pastor Principal" y "Pastor Asociado", pero creo que es más útil pensar en términos de "Pastor a Largo Plazo" y "Pastor a Corto Plazo".

Puesto que trabajará tan de cerca con su compañero pastoral, usted debería explorar a fondo sus puntos de vista sobre la vida, la familia y el ministerio antes de ofrecerle el rol. Será muy difícil avanzar en la plantación de iglesias si ambos no están de acuerdo en los principios fundamentales. Absténgase de comprometerse con él hasta que esté seguro de que Dios lo está llamando a la obra también y que ambos están en la misma sintonía con respecto a sus opiniones sobre teología, la familia y el ministerio. Esta relación probablemente será muy duradera. Aparte de usted, nadie tendrá tanta influencia y liderazgo en esta nueva iglesia como su compañero pastoral, así que asegúrese de pensar y considerar bien esta decisión. A continuación, hallará algunos consejos para encontrar a su colega pastoral.

- Busque a alguien que esté dispuesto a hacer sacrificios personales para poder ser partícipe. En términos generales, usted no debería tener que convencer a alguien para que sea su compañero. Si lo lleva a rastro a lo largo de las etapas iniciales, puede que tenga que seguir arrastrándolo a lo largo de la obra a medida que avanza. Elija, por tanto, un compañero que se sienta tan llamado a este trabajo como usted.
- Busque a alguien cuyos dones complementen los suyos. Si usted es un soñador, pero se le hace difícil lidiar con asuntos prácticos, necesita a alguien que sea bien práctico. Si usted es introvertido y muy dedicado al estudio y a la preparación, busque a alguien que sea extrovertido y dado a las relaciones y la comunidad.
- Busque a alguien que pueda servir como futuro plantador de iglesias. Puesto que usted desea plantar una iglesia que se multiplique, tenga en cuenta a una persona que tenga aspiraciones de convertirse en un plantador.
- Busque primeramente dentro de su iglesia que le envía. Asumiendo que tiene buenas relaciones allí, usted descubrirá que su congregación actual proporciona una rica fuente de candidatos para el trabajo.

Una vez que haya identificado a un candidato como compañero pastoral, obtenga la afirmación de su iglesia que le envía antes de ofrecerle el rol; esta puede tener un punto de vista diferente o mejor que el suyo con respecto a la aptitud de su posible compañero ministerial, así que busque el consejo de ellos antes de tomar una decisión final.

He reclutado a un compañero pastoral.

Eligiendo un Mentor de Plantación de Iglesias

Un mentor de plantación de iglesias es tan importante como un compañero pastoral. El papel principal del mentor es mantenerlo a usted por el camino correcto mientras intenta alcanzar sus umbrales para la plantación de la iglesia. Esta persona debe de tener un historial comprobado de efectividad en el ministerio y debe de estar dispuesto a ayudarle como mentor durante al menos el primer año de ministerio de su nueva iglesia. Su mentor sirve como un tercero imparcial en la creación de su documento prospecto de plantación de iglesias y le ayudará a determinar los umbrales apropiados para las etapas del proceso de plantación que está por delante.

- Busque a alguien que tenga cierta experiencia en la plantación de iglesias. El mundo empresarial y el del ministerio pastoral no comparten muchas similitudes; por esta razón, es aconsejable encontrar a alguien que entienda los matices de la plantación de iglesias y el ministerio pastoral.
- Busque a alguien cuyo don para el liderazgo sea evidente. Esta no es una posición para homólogos. Usted necesita buscar a alguien que le lleve la delantera en cuanto a aptitud y experiencia se refiere.
- Busque a alguien cuyo amor por Dios y cuyo liderazgo usted respete. Debido a que los pastores y plantadores de iglesias efectivos están generalmente muy ocupados y tienen muchas responsabilidades que requieren de su tiempo y atención, puede que le resulte difícil conseguir que se comprometan a pasar tiempo con usted, pero vale la pena el esfuerzo para asegurar a alguien que usted sabe que es eficaz y digno de respeto. Si no le respeta o está en desacuerdo con él, le costará trabajo recibir su consejo.
- Busque a alguien que esté dispuesto a ponerse a su disposición. Como mínimo, debe de reunirse con su mentor por lo menos una vez al mes; si es posible, dos veces al mes. Las reuniones no siempre tienen que ser en persona, ya que el teléfono o la videoconferencia también son efectivos. El mentor necesita tener la disponibilidad y la disposición de invertir tiempo en reunirse con usted.

- Busque a alguien que entienda y respete la autoridad de su iglesia que le envía. Su mentor no es una autoridad, sino más bien un asesor. Es importante que él reconozca y apoye el papel autoritario de su congregación actual en el proceso de plantación y que lo aliente en su relación con la iglesia que le envía.

Un mentor de plantación de iglesias será una tremenda bendición para usted mientras planifica y ejecuta las tareas asociadas con este ministerio. Como siempre, asegúrese de consultar a su iglesia que le envía antes de elegir un mentor de plantación.

He observado que los plantadores de iglesias que trabajan en equipos pastorales y tienen mentores, parecen superar las tormentas de la plantación de iglesias mucho mejor que los que trabajan solos. La confianza juvenil puede engañarle para hacerle creer que la ayuda de un compañero y un mentor no es necesaria para plantar una iglesia. La sabiduría de Salomón es útil para nosotros en este tema:

> *Más valen dos que uno solo, pues tienen mejor remuneración por su trabajo. Porque si uno de ellos cae, el otro levantará a su compañero; pero ¡ay del que cae cuando no hay otro que lo levante! Además, si dos se acuestan juntos se mantienen calientes, pero uno solo ¿cómo se calentará? Y si alguien puede prevalecer contra el que está solo, dos lo resistirán. Un cordel de tres hilos no se rompe fácilmente.* (Eclesiastés 4:9-12)

La mayor parte de mi trabajo de plantación de iglesias ha tenido lugar en el área metropolitana de Washington D.C. En nuestra región hemos visto el mismo número de iglesias plantadas fracasadas como de exitosas. Sin excepción, todos los que fracasaron estaban trabajando solos. Nuestra iglesia insiste en que cada plantador tenga un compañero pastoral y un mentor. Esto no garantiza necesariamente el éxito, pero definitivamente aumenta las probabilidades. En términos espirituales, ustedes van a pelear por las almas de hombres y mujeres en su comunidad. Ningún buen soldado va a la lucha sin respaldo, así que elija hombres fuertes que le acompañen al campo de batalla y mantenga su línea de comunicación abierta con el campamento base.

Cuatro Etapas de Competencia

Es imposible ver lo difícil que será la labor de plantar iglesias antes de comenzar. Aquellos que han experimentado un éxito inusual producen la mayor parte de lo que vemos y leemos acerca de la plantación. Rara vez, si es que alguna vez ha sucedido, se ha invitado a un plantador de iglesias que haya fracasado o haya experimentado grandes luchas para que hable sobre sus fracasos en una conferencia. Sin un control firme de las dificultades que le esperan, es fácil desarrollar una confianza ingenua que le dejará desprevenido ante las realidades futuras.

En la década de 1970, Noel Burch desarrolló un modelo de aprendizaje que llamó las "Cuatro Etapas de Competencia ". Me lo encontré hace unos años y me di cuenta de que su modelo describía exactamente lo que experimenté en la plantación de iglesias. Burch observó que hay cuatro etapas en el aprendizaje de cualquier habilidad nueva.

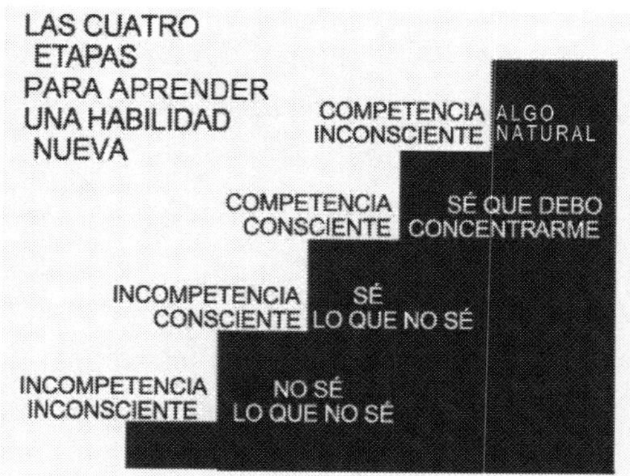

- **Incompetencia Inconsciente** — En esta etapa usted no sabe lo que no sabe, y, porque ignora el déficit de su competencia, se siente optimista sobre el resultado.

- **Incompetencia Consciente** — En esta etapa usted sabe lo que no sabe. Todavía no sabe bien lo que está haciendo, pero al menos reconoce el déficit, así como el valor de una nueva habilidad para enfrentar el déficit. Usted cometerá muchos errores de novato en esta etapa, pero cada uno de ellos será una lección importante que tendrá en cuenta para su trabajo futuro.

- **Competencia Consciente** — En esta etapa usted entiende cómo hacer algo y ha aprendido las habilidades principales asociadas con la tarea; pero demostrar la habilidad o el conocimiento requiere concentración.

- **Competencia Inconsciente** — En esta etapa su habilidad ya se ha convertido en algo natural. Las tareas asociadas con la habilidad se pueden realizar fácilmente incluso mientras se ejecuta otra tarea. A estas alturas, usted ya entiende el tema completamente y puede enseñarlo a otros.

En este momento, es muy probable que usted se encuentre en la primera etapa de este proceso. Usted ve con optimismo el trabajo que tiene por delante porque todavía no ha experimentado los desafíos que vienen con la tarea que está por comenzar. No sabe lo que no sabe sobre la plantación de iglesias. Gran parte de lo que aprenderá durante los próximos años lo adquirirá por medio de la experiencia. Tendrá algunos éxitos y muchos fracasos, y con el tiempo se convertirá en un experto en la labor de plantar. Esta, sin embargo, ¡no es la única manera de aprender a plantar iglesias! Usted puede saltar de manera eficaz la etapa uno y pasar a la dos buscando consejo de plantadores de congregaciones experimentados y piadosos. Puede evitar muchos errores comunes en la plantación simplemente pasando tiempo con plantadores de iglesias con experiencia y pidiéndoles que le aconsejen en las primeras etapas de su trayecto de plantación.

He reclutado a un mentor de plantación de iglesias.

Nunca Trabaje Solo

Durante mi etapa universitaria y del seminario, enseñé clases de guitarra a algunos jóvenes preadolescentes aspirantes a rockeros, de la escuela secundaria local. Sin lugar a duda, los chicos que sobresalieron fueron los que prestaron atención a mis lecciones y que además tuvieron otros amigos o hermanos que "improvisaran música" con ellos. Los que trataron de aprender por sí solos no tuvieron éxito. Como nuevo plantador de iglesias, usted está a punto de entrar en la primera etapa de la competencia. Será difícil, y será desalentador. Lleve un compañero de equipo y un guía a lo largo del trayecto, y será mucho más probable que tenga éxito. Si alguna vez ha experimentado la frustración al aprender una nueva habilidad, sabe muy bien que las probabilidades de éxito dependen en gran medida de quién está a su lado mientras aprende.

Recientemente un plantador de iglesias me envió un correo electrónico explicando que iba a renunciar a su labor de plantar. Mencionó una serie de razones para su decisión, pero la que me llamó la atención fue su sentido de soledad en el trabajo. A pesar de sus buenas intenciones, sintió que había sido "lanzado en paracaídas" para plantar su iglesia. Le exhorto a que no trabaje solo. Si Dios le ha llamado a esta tarea, Él también llamará a otros a que se sumen a la misma con usted. Debe de asumir que Dios está preparando a otros para que trabajen con usted, y su tarea es descubrirlos antes de comenzar la obra.

ETAPA CUATRO

PLANIFIQUE

Ahora que su compañero pastoral y su mentor de plantación de iglesias se han sumado, es hora de que los tres comiencen a planificar en oración. Si usted es como yo, no tendrá ningún problema en ocuparse de la planificación, pero la oración, la verdadera oración honesta, es más difícil.

El comentarista de principios del siglo XVIII, Matthew Henry, escribe: "Qué capacidad tienen los hombres mundanos y prominentes para no incluir a Dios en sus planes"[10]. Hacen planes y luego los ponen en marcha sin consultar a Dios. Proverbios 19:21 enseña: *"Muchos son los planes en el corazón del hombre, mas el consejo del Señor permanecerá"*. Es mundano y necio hacer planes para plantar una nueva iglesia sin buscar la confirmación de Dios.

No permita que su entusiasmo por lograr grandes cosas en el nombre de Dios lo haga olvidarse de que usted es el líder de una iglesia que le pertenece a Él. Es necesario que cree el hábito de consultar a Dios antes de poner en marcha cualquier plan. La mayoría de los plantadores de iglesias son soñadores que se intoxican fácilmente con nociones que inesperadamente irrumpen en la conciencia. Estos estallidos de ideas se confunden fácilmente con la dirección del Espíritu Santo, por lo que deben de probarse antes de ejecutarlas.

El libro de 2 Samuel incluye la historia del rey David haciendo planes para Dios sin Su aprobación. David vivía en un palacio extravagante construido con materiales finos y experimentaba una paz inusual con sus enemigos. Por gratitud a Dios, David decide que no es correcto que viva con tal lujo mientras que el Dios que le da toda su paz y toda su prosperidad vive en una tienda (el tabernáculo). David llama a su consejero de confianza, Natán, para compartir sus planes de construir un templo para Dios:

> *"El rey dijo al profeta Natán: Mira, yo habito en una casa de cedro, pero el arca de Dios mora en medio de cortinas. Entonces Natán dijo al rey: Ve, haz todo lo que está en tu corazón, porque el Señor está contigo. Y sucedió que esa misma noche la palabra del Señor vino a Natán, diciendo: Ve y di a mi siervo David: "Así dice el Señor: '¿Eres tú el que me va a edificar una casa para morar en ella? 'Pues no he morado en una casa desde el día en que saqué de Egipto a los hijos de Israel hasta hoy, sino que he andado errante en una tienda, en un tabernáculo. 'Dondequiera que he ido con todos los hijos de Israel, ¿hablé palabra a alguna de las tribus de Israel, a la cual haya ordenado que pastoreara a mi pueblo Israel, diciendo: "¿Por qué no me habéis edificado una casa de cedro?"""* (2 Samuel 7:2-7).

Lo que me preocupa cuando leo este pasaje es que los motivos de David no son diferentes de los míos. Yo amo a Dios, estoy agradecido por todo lo que Él ha hecho por mí, y en gratitud quiero darle ofrendas de sacrificio. Aparentemente, en la economía de Dios, la extravagancia de nuestros dones y los motivos por los que los damos no son tan significativos como los propósitos del Señor. Debido a que no estamos conscientes de Sus propósitos, es necesario que confirmemos con Dios antes de poner en marcha nuestros planes. David incluso fue más allá y consultó a Natán sobre su decisión. Pero nada de esto cambia el hecho de que Dios no quería un templo, y de que Dios no había pedido un templo.

Mi experiencia me ha enseñado que no todos mis planes son divinos. Al mirar hacia atrás recuerdo los proyectos y planes que he presentado ante mi joven congregación y me avergüenzo de lo poco que he buscado confirmación en las Escrituras. En la vana persecución de mis planes he desperdiciado recursos, he comprometido mi propia credibilidad como líder espiritual y me he distraído de prestar mucha atención a los propósitos del Señor. Matthew Henry invita al hombre de Dios a pensar: "¡Cuán vano es esperar algo bueno del porvenir sin el asentimiento de la Providencia!"[11]

Afortunadamente, el Señor tuvo misericordia de mí y de nuestra congregación. En muchos sentidos, este problema se corrigió durante el tercer año de nuestra iglesia. Después de algunos años siendo el único anciano al frente de nuestra iglesia, nombré a otros hombres para que me ayudaran con la supervisión congregacional. Estos hombres me instaron a presentar mis planes ante el Señor en busca de Su aprobación antes de ponerlos en marcha. Si hubiera sabido antes lo significativo que sería este cambio, habría nombrado ancianos enseguida que hubiera hombres calificados disponibles. Si usted es un nuevo pastor o plantador de iglesias, le animo a detenerse antes de implementar algún plan que no haya sido aprobado por Dios y por quienes le aman.

Matthew Henry nos advierte, "¿Cuánta felicidad mundana se alberga en las promesas que los hombres se hacen a sí mismos de antemano? Puede que sus cabezas estén llenas de visiones refinadas sobre lo que harán, y serán, y disfrutarán, en algún momento futuro; pero no pueden ni estar seguros del tiempo que esto requiere ni de ninguna de las ventajas que ellos mismos se prometen"[12]. Esta advertencia trae a mi mente una avalancha de valles y montañas personales en mi experiencia en la plantación de iglesias. He hecho planes sin Dios, pensando que encontraría la felicidad con el éxito de esos planes, y siempre me he decepcionado de que no hayan tenido el resultado feliz que esperaba. Por otro lado, cuando las Escrituras han sido mi inspiración para un proyecto o para una estrategia, he visto frutos que van más allá de mi imaginación. Ore para que Dios use Su Palabra y a la iglesia para confirmar todos los aspectos de su plan.

Comience con el Objetivo Final en Mente

Invierta desde el principio en lo que quisiera lograr al final. Si quiere plantar una iglesia que valore la predicación fiel y expositiva de la Palabra de Dios, pronuncie mensajes fieles desde el principio. Si desea desarrollar un ministerio significativo en una base militar cercana, minístreles a los soldados desde el principio. Si desea plantar muchas iglesias, haga planes para plantar lo antes posible. Aparentemente, los pastores piensan que, de alguna forma, llegará un momento en el futuro en el que será más fácil convertirse en la iglesia que desean liderar, o en el que el presupuesto será mayor, o en el que tendrán más voluntarios o una mayor influencia. Según mi experiencia, el cambio solo se hace más difícil con el tiempo. Si actúa desde la infancia tal y como desea actuar en la madurez, descubrirá que la iglesia crecerá enfocada en las prioridades que estableció desde el principio.

La fortaleza de este enfoque yace en que las prioridades de su iglesia estarán tan entretejidas en la estructura, que es poco probable que las pueda abandonar fácilmente. Si durante el desarrollo su iglesia pasa por alto a los inmigrantes y a los extranjeros que viven en su comunidad, y luego desea comenzar un ministerio para atender a esas personas, puede que encuentre resistencia. Por otro lado, si su enseñanza y sus acciones demuestran amor por los extranjeros desde los primeros momentos, su congregación se sentirá ansiosa por saciar las necesidades de quienes se encuentran lejos de su hogar.

Nuestra iglesia "plantó estando encinta". Cuando tuvimos nuestra primera reunión, ya tenía un plan y a un hombre para plantar otra iglesia. Mientras soñaba con plantar una nueva iglesia en los suburbios de Washington D.C., me di cuenta de que una sola iglesia nueva nunca iba a impactar a los millones de personas que vivían en sus alrededores.

Cuando buscaba un compañero para que me acompañara en el ministerio, busqué a un hombre que aspirara a plantar y pastorear una iglesia. Ayudé a que nuestra iglesia comprendiera que ese compañero pronto nos abandonaría para plantar otra congregación. Oramos por él y lo apoyamos en cada paso del proceso de plantación. De hecho, nuestra iglesia nunca ha dejado de intentar plantar iglesias.

Escribiendo un Prospecto

Una vez que tenga un plan de acuerdo con la Palabra de Dios, debe de plasmarlo en un prospecto de plantación de iglesias que sea claro y conciso.

Un prospecto es una presentación escrita de su plan para plantar iglesias que está diseñado para presentar concisa y uniformemente todos los detalles importantes relacionados con la plantación de su nueva iglesia. Se crea para el beneficio de la congregación que le envía, las posibles iglesias que le apoyarán, los contribuyentes financieros individuales, los posibles compañeros de oración y los posibles miembros del equipo central. Los detalles que compile en ese documento se convertirán en la base de todas las presentaciones que prepare para solicitar apoyo para su iniciativa de plantación de iglesias. Redactar su prospecto le tomará varias semanas o quizás varios meses. Como el contenido de este documento servirá de base para otros tipos de presentaciones, es importante que los datos y el texto que incluya en su prospecto sean exhaustivos y precisos.

Sospecho que algunos lectores pensarán que un prospecto de plantación de iglesias suena bastante parecido a un plan de negocios. Debido a que inicialmente puede rechazar la idea y sentirse tentado a pensar que abordar tal labor de fe empleando dichos medios mundanos es algo impío, desarrollaré mi argumento sobre la importancia de crear un prospecto y compartiré algunos principios bíblicos que le ayudarán a reconocer la importancia de una planificación cuidadosa.

Estímulo Bíblico para una Planificación Bien Pensada

En la parábola del edificador prudente y el insensato, Jesús enseña claramente que los sabios *"calculan el costo"* cuidadosamente antes de construir una torre porque, si no lo hacen, pueden descubrir que no tienen suficientes materiales para terminar el proyecto (Lucas 14:28). Este es un consejo muy práctico del propio Jesús, y no debe de ignorarse. Como plantador de iglesias, usted se esforzará por edificar una casa para Dios. Esta casa está compuesta por *"piedras vivas"* (1 Pedro 2:5) y estas piedras vivas son las almas que Dios le confiará. No solo eso, sino que la mayoría de los recursos que empleará para construir esta casa espiritual se lo proporcionarán otros cristianos que confían en que usted administrará con cuidado los recursos que ponen en sus manos.

Otra Perspectiva

Imagínese por un momento que es pastor de una congregación que ya existe. Imagínese que un aspirante a plantador de iglesias ha solicitado una reunión con usted. Cuando se encuentra con él, el joven comienza a describir su necesidad de apoyo. Usted nota rápidamente que su corazón está en el lugar correcto, pero su cabeza no. El joven explica cómo está reorganizando su vida para plantar una nueva iglesia, le habla sobre la ciudad a la que planea mudarse, le habla del trabajo que está rechazando y de los amigos y la familia que dejará atrás. Usted lo admira honestamente por su acto de fe valiente, pero su presentación incluye muy poco sobre cómo piensa llevar a cabo esta empresa. Una vez que ha terminado su presentación, usted le hace algunas preguntas:

"¿Qué tipo de personas vive en esta comunidad?"

"Todo tipo de personas".

"¿Cuánto le costará alquilar una casa en ese lugar?"

"Oh, no debe de ser demasiado".

"¿Cómo va a conocer a las personas de esta ciudad nueva?"

"¡Simplemente saldré y hablaré con la gente igual que Jesús!"

Una vez más, su fe es admirable, pero no parece haber pensado mucho en los detalles de su plan; además, es un recién graduado del seminario con muy poca experiencia en el ministerio pastoral. Cuanto más habla este joven, más seguro se siente usted de que él no sabe en lo que se está metiendo. No conoce ni la comunidad ni los costos; no tiene horarios en mente, ni posibles lugares para reunirse; y a pesar de todo, le pide que le confíe los recursos de su iglesia.

Después de que el joven sale de su oficina, usted tendrá que tomar la decisión de si va a guiar a su iglesia a apoyarlo o no. Él es muy amable y obviamente ama a Dios, pero a usted se le ha confiado la responsabilidad de ser un buen mayordomo de los recursos de su congregación. ¿Sería buena mayordomía apoyar a este joven? ¿Guiaría usted a su iglesia a apoyar ese ministerio? Me atrevo a decir que la mayoría de nosotros no lo haría.

El viejo adagio es cierto: "Los que fracasan en planificar, están planificando su fracaso". Es importante que entienda que cualquier pastor al que usted se acerque para buscar su apoyo tiene la gran responsabilidad de ser un buen mayordomo de los recursos de su iglesia.

He escuchado a muchos plantadores quejarse y refunfuñar de cuán "egoístas" y "enfocadas hacia adentro" son las iglesias; sin embargo, yo he descubierto justo lo contrario. Muchas congregaciones son increíblemente generosas y sacrificiales cuando un hombre que parece tener la fe y la aptitud para lograrlo les presenta un plan claro y convincente. Ninguna iglesia tiene la obligación de apoyarlo a usted y a su proyecto de plantación de iglesias, especialmente si no les da ninguna razón para confiar en su plan o en su credibilidad. Usted tiene que acercarse a las congregaciones con el respeto y el honor que merecen.

Eligiendo la Ubicación

Con mucha frecuencia, la decisión de plantar una nueva iglesia se aviva (al menos en parte) por una carga de que el Evangelio se conozca mucho más en una comunidad en particular. En este caso, la cuestión de la ubicación no es tan compleja. Si usted se encuentra en esta situación aquí hay un par de cosas en las que debe pensar.

¿Realmente esta comunidad necesita una nueva iglesia? Hasta cierto punto, toda comunidad necesita iglesias más fieles. Ninguna comunidad en Norteamérica (o en ningún otro lugar si vamos al caso) ha sido plenamente alcanzada, y ninguna comunidad ni siquiera se acerca a tener un número adecuado de iglesias fieles. Dicho esto, hay algunas localidades donde el Evangelio está arraigándose más notablemente que en otras. Pablo notó esto cuando estaba iniciando iglesias y optó por trasladarse a las comunidades donde no había presencia del Evangelio. Pablo dice:

> *"... con el poder de señales y prodigios, en el poder del Espíritu de Dios; de manera que desde Jerusalén y por los alrededores hasta el Ilírico he predicado en toda su plenitud el evangelio de Cristo. De esta manera me esforcé en anunciar el evangelio, no donde Cristo ya era conocido, para no edificar sobre el fundamento de otro".* (Romanos 15:19-20)

Muchos plantadores de iglesias que conozco están listos para ser enviados, pero simplemente no saben dónde ir a plantar. Para los que no saben, quiero compartir algunas cosas que podrían ayudarles a la hora de seleccionar un campo misionero.

No lo piense demasiado. Hay muchos factores en juego en la decisión sobre dónde plantar una iglesia nueva: la necesidad, las escuelas, los precios de las casas, el clima, lo mucho que le gusta la comunidad, etc. Tantos factores pueden impedirle tomar una decisión. Ningún lugar cumplirá con todos sus criterios. Recuerde que Dios normalmente hace cosas extraordinarias en lugares inesperados.

No sea demasiado espiritual. Algunos plantadores quieren estar en el lugar más desafiante que puedan encontrar. Esto es admirable, pero no siempre es aconsejable, especialmente para los que tienen familias. Asegúrese de que el lugar a donde va sea un sitio donde su esposa y sus hijos puedan vivir durante mucho tiempo.

No sea demasiado específico. Sea de mente abierta para elegir su campo misionero. No sea demasiado específico con respecto al vecindario o la comunidad para su iglesia. La verdad es que la iglesia está conformada por personas y usted no sabe aún dónde están las que Dios atraerá a esta nueva congregación.

No tome la decisión aislado. Asegúrese de pasar mucho tiempo hablando con los pastores locales y de conocer a la comunidad desde el punto de vista de ellos. Incluso los clérigos de otras fes y denominaciones pueden darle información significativa sobre la comunidad, lo cual le convendrá en el proceso de elegir un lugar para servir.

He escogido una ubicación para esta nueva iglesia.

Eligiendo el Nombre

El nombre de su nueva iglesia será su identidad principal en el futuro, por lo que debe de pensarlo cuidadosamente. Es común para los plantadores escoger el nombre simplemente porque les gusta; pero sería algo corto de vista hacerlo sin considerar las identidades de las iglesias cercanas, la percepción pública del nombre y la resistencia del nombre. Los títulos de las iglesias caen bajo algunas categorías comunes como:

- **Nombre Geográfico:** Iglesia de la Comunidad de Springfield, Iglesia de la Calle 1ra
- **Nombre Bíblico:** Iglesia de la Gracia, Iglesia Koinonía
- **Nombre Ilustrativo:** Iglesia Mosaica, Iglesia de Impacto
- **Nombre Denominacional:** Primera Iglesia Bautista, Asamblea del Calvario
- **Nombre de Moda:** Iglesia en Acción, Iglesia H_2O
- **Nombre que No es de Iglesia:** El Manantial, Fraternidad de Acceso

Por supuesto, hay variaciones y combinaciones de estos enfoques, como Iglesia Bautista de la Gracia o Fraternidad Mosaica, pero básicamente todos los nombres de congregaciones modernas se encierran en una o más de estas categorías. Dado que el título de su iglesia será su identidad principal durante un futuro previsible, le doy algunos consejos a tener en cuenta a la hora de elegir un nombre.

No tome la decisión muy apresuradamente. El nombre no es una decisión que se debe tomar de la noche a la mañana ni en una semana. Tómese el tiempo necesario para probar posibles nombres. Deje que pase un poco de tiempo para que su primera opción se cocine a fuego lento antes de tomar una decisión final.

No tome la decisión solo. Hable sobre el nombre con su cónyuge, amigos y colegas del ministerio antes de tomar una decisión. Algunos de los peores nombres de iglesias podrían haberse evitado si el plantador hubiera pasado un poco de tiempo consultando a otros. Los pastores de la comunidad también pudieran ser personas de confianza para conversar sobre el tema. Busque sus consejos y considere sus opiniones para tomar su decisión.

No tome una decisión miope. Muchas iglesias han utilizado un nombre geográfico basado en su ubicación original, pero luego se mudan a un lugar diferente, que ya no se ajusta a la descripción. Dos megaiglesias en Virginia me vienen a la mente: *McLean Bible Church* (Iglesia Bíblica McLean) ahora está en Viena y *Thomas Road Baptist Church* (Iglesia Bautista de la Carretera Thomas) en Lynchburg, que ahora se encuentra en la carretera *Mt. View*. Cuando estas congregaciones eligieron sus títulos hace años, probablemente nunca pensaron que podrían cambiar de ubicación geográfica. La vista corta también puede aplicarse al asunto de los nombres que están de moda o que son populares ahora, pero que se vuelven obsoletos con el tiempo. Piense en el nombre de su iglesia como si fuera su traje. Comprar el más nuevo y el más moderno puede parecer una buena idea en este momento, pero si tuviera que elegir un traje para usarlo durante los próximos 50 años, probablemente elegiría algo un poco más clásico. Adopte el mismo enfoque con el nombre de su iglesia, escoja uno que pase la prueba del tiempo.

He escogido un nombre para esta nueva iglesia.

Recursos Disponibles para la Investigación

Una gran cantidad de recursos están disponibles para usted a la hora de recopilar datos para su prospecto. Muchas denominaciones ofrecen excelente información demográfica que incluye el número de iglesias, de personas, de hogares, de instituciones educativas y de oportunidades de vivienda en su ciudad. Estos datos son clasificables y disponibles para usted con los parámetros geográficos que solicite. Además, datos más detallados como grupos poblacionales, edades medias y niveles de ingresos, también están disponibles para la mayoría de las áreas metropolitanas de los Estados Unidos. Obtener esta información es fácil y relativamente barato. En el Apéndice H encontrará una lista de muchos recursos de investigación disponibles para ayudarle. Esta información no sólo le ayudará a crear una presentación convincente, sino que también le armará con datos importantes que le servirán cuando piense en formas de ministrar a los que viven en su campo misionero.

He investigado la demografía de mi campo misionero y tengo un panorama preciso de los tipos de personas que allí viven.

Componentes Clave de un Buen Prospecto

Existen por lo menos diez componentes que deben de incluirse en cada prospecto de plantación de iglesias. Los mismos responderán a la mayoría de las preguntas que sus posibles colaboradores y contribuyentes tendrán sobre su campo misionero, sus calificaciones y sus necesidades en cuanto a recursos. Otras secciones pueden y deben incluirse según usted lo considere conveniente. Tenga en cuenta que los pastores están generalmente muy ocupados; por lo tanto, es importante que haga una presentación concisa. Recomiendo que el documento sea lo suficientemente corto como para leerlo en una sesión de diez minutos. Los componentes siguientes son los diez más importantes de su prospecto.

Presentación Personal: Redacte una presentación sobre usted y su familia en forma de biografía breve. Incluya una foto grande de su familia para añadirla al prospecto. Esta sección también puede contener sus logros educativos y otras calificaciones que tiene para este ministerio en particular. Incluya un componente similar para su compañero pastoral y algún otro líder comprometido.

Descripción General del Contexto: Explique las características únicas del contexto del ministerio. Si está plantando cerca de una universidad, de una base militar, o de cualquier otro lugar interesante, explique las oportunidades especiales que brinda esta ubicación. Si su nueva congregación es parte de una iniciativa de plantación de iglesias más grande, este es también un buen momento para explicar esa relación.

Perfil de la Ciudad: Ponga en viñetas las características de su ciudad: la población, la composición demográfica, el número de iglesias, la necesidad de nuevas congregaciones, la cultura, las características socioeconómicas, las estadísticas, etc. En esta sección resalte los desafíos particulares que enfrentará. Esta es una buena oportunidad para incluir un mapa o una fotografía de un lugar emblemático de la ciudad.

Estrategia: Aborde la información en la sección de perfil de la ciudad explicando cómo planea enfrentar los desafíos ministeriales particulares que mencionó en la sección anterior. Explique cómo va a ministrarles a las personas de su ciudad en particular.

Descripción General del Ministerio: Presente una descripción general de los servicios y ministerios que planea brindarle a la comunidad a través del ministerio de esta nueva iglesia. Incluya detalles logísticos básicos, así como información más detallada sobre lo que las personas deben de esperar de esos servicios y ministerios.

Doctrina: Incluya sus posiciones teológicas y doctrinales, preferiblemente en forma resumida. También puede incluir un pacto de la iglesia o una declaración de fe y un resumen de su filosofía de ministerio.

Cronograma: Comenzando por su llamado y su preparación para la plantación de iglesias, haga una línea de tiempo simple mostrando cómo y cuándo espera que se desarrolle su labor de plantación.

Presupuesto: Debido a que esta sección probablemente generará más interés y preguntas, tenga mucho cuidado cuando la prepare. Más adelante en este capítulo encontrará instrucciones más detalladas sobre sus presupuestos personales y los de la iglesia.

- **Asociaciones:** Haga un listado con las denominaciones, redes y organizaciones con las que se asociará en su proyecto de plantación de iglesias. Resuma brevemente el papel de cada organización en la obra.

- **Pasos de Acción:** Concluya el prospecto con un claro llamado a la acción. Indíquele a los posibles contribuyentes qué hacer exactamente para inscribirse en su lista de oración, para darle una ofrenda única y para contribuir mensualmente para su obra. Asegúrese de incluir las opciones de ofrendar por Internet o mediante el correo postal.

Presentación de Datos

Una vez que haya compilado todos los datos del prospecto es importante que un profesional prepare la presentación gráfica. Piense que el prospecto es más como una revista que como un libro. El uso de imágenes, gráficos y diagramas con un esquema de color consistente se sumará a la profesionalidad de la presentación y dará sutilmente a su posible patrocinador la impresión de que tiene la intención de abordar este proyecto con excelencia. Lograr que este documento se diseñe e imprima profesionalmente puede costarle unos cientos de dólares, pero la inversión valdrá la pena.

Una vez que el prospecto esté terminado, las imágenes, los gráficos y el cuerpo del trabajo pueden servir como base para todos sus medios promocionales. Por ejemplo, puede crear una presentación digital en PowerPoint para usarla en iglesias u otros lugares en vivo. La mayoría de las presentaciones diseñadas profesionalmente se pueden integrar fácilmente a otras formas de comunicación como las tarjetas de respuesta, las diapositivas de PowerPoint y los videos.

Añada Elementos Creativos

Una forma sencilla de aumentar significativamente las posibilidades de que su auditorio recuerde su presentación es agregando algunos elementos creativos. Busque la forma de resaltar las características únicas de la congregación que va a plantar y comuníqueselas a su audiencia. Una vez le hablé a un grupo sobre la necesidad de plantar iglesias en Washington D.C. y sus alrededores. Les expliqué que necesitaba cientos de congregaciones nuevas para llegar a los numerosos grupos de personas diferentes en y alrededor de la ciudad. Le di a cada individuo una parte de un rompecabezas de 500 piezas del Capitolio para que la llevaran a casa y les pedí que la colocaran donde la vieran a menudo como un recordatorio para orar por nosotros. Después de un culto de adoración, años más tarde, una mujer se acercó a mí sosteniendo su pieza del rompecabezas y me dijo que todavía estaba orando por nosotros mientras plantamos iglesias en Washington D.C. y sus alrededores.

En otra ocasión, para una iglesia en Reikiavik, Islandia, llené unas botellitas de arena negra de una playa islandesa como recordatorio de oración para cada hermano que se comprometió a orar por nosotros. Casi diez años después, las personas me recordaban periódicamente que todavía conservaban la arena y que seguían orando por el pueblo de Islandia.

Memorice lo más Importante

Usted descubrirá que muchas de las mejores oportunidades para compartir sobre su esfuerzo de plantación de iglesias se presentarán cuando menos lo espere. Puede ser un encuentro fortuito con un viejo amigo o una audiencia inesperada con un pastor en una conferencia o evento. Siempre es útil memorizar algunos elementos importantes de su prospecto para que esté preparado para compartirlos en cualquier momento.

Hace años, recibí un mensaje de texto de un amigo de la secundaria diciéndome que un pastor de una iglesia grande en Missouri estaba en Washington D.C. ese día. Mi amigo me dio el contacto del pastor y rápidamente me comuniqué con él para ver si podíamos dialogar. En pocas horas estaba sentado con el pastor Vince compartiendo sobre nuestros planes de plantar nuevas iglesias en cada base del Cuerpo de Marines en el mundo. Me preguntó acerca de nuestra estrategia, metodología de capacitación y por los lugares en los que pensábamos plantar. Aunque no tenía ningún material a mano o alguna forma de darle una presentación formal, yo sabía las respuestas de todas las preguntas que me hizo. Alrededor de una semana después, me llamó para decirme que su congregación iba a darnos una ofrenda monetaria para ayudar a nuestro esfuerzo. A medida que el proyecto crecía y ganaba más impulso, el pastor Vince guiaba a su iglesia a continuar apoyando nuestros empeños. Actualmente él es un amigo de confianza y está profundamente involucrado con nuestro trabajo tanto brindando apoyo financiero como asesoría.

La oportunidad puede presentarse rápida e inesperadamente, ¡así que prepárese! Nunca se sabe cuándo se le dará la ocasión de compartir con un posible colaborador o miembro de su equipo.

Empodere a Otros

Otro gran beneficio de la creación de un prospecto de plantación de iglesias es que ayudará a otras personas a servir como defensores de ese esfuerzo. Al igual que un equipo de plantación de iglesias que sale a las calles, sus colaboradores pueden diseminarse y cubrir sus esferas personales de influencia. Los miembros de su equipo, sus familiares y sus amigos podrán responder preguntas y compartir con confianza sobre la nueva iglesia.

Prepare una Presentación Clara

Cuando finalmente tenga la ocasión de dirigirse a posibles patrocinadores, es probable que solo tenga una oportunidad para convencerlos de que inviertan en su nueva labor. Con el prospecto como base, emplee un poco de su tiempo preparando una presentación convincente para los posibles contribuyentes. En general, estos son más propensos a convertirse en inversionistas en su nuevo ministerio solo si quedan impresionados con usted como individuo y están convencidos de que tiene un plan viable para comenzar una nueva iglesia.

Como pastor firmemente comprometido con la plantación, hay tres características que normalmente busco en un plantador de iglesias antes de guiar a mi congregación a invertir en un nuevo ministerio: (1) carácter apropiado para el ministerio pastoral; (2) convicciones doctrinales similares y (3) madurez espiritual suficiente para soportar la montaña rusa de la plantación de iglesias. Es esencial que se acerque a posibles patrocinadores con un plan completo y convincente. He aquí algunos consejos para usted:

Reúnanse cara a cara. Generalmente las presentaciones son mejores en persona. Una videoconferencia, una llamada telefónica o una carta no requieren una respuesta inmediata, así que haga todo lo que pueda para reunirse cara a cara con sus posibles colaboradores.

Incluya la "visión general". ¿Esto es una inversión para la plantación de una iglesia, o de varias? ¿Dónde, cuándo y cómo planea usted lograrlo? He descubierto que el uso de imágenes puede ser útil en esta parte de la presentación; por ejemplo, he dicho anteriormente que mi enfoque para la plantación de iglesias es como plantar un huerto, no solo un árbol. Esta imagen me ayudó a explicar que tenía en mente algo más grande que plantar solo una congregación en una comunidad.

Nunca use la culpabilidad. Debe excluir de su presentación cualquier intento de contar una historia para hacer llorar. Hacer sentir culpable a un posible colaborador, a la larga, no le llevará a ninguna parte.

Respete su tiempo. Programe la reunión para el lugar y el momento que sea más conveniente para su posible contribuyente. Sea puntual, vaya respetuosamente vestido y prepárese para hablar del tema con claridad.

Pida audaz y específicamente. Después de su presentación, sea específico y directo en su petición: "¿Sería posible que su iglesia contribuyera con $500 mensualmente por los próximos dos años para ayudarme a plantar esta nueva iglesia?" o, "¿Piensa permitirme compartir esto con su congregación y pedirles a sus miembros que oren para unirse a nuestro equipo por un período de 6 a 12 meses?" Evite las preguntas abiertas como "¿Cree que podría aportar algo?" La persona ocupada aprecia las preguntas directas. No logrará mucho si anda con rodeos. Incluso, aunque el posible contribuyente no esté de acuerdo en apoyarlo, respetará su franqueza.

Sea persistente pero no fastidioso. Sugiera posibles opciones de seguimiento: "Tengo planes de asistir a su culto el próximo fin de semana. ¿Estaría dispuesto a permitirme que le invite a almorzar ese día después del culto?" o, "no tengo mucha experiencia con la preparación del sermón, ¿estaría dispuesto a reunirse conmigo una o dos veces para enseñarme cómo preparar una predicación?" Después del encuentro, envíe una nota escrita de agradecimiento o un correo electrónico personal expresando su agradecimiento por la reunión. En caso de que el contribuyente potencial no responda a sus solicitudes de seguimiento, asegúrese de no hacerle sentir mal por su falta de interés. Agradézcale por su tiempo y haga todo lo posible para que la conversación termine positivamente.

Sea directo y específico cuando las personas pregunten cómo pueden ayudar. Si hay necesidades financieras, de voluntarios o de oración específicas, compártalas con quienes están interesados en ayudarlo. Puede pedirles que compren algunas sillas a $40 cada una o que le compren un rollo de sellos postales. Una herramienta útil para establecer asociaciones con otras personas es la "Lista de Deseos", una lista simple de artículos que le gustaría tener para la nueva iglesia. Manténgala a mano para que pueda enviarla por correo electrónico desde su teléfono inteligente o distribuirla de pronto. También debe de determinar si hay elementos que usted NO está dispuesto a aceptar. Algunas personas bien intencionadas oirán que usted necesita equipamiento para la guardería y querrán donar la mecedora de su abuela o las viejas revistas *Guidepost* que han recolectado durante los últimos diez años. Asegúrese de que sepan que usted no necesita este tipo de artículos, pero hágalo amablemente. Cuando *Pillar Church* comenzó, recibimos muchos artículos donados. Por desgracia, me olvidé de especificar qué artículos estábamos dispuestos a aceptar y cuáles no queríamos. Como resultado, nos regalaron un piano de cola de 50 años, una casa rodante de 30 pies de los 1970, y una Chevy Suburban de hace 25 años, los cuales resultaron difíciles de liquidar y sirvieron de muy poco provecho.

Usted debe de recibir respuestas positivas de al menos el 50% de las personas a las que le pide directamente. Si son menos del 50%, regrese nuevamente a su presentación para evaluar honestamente si su presentación está bien preparada para lograr su objetivo. Si no es así, haga los ajustes necesarios para acercarse más eficazmente a los patrocinadores potenciales.

Haga un Plan pero Espere que Cambie

Una vez trabajé con un plantador de iglesias, Jamie, que llenó su cuaderno de piel con información sobre la iglesia que quería plantar, esbozando todos los aspectos del ministerio con gran detalle. Pasó cientos de horas planeando, orando y soñando. Un día, Jamie tiró su cuaderno y dijo: "Esos eran mis sueños, no los de Dios". Años más tarde, la iglesia que Jamie plantó solo se asemeja un poco a la de esos bocetos que había escrito en su cuaderno.

He creado un plan similar para todas las iglesias que he ayudado a plantar. Ninguna de ellas resultó ser exactamente igual al plan que tenía concebido. Si Dios tiene misericordia de usted como la tiene de mí, en algún lugar entre nuestros planes frustrados, Dios introduce Sus planes para la nueva iglesia. Dios tiene maneras de hacer lo que usted nunca podría soñar ni escribir. Él le llamará para ministrar a personas en lugares que usted nunca habría podido imaginar. Le aseguro que cuando Dios comience a revelarle cómo usará su nueva iglesia para Su gloria, usted descubrirá que se sentirá muy agradecido de que Dios eligió cumplir Su plan en vez del suyo.

Aun así, la planificación y la preparación siguen siendo partes importantes del proceso, así que dedíquese a la oración y sométase a asesores de confianza durante todo el proceso. Como mínimo, la creación del prospecto debería de ser un esfuerzo en equipo con su mentor y su compañero pastoral. La creación de un prospecto le hará pensar en aspectos del ministerio de la iglesia que de otra manera podría pasar por alto. Lo más importante es que, al hacer planes, tenga en cuenta que siempre deben estar sujetos a los de Dios: *"La mente del hombre planea su camino, pero el Señor dirige sus pasos".* (Proverbios 16:9)

Advertencias sobre el Presupuesto

La sección del prospecto dedicada al presupuesto suele ser la más difícil. Muchos plantadores de iglesias piensan que, si van por todas, al menos algo recogerán. Puede ser peligroso trazarse un objetivo ridículamente alto y pensar que recoger cualquier cantidad cerca de ese número es suficiente. El problema con este enfoque es que es engañoso. Lo peor que usted podría hacer es darle información falsa a las personas que pudieran ayudarle.

Si le dice a un posible colaborador que es necesario recaudar $250,000 para comenzar una nueva iglesia, usted necesita justificar esos gastos con algunos planes bastante atractivos. Por ejemplo, si está planeando invertir el 10% del presupuesto de su primer año en el ministerio de evangelismo, sería sabio justificar la necesidad de esos gastos. Generalmente, las iglesias no sentirán mucho entusiasmo por comprarle un sistema de sonido de última generación para su nueva iglesia si ellos mismos están usando un sistema de sonido que le compraron a una banda de garaje durante una venta de artículos usados en el patio delantero de una casa. Tampoco querrán contratarlo como miembro del personal a tiempo completo si no saben que será un buen pastor. Esos tipos de peticiones no los moverán a dar sacrificialmente.

Trabajando Hacia la Sostenibilidad

Un presupuesto alto reducirá las posibilidades de sostenibilidad financiera. Desde el punto de vista financiero, el objetivo es lograr que su nueva congregación alcance un punto de autosostenibilidad tan pronto como sea posible. Muy pocos contribuyentes apoyarán su trabajo indefinidamente. Cada gasto que incluya en su presupuesto inicial tendrá implicaciones para sus presupuestos futuros. Si comienza con dos miembros del personal con salarios a tiempo completo, está diciendo que, dentro de algunos años esta nueva congregación será capaz de sostener plenamente a esos miembros del personal a tiempo completo. No digo que no debería de tener grandes sueños para su nueva iglesia, sino que cada decisión de hoy tendrá implicaciones financieras mañana. Mientras mayor sea su presupuesto, menos probable es que pueda mantenerlo en el futuro con las ofrendas de la congregación.

Pedirle una cantidad exorbitante de dinero a una posible iglesia patrocinadora puede percibirse como arrogante. Cualquiera puede dirigir una organización con un presupuesto enorme; no hace falta una habilidad especial para eso, pero con la plantación de iglesias debe venir una disposición a hacer sacrificios personales para obedecer el llamado de Dios para su vida. Hace uno o dos años atrás, un aspirante a plantador de iglesias conversó conmigo en mi pequeña oficina que compartía con una tienda de neumáticos usados. Se sentó en mi silla rota, miró por encima de mi escritorio de IKEA* de 89 dólares y me dijo que, para comenzar una nueva iglesia, necesitaba recaudar $400,000. Cuando miré su presupuesto, me di cuenta de que el presupuesto total de su iglesia para ese año era unos $ 10,000 más alto que el presupuesto de mi iglesia. ¡Como si eso no fuera suficiente, su salario era $30,000 más alto que el mío! Ahora, yo no me opongo a que alguien gane más dinero que yo, pero fue ofensivo que me pidiera que contribuyera a su salario y al presupuesto de la iglesia cuando eran tan innecesariamente altos. Sobra decir que no estuve de acuerdo en apoyarlo.

Su Presupuesto Personal

Completar un presupuesto personal exacto es un requisito previo para crear un presupuesto exacto para la iglesia. Su salario es la primera inversión y la más sabia que hará su nueva congregación. Las iglesias necesitan pastores más que lugares para reunirse, más que equipos, que personal o computadoras; por esta razón, le recomiendo comenzar por su presupuesto personal y determinar exactamente qué cantidad de dinero necesita para vivir durante los próximos años. Olvídese de lo que ha hecho en el pasado o de lo que espera hacer en el futuro. Este primer presupuesto tiene que ver con encontrar su umbral de presupuesto personal, la cantidad mínima que necesita para cuidar adecuadamente de su familia. He proporcionado una Hoja de Trabajo del Presupuesto Personal en el Apéndice I para ayudarle a determinar la cantidad que necesita.

Su Presupuesto para Plantar la Iglesia

Una vez que haya terminado con su presupuesto personal, puede comenzar a determinar los elementos del presupuesto para la iglesia. A medida que los añade, tenga en cuenta que su meta es alcanzar la autosostenibilidad financiera tan pronto como sea posible. Le sugiero que desglose el dinero de su iglesia en dos categorías: gastos mensuales continuos y fondos de inicio. Los gastos mensuales continuos son aquellos elementos que serán parte regular del presupuesto de la congregación durante un futuro previsible. Incluya en esta porción de su presupuesto elementos relacionados con gastos en personal, alquiler de instalaciones, seguro, apoyo misionero, evangelismo y materiales de enseñanza. Se debe de crear otro presupuesto para los fondos de inicio que son los costos en los que usted incurrirá al comienzo de su trayecto de plantación, pero que no es probable que carguen el presupuesto mensual de la iglesia. En el Apéndice J podrá ver un Ejemplo del Presupuesto para Plantar la Iglesia.

Usted notará que algunos colaboradores financieros estarán dispuestos a apoyarle mensualmente por un tiempo determinado. Otros preferirán darle una ofrenda única o recoger una ofrenda especial para su nueva iglesia. Trace una meta para cada categoría e incluya las ofrendas únicas de congregaciones y de personas individuales en sus fondos de inicio, y el apoyo mensual continuo en sus gastos mensuales.

Al hacerlo de esta manera se asegurará de no establecer su presupuesto dependiendo de ofrendas únicas. Después de alcanzar los umbrales de cada categoría, puede pasar al siguiente paso. Incluso cuando alcance un umbral, es posible que note que las ofrendas únicas y los contribuyentes mensuales continúan haciéndose patentes. Estas donaciones le proporcionarán un margen adicional para las cosas que le gustaría hacer, pero que no son tan necesarias.

He completado mi presupuesto para plantar la iglesia.

Su prospecto de plantación de iglesias constituye una parte importante en la preparación para comenzar una nueva iglesia y será su mayor ayuda cuando se acerque a iglesias y a otros posibles colaboradores para solicitar apoyo financiero, apoyo de oración y rendición de cuenta adicional.

He elaborado mi prospecto para plantar la iglesia.

ETAPA CINCO

REÚNA

Una vez que haya terminado su plan, ha llegado el momento de comenzar a mostrárselo a otros cristianos. A menos que usted sea rico en el plano personal o que tenga una vida de oración como la de George Müller, necesitará buscar apoyo. Usted va a necesitar que se le unan colaboradores en el trabajo cotidiano del ministerio, que personas de oración clamen a Dios por usted con regularidad y que personas generosas contribuyan financieramente. La mayoría de los plantadores de iglesias consideran este como el aspecto más desagradable de plantar una nueva iglesia. En general, los plantadores de iglesias se sienten intimidados por la idea de pedir dinero a otras personas y temen que sus intentos de recaudación de fondos no sean suficientes.

Según lo que he observado, las iglesias plantadas rara vez fracasan por falta de dinero ¡y esto es una realidad comprobada! Las nuevas iglesias fracasan por todo tipo de razones, pero generalmente, el dinero no es una de ellas. Hay suficientes fuentes de financiamiento disponibles para ayudar a nuevos plantadores de iglesias hasta que su iglesia sea financieramente autosostenible, pero muchos plantadores de iglesias no se sienten cómodos acercándose a iglesias, personas y otras organizaciones para obtener ayuda. No nos sentimos cómodos buscando el apoyo financiero de otros porque simplemente no estamos acostumbrados a eso. La recaudación de fondos, sorprendentemente, se siente como mendigar. En nuestra cultura, la mayoría de las personas que le piden dinero a otros directamente son personas que están pasando por un mal momento, los niños o los políticos. Todos los demás ganan o piden prestado el dinero que necesitan. Es muy incómodo pedirle dinero a la gente. Antes de hablar de aspectos prácticos necesarios a la hora de hablar de dinero con otros, le sugeriré algunos modos de pensar que debemos de adoptar para tener una mejor perspectiva sobre la recaudación de fondos para la plantación de iglesias.

Modos de Pensar Saludables para Reunir Recursos

Apoyar a misioneros y plantadores de iglesias financieramente es una práctica centenaria en la iglesia de Jesús. Incluso actualmente, prácticamente todas las iglesias saludables y los cristianos comprometidos dedican parte de sus ingresos mensuales a la propagación del Evangelio. Por esta razón, usted no tiene que acercarse con timidez a las posibles iglesias patrocinadoras. Les está pidiendo que hagan algo que Dios ya les ha dicho que hagan. El Apóstol Pablo expresó su agradecimiento a la iglesia de Filipos por su apoyo monetario: *"Pero lo he recibido todo y tengo abundancia; estoy bien abastecido, habiendo recibido de Epafrodito lo que habéis enviado: fragante aroma, sacrificio aceptable, agradable a Dios"* (Filipenses 4:18). La gratitud de Pablo hacia la iglesia en Filipos ofrece un buen modelo para expresar su gratitud a quienes le apoyan. A continuación, le comparto algunas cosas que debe de tener en cuenta al acercarse a posibles contribuyentes financieros para obtener su ayuda.

No se Crea con Derecho a la Ayuda de Nadie. Es importante recordar que ninguna iglesia, organización o individuo le debe su apoyo simplemente porque usted ha decidido plantar una iglesia. Guárdese de la tentación de frustrarse con las iglesias y personas que decidan no apoyarlo. Si una iglesia decide no patrocinarle, no significa necesariamente que sus miembros sean malvados o estén centrados en sí mismos o que ignoren la Gran Comisión. Tal vez sienten una obligación mayor de apoyar a otro misionero y no quieren dividir sus esfuerzos. Incluso, podría implicar que todavía no están convencidos de su misión y de su empeño por plantar iglesias. Sin importar el motivo, las iglesias tienen derecho a elegir a quiénes van a apoyar y a quiénes no.

La Plantación de Iglesias es Gratis. En esencia, la plantación de iglesias es una labor absolutamente gratuita. Comenzar una nueva iglesia no cuesta nada. Las iglesias son grupos de cristianos reunidos, e invitar a alguien a reunirse es completamente gratis. Hay miles de instalaciones disponibles en su comunidad para celebrar sus cultos de adoración de forma gratuita — ¡se llaman casas! Si su objetivo no es utilizar una casa, entonces probablemente pueda buscar un lugar público adecuado, si se esfuerza lo suficiente, para reunirse de forma gratuita. He ayudado a plantar iglesias nuevas en tiendas de muebles, funerarias, centros comunitarios, casas, restaurantes y edificios de iglesias, todos completamente gratis.

Hace unos años visité el Templo Bautista de Halfmoon, Nueva York. Según los estándares de Nueva York, un Templo es una iglesia grande con una instalación grande. Mientras estaba allí, me dijeron que la iglesia comenzó y se reunió de forma gratuita en el sótano de un banco local hasta que la construcción de la instalación actual se terminó.

Mi propia iglesia celebró sus primeros cultos públicos en el pabellón de un parque comunitario. Aunque la gente pensaba que era importante empezar a pagar por un local interior para cuando llegara el invierno, hasta ese momento el pabellón funcionó sin problemas. Solo porque iglesias bien conocidas están gastando montones de dinero para celebrar sus cultos en almacenes grandes y modernos o en clubes de lujo, no significa que usted tenga que hacer lo mismo. La mayoría de las iglesias del mundo se reúnen en espacios de adoración completamente gratuitos.

Usted está pidiendo el dinero de Dios, por lo que podría necesitar disminuir sus expectativas sobre lo que realmente necesita para financiar su ministerio de plantación de iglesias durante los primeros años. Esto es cierto tanto con respecto a su sueldo, como al presupuesto general de su nueva iglesia. Bob Thune, un plantador de iglesias en Omaha, Nebraska, cuenta la historia de un difunto plantador de iglesias:

> Hace unos meses, un plantador de iglesias que conozco tuvo que renunciar. Mientras le echaba un vistazo a su anuncio de venta de liquidación en *Craigslist*, no pude evitar preguntarme si en verdad él necesitaba todo aquello. Me pregunto si se hubiera mantenido a flote un

> poco más y habría alcanzado un punto de viabilidad, de haber asignado los fondos de forma diferente. No me corresponde cuestionar sus decisiones; *"Para su propio amo está en pie o cae"* (Romanos 14:4). Pero me preocupa que muchos jóvenes soñadores plantadores de iglesias sean presa fácil de los vendedores del capitalismo de la plantación de iglesias. No tiene que ser así. Plantador de iglesias, manténgase firme, y no muerda la carnada. Comenzamos hace cuatro años y ahora es que acabo de mandar a hacer tarjetas de presentación. ¿El membrete? Tal vez el próximo año.

Las tarjetas de presentación y los sistemas de audio no son los aspectos más importantes de su nueva iglesia — ¡El ministerio es lo más importante! Tenga mucho cuidado del dinero que Dios y Su iglesia le han confiado. Recuerde que las Escrituras enseñan que a los que son fieles cuando se les da poco son considerados dignos de confianza ante Dios (Lucas 16:10). Recuerde que la excelencia no depende de lo que uno tiene, sino de lo que uno hace con lo que tiene. Luche contra la tentación de compararse a la iglesia de más rápido crecimiento en los Estados Unidos o con cualquier otra iglesia en lo absoluto. En vez de eso, esfuércese por usar de forma óptima lo que Dios le ha dado.

Ser un buen mayordomo no significa que no pueda invertir dinero en el ministerio. Simplemente significa que puede ser un poco más creativo al cumplir las tareas y los proyectos. Si se esfuerza, usted puede volverse diestro en la búsqueda de maneras creativas para llevar a cabo proyectos ministeriales con presupuestos pequeños. Por ejemplo, usted pudiera encontrar algunas iglesias que le brinden su apoyo verbal, pero que no están dispuestas a dar financieramente. He notado que las iglesias que caen en esta categoría, con frecuencia están dispuestas a financiar directamente proyectos específicos para las iglesias nuevas, aún si no se comprometen a dar mensualmente. Cuando comencé *Pillar Church* en el 2005, redacté una pictórica lista de deseos con los artículos que queríamos para el primer año de ministerio. La lista incluía cosas muy baratas, como sellos y juguetes para la guardería, y cosas muy costosas, como un remolque de sietes metros y medio más un sistema de audio. Me sorprendió la generosidad de las iglesias previamente resistentes, cuando se les pidió dinero para una causa muy específica en lugar de una general. A veces, algunos individuos e iglesias tenían conexiones para obtener los suministros que necesitábamos de forma significativamente más barata. Al final, una iglesia o una persona suministraron casi todos los elementos en mi catálogo, totalizando $60,000 en equipamiento y suministros.

He hecho una lista de equipos deseados para posibles contribuyentes.

Responsabilidad Financiera

Antes de recaudar su primer dólar, es importante que asegure a un contador o a otra iglesia para que le ayude con las responsabilidades financieras, tales como: aceptar fondos donados a su nombre, llevar registros, generar informes financieros y procesar su nómina. No puede simplemente ir al banco local, abrir una cuenta para la iglesia con su número de seguro social (como si estuviera abriendo un pequeño negocio) y comenzar a aceptar donaciones en esa cuenta. Si lo hace, puede que su próximo esfuerzo sea comenzar un ministerio, ¡pero de prisiones! En el mejor de los casos, esas responsabilidades se manejan a través de la iglesia que lo envía. Que un tercero administre sus fondos muestra un nivel de responsabilidad financiera e inspira la confianza de sus contribuyentes al saber que todo se está administrando de una manera íntegra. Si no cuenta con una iglesia que esté dispuesta a hacerse cargo de esto por usted, le sugiero que emplee algún ministerio de servicios de contabilidad.

Los servicios de contabilidad están garantizados.

Saliendo de las Deudas Personales

Recomiendo que cualquier persona que se prepare para recaudar fondos para una iglesia tenga menos de $10,000 de deudas personales (excluyendo su casa). Reconozco que esto puede golpear a muchas personas, pero creo que es un factor importante y digno de consideración durante el proceso de planificación. La plantación de iglesias no es una ocupación lucrativa y la recaudación de fondos exitosa depende del apoyo generoso de otras personas. Aunque usted pueda dar muchas explicaciones razonables que justifiquen su deuda personal, ninguna iglesia ni denominación querrá cubrir los pagos de intereses de las decisiones que usted ha tomado en su pasado. Si usted se encuentra en esta situación, su prioridad es conseguir un buen trabajo y pagar su deuda. Tener una gran deuda personal no le descalifica para plantar, pero debería de hacerlo pensar sobre aplazarlo. Una vez que se encuentre en una situación financiera razonable, puede comenzar a recaudar dinero para la plantación de iglesias.

Reconozco que este tipo de consejos podría sonar bastante juicioso y legalista, pero este consejo es el resultado de mis propias experiencias al plantar con deudas. Cuando comencé a plantar *Pillar Church* de Dumfries, tenía más de $40,000 de deuda personal en préstamos estudiantiles, tarjetas de crédito y préstamos para automóviles. No teníamos ahorros, ni fondos de emergencia, ni planes de contingencia. Para empeorar las cosas, mi esposa y yo acabábamos de comprar una casa nueva que era mucho más de lo que necesitábamos o de lo que podríamos costear cómodamente. Estas malas decisiones combinadas con el estrés singular que provoca la plantación de iglesias nos llevaron a vivir algunas experiencias terribles que podrían haberse evitado si yo no hubiera estado en esa situación financiera. Finalmente, después del dolor y el estrés de pasar años abrumados financieramente, tomamos algunas decisiones drásticas y nos quedamos completamente sin deudas (excluyendo nuestra casa). Mi consejo para usted es simple: trabaje duro para saldar sus deudas personales antes de intentar plantar una nueva iglesia. Puede parecer una tarea imposible al principio, pero, confíe en mí, no será más fácil una vez que comience a plantar. Las tensiones con respecto a su tiempo y al presupuesto serán mayores con el paso del tiempo y Satanás tratará de explotar su vulnerabilidad financiera para frustrar su trabajo en la plantación de iglesias.

Excluyendo mi casa, tengo menos de $ 10,000 en deudas personales.

Identificando Fuentes de Financiamiento

El sueldo de un plantador de iglesias puede provenir de una variedad de fuentes. Comúnmente, las iglesias, las denominaciones o redes, el equipo central, los contribuyentes individuales, e incluso los empleos a medio tiempo, contribuyen a los ingresos de un plantador de iglesias. Si agrupa los fondos de estas diferentes fuentes en una sola cuenta, usted puede obtener una imagen realista de sus ingresos, lo que le permitirá tomar decisiones financieras sensatas para el progreso de la nueva iglesia.

Comenzando

Utilizando como meta el umbral para el presupuesto mensual de su nueva iglesia, puede comenzar a trabajar en reunir los fondos para el presupuesto mensual de su nueva iglesia. Como no hay dos plantadores de iglesias que tengan exactamente la misma situación, es importante comenzar con la meta mensual y luego desglosar el presupuesto a partir de ese número. Por ejemplo, si el presupuesto total anual para su nueva iglesia es de $100,000, usted entonces tendrá un presupuesto mensual de $8,333.33. Su presupuesto mensual pudiera ser semejante al siguiente ejemplo:

Personal en Plantilla – $4,500
Local de Reuniones – $1,300
Seguro – $200
Gastos Operativos – $1,100
Apoyo Misionero – $200
Alcance – $1,000
Ahorros – $533.33

Para cumplir con ese presupuesto mensual, usted dependerá de una variedad de fuentes. Con el fin de financiar el presupuesto anterior, sus fuentes de ingresos pudieran ser semejantes al siguiente ejemplo:

Iglesia que lo Envía – $1,000
Iglesias Contribuyentes – $3,000

Apoyo Denominacional – $1,500
Redes o Asociaciones – $1,000
Grupo Central – $1,000
Contribuyentes Individuales – $1,500

Su categoría más variable será sin dudas la de las iglesias contribuyentes porque las circunstancias de cada persona son diferentes. Conozco a un plantador que tenía diez iglesias contribuyentes, cada una daba entre $100 y $1500 por mes. Otro plantador recibió importantes fondos del gobierno por su antiguo servicio militar, lo que redujo la cantidad total que necesitaba recaudar. Incluso, hubo otro sujeto que vivió sin deudas durante años preparándose para la plantación de una nueva iglesia. Ahorró tanto que pudo aceptar un salario mucho más bajo durante los primeros años de su nueva iglesia. Cada situación singular requerirá de un enfoque personalizado de las finanzas. En el Apéndice K, usted podrá encontrar un Ejemplo de un Resumen de Financiamiento para monitorear su progreso.

A Quién Acercarse

Su búsqueda de patrocinio debe comenzar tan cerca de casa como sea posible. Dedique su mayor esfuerzo a lograr asociaciones dentro de su propia iglesia, en su comunidad y en su denominación antes de aventurarse afuera. Estas son sus fuentes más probables para el financiamiento y son las que más se beneficiarán al asociarse con usted.

- **La Iglesia que lo Envía** — Como la plantación de iglesias es una actividad de la Gran Comisión y las iglesias deberían de tener como principal objetivo el cumplimiento de la Gran Comisión, usted debería de esforzarse al máximo por asegurar una asociación con la iglesia a la que asiste actualmente. Después de haber recibido la afirmación de ellos, cerciórese de preguntarles a los ancianos qué cantidad prevén dar para cubrir su presupuesto mensual.

La iglesia que me envía se ha comprometido a apoyarme.

- **Su Denominación** — Casi todas las denominaciones cuentan con algún tipo de presupuesto para la plantación de iglesias. A menos que ya tenga una relación con los líderes de su denominación, lleve a su pastor con usted cuando se acerque a ellos. Si tienen un programa y un proceso de solicitud formales, sígalos rápida y completamente para causar una buena impresión. Las denominaciones y las redes que plantan muchas iglesias con frecuencia tienen un proceso robusto de solicitud y aprobación, así que asegúrese de iniciar el proceso de solicitud varios meses antes de la fecha en que planea comenzar.

Mi denominación se ha comprometido a apoyarme.

- **Otras Iglesias** — Haga una lista de las iglesias con las que tiene alguna conexión. Algunos ejemplos podrían incluir iglesias con interés en la ubicación de su plantación, la iglesia de sus padres u otras iglesias a las que haya asistido en el pasado. También pudiera tener éxito si trata de conectarse con las iglesias a las que asisten familiares o amigos.

He hecho una lista de 30 iglesias que podrían apoyarme.

- **Amigos y Familiares** — Con mucha frecuencia los antiguos socios, los amigos y la familia quieren contribuir de alguna manera. Busque la manera de que ellos puedan dar a su obra sistemáticamente. Asegúrese de preguntarle a cada uno de ellos directamente en lugar de enviar una carta o un correo electrónico grupal. Los correos electrónicos y las cartas son fáciles de ignorar, pero el contacto directo requiere una respuesta. Esto puede ser incómodo, pero muchas cosas relacionadas con la plantación de iglesias son incómodas. Es posible que necesite desarrollar humildad y algunas habilidades en esta área. No tenga miedo de comunicarse con algunos amigos y familiares para pedir ayuda.

He hecho una lista de 30 personas que podrían apoyarme.

- **Otras Posibilidades** — Su empleador, su seminario, las asociaciones ministeriales y las agencias de misión también pueden apoyar su esfuerzo. He incluido una lista de Redes de Plantadores de Iglesias en el Apéndice L.

He investigado las redes de plantación de iglesias y las fuentes de financiamiento denominacionales y he solicitado apoyo con las que deseo trabajar.

Haciendo una Base de Datos de Donantes

Comencé a trabajar con iglesias nuevas en 1996. Desde entonces he participado en docenas de proyectos de plantación de iglesias y he recaudado cientos de miles de dólares para nuevas iglesias. Eso no hubiera sido posible si mi filosofía fuera la de "toma el dinero y mándate a correr". En cambio, he trabajado duro para crear relaciones continuas con los que apoyan mis esfuerzos de plantación de iglesias. Con los años, he empleado una cantidad significativa de tiempo para crear una base de datos de donantes. Si usted y yo nos hemos conocido, nos hemos escrito por correo electrónico, o hemos hablado por teléfono alguna vez, existe una muy buena probabilidad de que su nombre aparezca en mi base de datos. Algunas personas en la base de datos nunca han sido contactadas, mientras que otras lo han sido docenas de veces. La base de datos solo se utiliza una o dos veces al año, pero cada vez que la uso, los resultados mejoran continuamente. Los contribuyentes del pasado han tenido la experiencia positiva de escuchar los resultados de su inversión a través de la comunicación continua. Esto aumenta drásticamente las probabilidades de que vuelvan a dar en el futuro.

Con mucha frecuencia, los plantadores de iglesias me dicen que odian la recaudación de fondos o que no son buenos en eso. Es cierto que pedir dinero a otros es incómodo, pero recuerde que no está recaudando ese dinero para usted; está recaudando dinero para la misión. Si siente que es tímido para pedir apoyo, es probable que los posibles contribuyentes sientan su aprehensión y serán menos propensos a creer en su causa. Por otro lado, si habla con confianza y persuasión sobre la necesidad de nuevas iglesias en el lugar o grupo poblacional que está tratando de alcanzar, su entusiasmo probablemente será contagioso. Después de recaudar fondos durante más de quince años, los contribuyentes me han contactado periódicamente. Alguien llamará diciendo: "Nos quedan $5,000 en nuestra cuenta de este año para misiones. ¿Conoces de algún proyecto de plantación de iglesias que esté en necesidad en este momento?" o "Acabo de comprar un auto nuevo y mi auto viejo aún está en buenas condiciones; estaba pensando en donarlo a la iglesia para dárselo a algún plantador de iglesias que lo necesite". Una vez alguien incluso le dio a nuestra iglesia un vehículo que liquidamos rápidamente para ayudar a un plantador de iglesias en Indonesia. Otro amigo, una vez recibió una llamada de una pareja que le dijo: "Acabamos de recibir una herencia de un miembro de la familia y queremos darle $40,000 dólares porque sabemos que podemos confiar en que usted usará el dinero para plantar nuevas iglesias".

Este tipo de relaciones no se produce accidentalmente; se desarrollan cuando otros tienen confianza de que su dinero está siendo usado sabiamente para los propósitos del Reino. A menos que usted planee plantar una iglesia y nunca necesitar de la ayuda o el apoyo de otros nuevamente, le animo a comenzar desde ahora a crear una base de datos de contribuyentes.

He hecho una base de datos de donantes.

He creado un plan para comunicarme con mis contribuyentes con regularidad.

Conténtese

Usted puede plantar una iglesia sin recaudar dinero, pero si decide buscar el apoyo de otras personas y de otros ministerios, asegúrese de mostrarse agradecido y de ser amable con todos los contribuyentes. Conténtese con los recursos que Dios le da y evite la tentación de esperar el mismo tipo de bendiciones que otro plantador de iglesias ha recibido. Tan pronto el primer cheque sea depositado en la cuenta de su iglesia, usted tiene una responsabilidad de mayordomía ante Dios. Dios le dará lo que necesita cada día, así que confíe en Su provisión. Considere el secreto para el contentamiento del plantador de iglesias llamado Pablo:

> *"No que hable porque tenga escasez, pues he aprendido a contentarme cualquiera que sea mi situación. Sé vivir en pobreza, y sé vivir en prosperidad; en todo y por todo he aprendido el secreto tanto de estar saciado como de tener hambre, de tener abundancia como de sufrir necesidad. Todo lo puedo en Cristo que me fortalece".* (Filipenses 4:11-13).

Una Nota para las Iglesias que Envían

Mientras reflexionamos en cómo reunir recursos para plantar iglesias y de quién o quiénes, pensé que sería una buena oportunidad para tratar algunos asuntos desde la perspectiva de una iglesia que envía.

Los Beneficios de Ser una Iglesia que Envía

La iglesia de Cristo se ha caracterizado desde el principio por el apoyo financiero a los misioneros y a los plantadores de iglesias. Prácticamente todas las iglesias saludables y todos los cristianos comprometidos dedican parte de sus ingresos a propagar el Evangelio. Para la congregación, los beneficios de apoyar a una iglesia nueva sobrepasan a los costos con creces. Nuestra iglesia, por ejemplo, da una copiosa porción de nuestros ingresos para apoyar a los plantadores de iglesias. Admitiré que a veces es difícil asignar tanto a otras iglesias cuando nosotros también tenemos "necesidades" reales en nuestra propia congregación, pero hemos visto claramente que mientras más priorizamos el crecimiento del Reino, mejores somos como pueblo. Simplemente hemos llegado a la conclusión de que es imposible dar más que Dios. Permítame compartir algunos beneficios muy reales relacionados con el apoyo financiero a las nuevas iglesias.

- **La Prioridad del Evangelio** — La pugna por restringir los gastos en preferencias personales con el fin de asignar porciones generosas para el establecimiento de otras iglesias, es algo bueno para una iglesia: es un acto de adoración colectiva. Así como los sacrificios personales en aras de la generosidad benefician el alma individual del cristiano, los sacrificios colectivos benefician el alma de una congregación. Cuando una iglesia da sus recursos para la difusión del Evangelio, afirma que el Evangelio es más valioso que su comodidad personal.

- **Accesibilidad Relacional** — Apoyar económicamente a una familia específica que está plantando iglesias personalizará la misión. Cuando una iglesia apoya a entidades y a organizaciones (lo cual es bueno), a veces pierde el privilegio de conocer personalmente a las personas que apoya.

- **Fe en la Provisión de Dios** — "*Dad, y os será dado*" (Lucas 6:38). Este principio bíblico es tan aplicable para las iglesias como para las personas. Cuando una iglesia da sacrificialmente para ayudar a difundir el Evangelio, la congregación experimentará bendiciones inesperadas que edificarán la fe de la congregación de Dios y disminuirán su dependencia en los métodos y medios que pueden explicar y controlar.

Consejos para las Iglesias que Envían

Tan importante como dar generosa y sacrificialmente para difundir el Evangelio, es asegurarse de que el dinero dado se emplee bien. Las iglesias que envían deberían de implementar los siguientes salvaguardias:

- **Requiera Transparencia Económica.** Antes de decidir cuánto se va a ofrendar, la iglesia que envía debe de asegurarse de que tiene una idea clara del presupuesto y de los ingresos de la nueva iglesia y de quién más les está ofrendando. Si un plantador de iglesias no está dispuesto a ser transparente con respecto al apoyo que recibe de otras personas, iglesias y entidades, la iglesia que envía debería de ser cautelosa con respecto a apoyarle.

- **Trace las Expectativas.** Una iglesia que envía debe de estar segura de que sus expectativas en la comunicación, rendición de cuentas y parámetros para el éxito, son entendidos antes de comprometerse a apoyar a una iglesia nueva. Un simple convenio escrito que esboce las expectativas específicas ayudará a evitar la falta de comunicación y la frustración.

- **Reúnase con Regularidad.** Si el plantador de iglesias es local, la iglesia que envía debería de pedirle que le entregue un informe en sus reuniones de líderes o de miembros. Invitar al plantador a predicar, o simplemente apartar un tiempo para compartir un café, puede proveerle a la iglesia que envía de algunas oportunidades para interactuar con él. Cuanto más sepa la iglesia que envía sobre lo que está sucediendo en la plantación de la nueva iglesia, mejor. Si la iglesia que está siendo plantada se encuentra lejos, la iglesia que envía debe de presupuestar algún dinero para invitar al plantador por lo menos de forma anual y además usar la tecnología para contactarle de manera personal con más frecuencia.

- **Diseñe una Estrategia de Salida.** Casi todos los proyectos tienden a ser más costosos, difíciles y arduos de lo esperado. Una clara estrategia de salida motivará a una iglesia plantada a lograr la independencia económica en un tiempo razonable.

En 1910, el autor y teólogo británico G.K. Chesterton escribió: "Si algo es digno de hacer, es digno de que se haga con seriedad".[13] Hoy en día, ese dicho incluye un calificativo: "Si algo es digno de hacer, es digno de que se haga con seriedad, al principio". Ese es un buen consejo para las iglesias que se inician en la plantación de iglesias. Como pasa con cualquier nueva habilidad, la destreza viene con el tiempo. Una iglesia que envía debería de abrazar el proceso de aprender a plantar iglesias. Muy poco de lo que una iglesia hace tendrá un impacto tan duradero como la plantación de iglesias.

ETAPA SEIS

FORME

Las iglesias dan a luz a otras de la forma más natural. Seguro que es posible lograr iniciar una iglesia sin que otra iglesia esté involucrada. También es posible tener un bebé sano sin que el padre esté cerca. Pero, aunque pudiera ser posible, no es lo más recomendable.

Algunos plantadores de iglesias reaccionan exageradamente ante los patrones malsanos que ven en las iglesias existentes y llegan erróneamente a la conclusión de que sería mejor plantar su propia iglesia sin personas de otras iglesias. Ellos procuran edificar una iglesia nueva sobre la base de personas recién o no convertidas aún. Muy a menudo siguen el mantra: "¡Pertenezca primero, crea luego!" Aunque estoy de acuerdo en que las iglesias deben de alcanzar apasionadamente a los que están lejos de Dios, creo que hay ideas poco saludables detrás de una mentalidad que no incluye a cristianos maduros en el proceso de plantación de iglesias. Permítame explicarle.

- **Hipocresía Cristiana** — Aunque a veces los cristianos suelen tener la reputación de ser un grupo difícil y pendenciero, ellos definitivamente no son el enemigo de la iglesia. La Biblia nos dice que los cristianos poseen amor, gozo, paz, paciencia, benignidad, bondad, fidelidad, mansedumbre y dominio propio (Gálatas 5:22). Es un verdadero placer trabajar con cristianos con una fe genuina en Cristo y que viven sus vidas llenos del Espíritu. Tenga cuidado de no confundir a los cristianos auténticos con los impostores cuya misión es oponerse a la causa de Cristo desde la comodidad de su puesto en el banco. Jesús no llamó cristianos a tales personas; los llamó lobos y cizaña (Mateo 7:15, Mateo 13:24-30). No le sugiero que incluya a este tipo de persona en su equipo misionero, pero sí le sugiero incluir a algunos verdaderos cristianos.

- **Esnobismo Pastoral** — Ser plantador de iglesias significa ser pastor de todo tipo de personas. Usted puede sentirse desalentado por la disfuncionalidad de algunas iglesias y por la hipocresía de algunas personas, pero negarse a pastorearlas es una forma de esnobismo pastoral. Los buenos pastores cuidan a las ovejas que el Buen Pastor les ha confiado. Dios pudiera tener en mente que su ministerio vaya más allá de la conversión de los pecadores; también pudiera querer usarlo a usted para ayudar a otros a madurar en la fe.

- **Individualismo Enraizado** — A lo largo de todo el Nuevo Testamento vemos mandamientos para vivir la vida cristiana los unos con los otros, animándonos mutuamente a crecer (Hebreos 10:24). ¿Cómo se puede practicar esa "mutualidad" en una iglesia donde sus miembros son aún inmaduros en la fe o no se han convertido? ¿Podrán los ciegos guiar a otros ciegos? Las iglesias necesitan que los cristianos maduros ayuden a discipular a los cristianos menos maduros y a evangelizar a los perdidos.

Estableciendo el Equipo Misionero

El proceso de formar un equipo misionero puede ser uno de los aspectos más agradables al comenzar una nueva iglesia. El equipo misionero es el núcleo del liderazgo de su iglesia nueva. Aunque no son empleados asalariados, son cristianos misionales maduros que sienten un llamado similar a servir en el establecimiento de una nueva iglesia, y son parte esencial de su equipo. Algunos sacrificarán sus vidas para unirse al equipo. Puede que dejen sus trabajos, que vendan sus casas, que liquiden sus bienes y que busquen nuevos puestos de trabajo, todo por el honor de iniciar una iglesia para Jesús. Cada uno sentirá un llamado único a la obra.

Permítame usar una analogía del deporte para explicar lo que quiero decir. Imaginemos que usted es un jugador de baloncesto que por años jugó por toda su ciudad natal. Jugó en todos los terrenos y ya conoce a todos los jugadores de cada vecindario. Un día, el entrenador del equipo de la preparatoria lo llama y le dice: "Sabes, ganamos el campeonato estatal el año pasado y estamos a punto de comenzar la nueva temporada; necesitamos una competencia real para ver si todavía estamos en forma. ¿Estarías dispuesto a formar un equipo con los mejores jugadores callejeros que puedas encontrar para ver si podemos vencerlos?" Me imagino que su equipo de ensueños incluiría al mejor defensa, al mejor tirador de larga distancia y al mejor "clavador" que conozca. Usted haría todo lo posible para reunir un equipo que pudiera aplastar a los campeones estatales reinantes. Incluso podría llamar a algunos chicos de fuera de la ciudad.

Este es el mismo enfoque que debería de utilizar al formar un equipo para plantar iglesias. Es como un equipo de "estrellas" con cristianos misionales.

He visto a muchos plantadores de iglesias cometer el error crítico de suplicar por miembros para el equipo en lugar de reclutarlos. Eso sería como publicar un anuncio en *Craigslist*; puede que consiga muchos jugadores, pero probablemente perdería el juego. Además, ningún jugador decoroso quiere formar parte de un equipo mediocre. Cuando vean que usted tiene a algunos fracasados en su equipo, los grandes jugadores no estarán interesados en unírseles. Lo mismo sucede en la plantación de iglesias. Usted debe de evaluar a los miembros de su equipo misionero según normas de calidad similares.

A medida que comience a trabajar, otras personas se interesarán en su trabajo y sentirán el deseo de unírsele. Asegúrese de diferenciar a quienes forman parte de su equipo misionero de los que asisten a sus estudios bíblicos, reuniones de grupos pequeños, eventos de alcance de la iglesia y cultos preliminares. Una manera de lograrlo es teniendo una "Reunión con el Equipo Misionero" una o dos veces al mes, específicamente con los que están liderando diferentes aspectos del ministerio.

Comenzando la Búsqueda

El primer paso para formar un equipo de misioneros es determinar las posiciones que se deberán de ocupar. Esta decisión se determina en parte según los dones y pasiones personales de usted. Por ejemplo, si su punto fuerte es la enseñanza y el liderazgo, usted puede ocupar la posición de la enseñanza pública y luego buscar a otros que sean fuertes en el evangelismo, en el discipulado, el ministerio de niños, la música, la tecnología y la gestión financiera. Comience por hacer una descripción de trabajo para cada una de las posiciones que desea que los voluntarios ocupen. En el Apéndice M encontrará una lista con ejemplos de descripciones de trabajos ministeriales. Asegúrese de incluir a su compañero pastoral y a su mentor en este proceso. También puede ser muy útil hablar con otros plantadores de iglesias sobre los miembros del equipo que han desempeñado anteriormente papeles clave en sus esfuerzos de plantación de iglesias.

He determinado qué posiciones de liderazgo necesitan ser ocupadas en mi equipo misionero.

Una vez que sus descripciones de trabajo estén completas, haga una lista con los cristianos que usted conoce que tienen los dones para ocupar adecuadamente cada posición. Asegúrese de no incluir en su lista solamente a quienes usted cree que considerarían unirse a su equipo o a los que ya viven en su campo misionero. Más bien, haga una lista con todos los que le vengan a la mente, sin importar donde vivan, o su ocupación actual, o si piensa que considerarían unirse a su equipo o no. Recuerde, este es un equipo de ensueños. Es posible que no pueda pensar en todas las personas que necesitará para ocupar las posiciones, pero enumere aquellas en las que pueda pensar y deje las demás en blanco.

Quizás pueda considerar contactar a algunos amigos que ya están sirviendo en el ministerio, para pedirles recomendaciones de personas que pudieran ocupar posiciones específicas. Recuerdo que una vez llamé a mi pastor de la infancia y le dije que estaba buscando a alguien para ocupar una posición determinada. Le describí el rol y me dijo: "¡Tengo justo lo que andas buscando!" Después de algunas entrevistas telefónicas y el respaldo de un pastor de confianza, invitamos a un joven que nunca habíamos conocido personalmente a unirse a nuestro equipo, y funcionó de forma genial. Una vez que su lista de posibles compañeros de equipo esté terminada, habrá llegado el momento de comenzar a reclutar.

He hecho una lista de posibles compañeros de equipo para ocupar cada una de las posiciones en el equipo misionero.

La Gran Petición

Antes de comenzar a contactar a posibles compañeros de equipo, asegúrese de haber pasado un tiempo adecuado en oración buscando la confirmación de Dios con respecto a sus selecciones. Durante ese proceso, puede que Dios traiga a su mente a otros, o incluso revele posibles nuevos compañeros de equipo. Si no está seguro con respecto a alguien, espere hasta que lo esté. Es muy fácil poner a la persona equivocada en una posición, pero es extremadamente doloroso sacarla de ahí. Una vez que esté seguro de sus selecciones, planifique una reunión. A continuación, encontrará algunos consejos para hacer la "gran petición".

- **Haga la propuesta de forma audaz y específica desde el principio.** En cuanto se sienten para tener una conversación, usted pudiera decir algo así: "La razón por la que le he pedido que se reúna conmigo hoy es porque me gustaría que pensara en dejar su trabajo y se mudara a (tal ciudad) para plantar una nueva iglesia conmigo. Suelte "la petición" como una bomba. No vaya con rodeos, no lo matice, no los deje con la responsabilidad de interpretar sus intenciones. Este tipo de franqueza no da lugar a la incertidumbre. Los posibles compañeros de equipo necesitan saber que usted está absolutamente seguro de que ellos son idóneos para el trabajo; por lo tanto, su seguridad en este asunto les ayudará a tomar una decisión. Mientras permanecen aturdidos por su petición directa, enumere algunas razones específicas por las que usted cree que ellos son idóneos para ocupar la posición.

- **Evite conversar sobre logística.** Uno de los mayores errores que se puede cometer en este momento es conversar sobre logística. La logística de una decisión como esta suele ser abrumadora. Aunque es muy probable que el posible compañero de equipo tenga muchas preguntas con respecto a mudarse y a encontrar vivienda o empleos, evite esas preguntas por ahora y pídales que se comprometan a orar con usted para confirmar si esta es la voluntad de Dios. Usted puede decir algo así: "En este momento no estoy exactamente seguro de cómo sucederá todo esto, pero si esta es la voluntad de Dios, Él proveerá". Inste a sus posibles compañeros de equipo a buscar la dirección del Señor y a estar listos y dispuestos a obedecer Su llamado.

- **Establezca una línea de tiempo para dar seguimiento.** Usted podría preguntar: "¿Se comprometerían usted y su esposa a orar por esto durante una semana? Entonces, si sienten el llamado de Dios, podemos comenzar a hablar sobre los detalles". No deje que las invitaciones se queden pendientes por tiempo indefinido. Cree un plan de seguimiento estableciendo un plazo para tomar la decisión.

- **No tome la decisión por ellos.** Si no se vuelven a comunicar con usted, no asuma que la respuesta es no. Requiera una respuesta de su parte y ofrézcales la seguridad de que usted cree que él o ella es la persona adecuada para ese rol.

Me he reunido personalmente con quienes deseo invitar a ser parte de mi equipo misionero, y les he hecho la "Gran Petición".

Los que Llegaron de Imprevisto

Quizás no pueda conformar su equipo solamente hablando con las personas que conoce, por tanto, permanezca atento a los que "llegan de imprevisto", aquellos que se enteran de su labor de plantación de iglesias y se sienten atraídos. Poco antes de plantar *Pillar Church* en los suburbios de Washington D.C., yo me encontraba en el sur de la Florida en la boda de un buen amigo. Durante la recepción, vi a una chica llamada Amanda con quien había compartido una o dos veces durante mis años universitarios, pero no la había visto en mucho tiempo. Yo sabía que ella era excelente en la música y una cristiana apasionada, pero no sabía mucho más que eso en ese momento. Nos saludamos y me presentó a su esposo Tim, un joven profesional impresionante con una gran sonrisa y un comportamiento amistoso. Después de la conversación me preguntó qué estaba haciendo en ese momento. Entonces aproveché la oportunidad para compartir brevemente sobre mi sueño de plantar una iglesia cerca de una base militar y aprovechar los movimientos naturales de los miembros en servicio para plantar iglesias por todo el mundo. Ellos afirmaron mi trabajo asintiendo con la cabeza e hicieron comentarios agradables antes de despedirnos. Un mes más tarde, Tim me llamó para decirme que estaban buscando empleo en el área de D.C. y que estaban pensando en mudarse para ayudarnos a comenzar la nueva iglesia. ¡Me quedé perplejo! Efectivamente, se mudaron después de comprar una casa a pocos kilómetros de nuestro lugar de reunión y comenzaron a servir de inmediato. Hoy Tim es uno de los ancianos de nuestra iglesia y Amanda nos dirige en la adoración cada domingo.

Uno nunca sabe a quién llamará Dios para que se le una en la obra. Si Dios le ha llamado a plantar una iglesia nueva, es muy probable que Él también esté llamando a otros a la misma obra. Usted no se puede imaginar lo poco que tiene que ver esta nueva iglesia con usted. Dios está edificando una iglesia para Sí mismo y aunque usted juegue un papel importante en esa iglesia, no puede edificarla solo. Busque a otros para que se le unan en el trabajo y siempre esté atento a las personas inesperadas que Dios llamará.

Un grupo pequeño de cristianos comprometidos y fieles puede lograr mucho más que un grupo grande de personas poco entusiastas. Solo se necesita mirar a los discípulos de Jesús para probar este hecho. Cuando comience a reunir a sus compañeros de equipo, puede que sienta la tentación de invitar a cualquiera que se le brinde, pero eso no le ayudará a lograr su meta de plantar una iglesia fiel. Así como la calidad de los ingredientes de un pastel influyen en el sabor del mismo ya terminado, la calidad de su equipo misionero influirá en los resultados de su ministerio. Busque calidad en vez de cantidad cuando se trate de crear un equipo misionero, y lo agradecerá.

Todas las posiciones de mi equipo misionero han sido ocupadas.

Compromisos por Plazos para los Miembros del Equipo Misionero

Sería sabio que usted tratara de lograr compromisos por plazos con todos los miembros de su equipo misionero. Los compromisos por plazos permiten que las personas se involucren, incluso si no están completamente seguras de que se trata de un compromiso a largo plazo. Esto es especialmente importante para los que han llegado de otras iglesias. A menudo, los miembros de la iglesia quieren ayudar en un nuevo esfuerzo de plantación de iglesias, pero no pueden soportar la idea de dejar indefinidamente la familiaridad de la iglesia que aman. Ofrecer que se pueden comprometer por plazos de seis, doce o dieciocho meses, permite que los miembros puedan servir de todo corazón como parte del nuevo equipo de plantación de iglesias, sin preocuparse de que decepcionarán a alguien cuando regresen a su iglesia originaria.

Los compromisos por plazos pueden también ayudar al plantador de iglesias. A veces las personas asumen un papel particular en su equipo misionero y por alguna razón, no llega a funcionar. El fin de un plazo es una buena oportunidad para poner a otra persona en esa posición sin causar muchos conflictos. Para los que opten por salir del equipo al final de un término, asegúrese de celebrar el trabajo que han hecho y de expresar su sincero agradecimiento por su participación.

Problemas Comunes en los Equipos Misioneros

Antes de pasar a la siguiente etapa del proceso de plantación de iglesias, quiero identificar algunos problemas comunes que pueden suceder en los equipos misioneros para que esté atento y pueda corregirlos antes de que se le vayan de las manos. Afortunadamente, muchos de los problemas que surgen comúnmente en los equipos misioneros no tienen mucho que ver con problemas con los miembros del equipo como tal, sino con el plantador de iglesias.

- **Expectativas** — Es importante que comunique sus expectativas a los miembros del equipo misionero de manera clara y completa. Por ejemplo, no es suficiente con decir: "Estás a cargo de preparar el sitio web", a menos que realmente no tenga expectativas en cuanto a la forma y función del sitio web. En su lugar, debe ser claro con respecto al funcionamiento del sitio web y a cómo desea que luzca. Provea un esquema colorido y algunos ejemplos de varios sitios web que le gustan. Proporcione un mapa del sitio, una fecha tope y un presupuesto. Si no comunica bien estos detalles, puede esperar que lo que la persona produzca probablemente no cumpla con sus expectativas. Pedir cambios después que se haya invertido mucho tiempo y trabajo puede ser algo desalentador y frustrante. Por último, comunique claramente que el proyecto necesita su aprobación antes de ponerse en funcionamiento. El miembro de su equipo pudiera asumir que ahora está a cargo de este proceso y que no necesita ninguna otra aprobación. Asegúrese de que usted haya entendido con claridad cómo se completará este proyecto.

- **Microgestión** — Una vez que haya comunicado claramente las expectativas sobre el trabajo que quisiera que los miembros de su equipo hagan, asegúrese de no "microgestionar" su labor. No solicite revisar constantemente y tenga cuidado de no ser demasiado perfeccionista con los detalles del proyecto. Si usted había comunicado una expectativa y no se cumplió, sea claro al respecto. Por ejemplo, haciendo referencia al ejemplo del sitio web anterior, si usted no dio instrucciones directas sobre el diseño, no critique el diseño elegido. Recuerde, su objetivo es que su compañero de equipo supervise este proyecto en el futuro para que usted no tenga que hacerlo. Comunique lo que desea del proyecto y deje que su compañero se encargue de eso.

- **Inspección** – Puede que usted haya escuchado el viejo adagio: "Las personas no hacen lo que usted espera; hacen lo que usted inspecciona". He visto eso cumplirse en varias ocasiones. Es bueno establecer puntos de control para evaluar el progreso de los voluntarios mientras trabajan en los proyectos. Esto se puede hacer en grupo donde todos compartan sobre su progreso y contribuyan a la evaluación, o puede hacerse individualmente. Asegúrese de que todos sepan cuándo ocurrirá la inspección para que puedan prepararse adecuadamente. No es buena idea hacerles inspecciones sorpresas a los voluntarios; por lo general, no lo toman con agrado. Si usted es un líder accesible, notará que las personas voluntariamente verificarán con usted en el transcurso de su tarea, incluso cuando no haya una inspección programada. Por lo general, esto significa que están entusiasmados con el progreso que han logrado en el proyecto y quieren su afirmación. Tenga cuidado de no "aguarles su fiesta", pero si ve algo que necesita atención, dígales que le gustaría tener la oportunidad de mirar el proyecto más de cerca en la próxima reunión programada.

- **Territorialidad** — En los ambientes de una nueva iglesia, el desarrollo de sentimientos territoriales en un área de servicio dentro de la iglesia puede ser un gran problema. Utilicemos la música como ejemplo. Cuando se inicia una iglesia, solo hay diez personas en el equipo misionero. No hay músicos muy buenos, pero un sujeto puede tocar la guitarra y su esposa tiene una muy buena voz, por lo que terminan dirigiendo la música en las reuniones de equipo y en algunos cultos. Unas semanas antes de comenzar los cultos formales, un músico profesional se une a su equipo. Está dispuesto a dirigir, pero no quiere herir los sentimientos de nadie. En un mundo perfecto, el guitarrista y su esposa se harían a un lado felizmente y dejarían que el músico profesional tomara la iniciativa, pero eso no es lo que siempre sucede. Con frecuencia, los miembros del equipo misionero sentirán una sensación de derecho malsano con respecto a su papel, y esto puede ser perjudicial para el progreso futuro de la nueva iglesia. Para evitar que esto suceda, háblele al grupo sobre el peligro de la territorialidad y recuérdeles que todo lo que hacen es para que las personas conozcan a Jesús. Anímelos a esperar que Dios envíe personas con talentos y dones excepcionales para que formen parte de esta nueva iglesia y pídales que piensen en cómo podrían reaccionar ante esa situación.

A Quién Empoderar y a Quién Evitar

Colocar a alguien en una posición es bien fácil; el problema es quitarlos. Asegúrese de seleccionar a su equipo sabia y cuidadosamente. La desunión que provoca un miembro perturbador del equipo puede ser perjudicial para la formación de una nueva iglesia. Antes de incluir personas en el círculo de liderazgo de su nueva iglesia, invierta tiempo en lograr una evaluación honesta de cada uno. A continuación, encontrará algunos de los filtros que utilizo para hacer mis evaluaciones:

- Nunca siga adelante si duda del ***carácter*** de la persona que tiene en mente.
- Si duda del ***compromiso*** de esa persona, busque más evidencias para confirmarlo.
- Si la persona en quien está pensando simplemente carece de **experiencia** o de **habilidad**, avance en oración y ofrézcale la capacitación y el apoyo que necesita.

Empodere a los que sirven gustosamente sin pretender una posición o un título por lo que hacen. Aquellos que necesiten que usted les dé una posición oficial antes de que estén dispuestos a servir, no servirán eficazmente después de ocupar la posición que desean.

Usted descubrirá que algunas personas se comprometen con facilidad y otros examinan cuidadosamente los compromisos antes de aceptarlos. Preste atención a esta distinción y sea cauteloso con los que se comprometen con demasiada facilidad. Cuando usted comienza una iglesia nueva, desea desesperadamente que le ayuden y participen, pero no permita que esa desesperación le haga colocar a personas disfuncionales en posiciones de autoridad. El creerse con derechos es un rasgo feo y es un cáncer en una iglesia joven.

Hablando de personas disfuncionales, las iglesias recién plantadas son un imán que las atrae. Aquellos a quienes se les ha negado una posición en otros ministerios, o que han sido evitados o marginados en otras iglesias, con frecuencia ven a una iglesia nueva como otra oportunidad de ocupar un "puesto en la mesa". No le estoy diciendo que rechace a estas personas, pero le aconsejo que no las ponga a cargo de nada.

Los cristianos responden de maneras diferentes en diversos entornos. Alguien que haya tenido éxito como líder de grupos pequeños en una iglesia grande pudiera no desempeñarse bien en una nueva iglesia debido a la falta de recursos y capacitación.

Algunos de los mejores miembros del equipo misionero con quienes que he trabajado han sido aquellos que permanecían al margen en otras iglesias. Quizás sentían que sus dones no eran necesarios en una iglesia con una gran abundancia de personas y recursos, pero cuando llegaron a un ambiente en el que casi todas las personas tienen una labor significativa, su nivel de compromiso se dispara. Según lo que he observado, por lo general las personas verdaderamente útiles son las que se sientan tranquilamente al final del salón mientras que otros compiten por captar la atención y lograr una posición. Así que elija a sus co-misioneros cuidadosamente y en oración. Comunique claramente las expectativas que usted pudiera tener y compruebe regularmente el trabajo que ellos llevan a cabo.

He creado una manera de revisar regularmente el progreso de cada miembro del equipo misionero.

ETAPA SIETE

HAGA AMIGOS

Involucrando a los No Cristianos

Es muy probable que cuando comience a trabajar y a interactuar con alguna gente de la comunidad, tenga la oportunidad de invitar a los no cristianos a trabajar con usted. El trabajar hombro a hombro con los no cristianos le proporcionará una gran oportunidad para compartir el Evangelio con ellos, pero permítame prevenirle sobre incluirlos oficialmente en su equipo misionero. Incluir a un no cristiano en un equipo misionero es como un republicano que lleva a un demócrata con él a la campaña electoral.

Muy pronto, su equipo misionero quedará poblado de miembros de su pequeña pero creciente congregación. Si no traza líneas claras entre los cristianos y los no cristianos en su iglesia, los no cristianos podrán desempeñarse allí perfectamente sin que se les confronte con la necesidad de confiar en Cristo para la salvación de su alma.

No digo que no haya oportunidades para que los no cristianos encuentren una verdadera comunidad cristiana. Usted debe de invitar a la gente frecuentemente a ser parte del calor del cristianismo auténtico, pero tenga cuidado de no guiarlos a creer que la presencia física de ellos es todo lo que Dios quiere. Establezca una distinción clara entre los que siguen a Jesús y los que no.

Viviendo en su Campo Misionero

Ahora que usted ha recaudado el dinero que necesita para mantener a su familia y ha reclutado a un equipo de voluntarios, está listo para comenzar el ministerio.Aunque usted aún reunirá recursos y mantendrá a sus contribuyentes informados de los acontecimientos de su ministerio, ahora se encuentra en una posición desde la que puede volcar su atención primaria hacia su campo misionero. Si no lo ha hecho ya, este es el momento de hacer las maletas y de mudarse a su campo misionero. Muchos plantadores de iglesias, incluyéndome a mí mismo, han tratado de ministrar en una comunidad en la que no viven.

Cuando planté *Pillar Church* en los suburbios de Washington D. C., teníamos una casa nueva y hermosa en un entorno rural, cerca de una hora de distancia de la ubicación del lugar donde nos reuníamos en *Pillar*. Teníamos un gran lote en una comunidad de acceso controlado y mi patio trasero estaba justo en el hoyo 9 del campo de golf de *Meadows Farms*. A toda nuestra familia le encantaba nuestra casa. Cuando Dios nos llamó a plantar la iglesia, estábamos en medio de la construcción de esa casa en particular. Como no había casas de precios similares en la comunidad donde estábamos plantando la iglesia, decidimos quedarnos en nuestra casa nueva. Durante los años siguientes, las dificultades de vivir tan lejos de nuestra iglesia nos abrumaron y decidimos vender nuestra casa. Nos mudamos a una vivienda en serie o *townhome,* mucho más pequeña y mucho más vieja, pero a menos de un kilómetro y medio de nuestro lugar de reunión. Esta resultó ser una de las mejores decisiones que tomamos en las primeras etapas de la plantación de la iglesia.

Es difícil de expresar cuan provechoso es vivir en una comunidad para lograr entenderla. Cuando nos mudamos a nuestro campo misionero, desarrollamos inmediatamente docenas de relaciones con las personas que vivían allí. Tuvimos nuevos banqueros, un nuevo supermercado, nuevos vecinos y nuestros hijos tenían nuevos amiguitos para jugar. Lo mejor de todo es que todas las personas que conocimos vivían muy cerca de nuestra joven iglesia, así que podíamos invitarlos fácilmente a un culto o a nuestra casa para una comida. Nada de eso nos era posible cuando vivíamos tan lejos.

Si usted está plantando la iglesia en un lugar caro o difícil, puede que se sienta tentado a vivir a cierta distancia de su campo de ministerio, pero no puedo dejar de recalcarle la importancia de vivir en su campo misionero. Le animo a hacer lo que sea necesario para lograrlo. Ser partícipe de las luchas que se derivan de vivir en su campo misionero, le garantizará ventajas innumerables para relacionarse con las personas que desea alcanzar.

> Mi esposa y yo nos hemos comprometido a hacer todo lo que sea necesario para vivir en nuestro campo misionero.

Viéndose como Misionero

A partir de ese momento, y durante su trayecto de plantación de iglesias, usted es un misionero. Pronto ganará personas para Cristo, congregará a los cristianos y se convertirá en su pastor; pero usted es un misionero desde ahora y para siempre. Plantar iglesias consiste en alcanzar a los perdidos con el Evangelio de Jesucristo. Todo lo que hará durante los próximos años estará relacionado con hacer discípulos y enseñarles a guardar todas las cosas que Jesús les ha mandado.

Usted se ha mudado a esa comunidad para ser la iglesia, no para aparentar ser una. Cuando llegue por primera vez al campo misionero, puede que sienta la tentación de comenzar inmediatamente a celebrar cultos de adoración, pero es importante primeramente reunir a las personas en grupos pequeños y en ambientes personales. Debería de animar a su equipo a codearse con la mayor cantidad de no cristianos posible. Usted y su equipo deberían de esforzarse por relacionarse con las personas perdidas sirviendo como voluntarios en varios espacios cívicos.

Sin Comité de Bienvenida

Cuando uno comienza a trabajar en una comunidad, existen grandes posibilidades de que a nadie le interese que esté iniciando una iglesia nueva. Algunos incluso pudieran expresar su disgusto. Puede que las personas de su comunidad no perciban que existen algunas necesidades que una iglesia pudiera satisfacer. Le digo esto para que no se decepcione cuando llegue y no se encuentre un Comité de Bienvenida. Muchos plantadores de iglesias actúan como si el alcalde les fuera a dar un premio por comenzar una iglesia nueva en la comunidad y luego se sorprenden por la falta de interés que los demás muestran por su iglesia.

Cuando comencé a plantar iglesias, me sorprendió mucho la reacción que otros pastores evangélicos tuvieron ante mi llegada. Recuerdo haberme sentado a conversar con el pastor de una iglesia bastante grande en la comunidad. Esta era la iglesia de más rápido crecimiento en nuestra región, y cientos de familias nuevas se estaban mudando todos los meses para esa comunidad. Cuando mi compañero y yo comenzamos a compartir lo que planeábamos hacer, me sorprendí cuando el pastor nos dijo que estábamos "perdiendo el tiempo" y que una iglesia nueva en esta localidad era "completamente innecesaria" porque los programas de su iglesia satisfacían todas las necesidades espirituales de la comunidad. Salimos de su oficina sintiéndonos como si nos hubiera atropellado un camión. Además de no recibirnos, nos sugirió que ¡volviéramos a casa! Sorprendentemente, recibimos respuestas similares de muchos otros pastores de la comunidad. Algunos eran amables (de una manera apática), pero la mayoría nos veía como competencia y nos alentaban a no proceder. Sin embargo, conocimos a un pastor que nos recibió calurosamente. Nos ofreció sus instalaciones, su fotocopiadora y nos dio la bienvenida para compartir con su congregación sobre nuestros esfuerzos. Era como un hálito de aire fresco y un rayo de luz en medio de un proceso tan desalentador.

Conocer a los pastores de su campo misionero le dará una idea de cuántas iglesias evangélicas buenas existen en su área y le permitirá saber quiénes son sus aliados. Por esa sola razón, le sugiero que se tome el tiempo de contactar a cada pastor evangélico de su nueva comunidad y cuando sea posible, reúnase con ellos personalmente.

He contactado a los pastores de otras iglesias en mi campo misionero y les he comunicado de mis planes de comenzar una iglesia nueva.

La Persona de Paz

Si ha participado en misiones internacionales, probablemente haya escuchado la frase "persona de paz". Una persona de paz es alguien que cuenta con una gran red de amigos o contactos profesionales en su campo misionero y que muestra interés en ayudarlo. Esta persona puede o no ser cristiana, pero por alguna razón le ofrece su amistad y está dispuesta a darle acceso a su red de relaciones. Jesús nos enseña cómo relacionarnos con una persona de paz: *"En cualquier casa que entréis, decid primero: "Paz a esta casa." Y si hay allí un hijo de paz, vuestra paz reposará sobre él; pero si no, se volverá a vosotros."* (Lucas 10:5-6).

Cuando comenzamos *Pillar Church*, Quántico tenía cerca de 600 residentes y estaba completamente rodeada por una base militar que los separaba de los suburbios extensos del norte de Virginia. Para entrar en el pueblo, había que atravesar la base de control de seguridad. Cuando empezamos a trabajar en Quántico, no había ninguna iglesia en el pueblo. De hecho, por lo que pudimos notar, no había habido una iglesia en Quántico por décadas. Solamente había un templo que habían comprado los masones hacía mucho tiempo.

Un día, caminaba por el pueblo con otro plantador de iglesias hablando con los residentes y orando para que Dios abriera puertas para nuestro ministerio. Por un momento nos detuvimos en una pequeña cafetería para descansar. Después de un café, nos tomamos un tiempo para orar. Al terminar nuestra oración, notamos que una anciana amigable se había puesto de pie justo frente a mí y preguntó por qué estábamos orando. Le dijimos que habíamos venido para comenzar una nueva iglesia bautista en el pueblo y que estábamos orando para que Dios nos ayudara. Con una mirada de shock en su rostro, se presentó como Betty y nos preguntó si podía sentarse a conversar con nosotros. Ella y su amiga Jerri nos explicaron que se habían estado reuniendo en esta cafetería por muchos años para orar por el comienzo de una iglesia nueva en el pueblo. Resultó que Betty era una de las figuras más conocidas de Quántico; los pobladores le llamaban cariñosamente la señorita Betty. La señorita Betty y Jerri se unieron a nuestro esfuerzo y en pocas semanas nos habían presentado a docenas de pobladores. Betty era una persona de paz.

En otra ocasión, una trabajadora social estaba visitando a una familia de nuestra comunidad y ellos le explicaron cómo nuestra iglesia había sido proactiva para ayudarles con sus problemas. La trabajadora social me contactó para pedirnos alguna tarjeta de invitación de nuestra iglesia con el fin de dársela a las personas que ella conocía que necesitaban el mismo tipo de cuidados. Pues le llevé un paquete de invitaciones y en los meses siguientes recibimos llamadas de varias personas a través de su referencia. Ella era una persona de paz.

> He creado una lista de oportunidades para servir como voluntario en mi comunidad; he elegido una para participar personalmente, y les he dado la lista a todos los miembros del equipo misionero para su consideración.

Entablando Amistad con Líderes Cívicos y de la Comunidad

A veces las relaciones con los líderes cívicos y de la comunidad se propician solas; otras veces usted las propicia. Esfuércese por conocer a los líderes cívicos y de la comunidad en su campo misionero. Si su experiencia es como la mía, va a encontrar más receptividad en los líderes de la comunidad que en otros líderes de la iglesia. Cuando conozca a un líder comunitario, asegúrese de comunicarle su deseo de comenzar una iglesia que beneficie a la comunidad, ofrézcale apoyo para ayudar en eventos comunitarios y muestre interés en las prioridades cívicas que armonizan con las prioridades de su iglesia.

Puede que usted tenga más éxito en su comunidad si ayuda al liderazgo del pueblo con las tareas comunitarias que ya existen, que si crea alternativas. En la mayoría de los municipios ya hay alguien asignado para planificar y ejecutar eventos comunitarios. Acérquese a esa persona y ofrézcale su ayuda. El personal de nuestra iglesia se tutea con nuestro alcalde y mantiene una comunicación continua con el coordinador de eventos comunitarios del pueblo. Ambas personas tienen una opinión muy favorable de nuestra iglesia y confían en que nosotros enviaremos voluntarios a la mayoría de los eventos de la comunidad que se celebran durante todo el año. Hasta nos permiten usar camisetas publicitarias de nuestra iglesia. Este año, nuestro pueblo nos reconoció como el Socio de Servicios Comunitarios del Año, incluyendo una placa y una foto en el periódico local.

Este tipo de asociación puede aplicarse también a algunas organizaciones sin fines de lucro de su comunidad. Los refugios para desamparados, los centros para embarazos en crisis, los bancos de alimentos y otras organizaciones de servicio comunitario, constantemente necesitan de voluntarios. Elija una o dos de estas organizaciones y establezca una relación con ellas.

He contactado a líderes políticos, cívicos y de organizaciones sin fines de lucro en mi ciudad y les he comunicado mi deseo de unirnos a ellos en cualquier empeño para mejorar nuestra comunidad.

La Capacitación Evangelística

Para ser totalmente honesto, yo no soy muy admirador de los programas de evangelismo personal. He visto muchos programas de este tipo en mi vida y he descubierto que un método memorizado para el evangelismo personal, para mi gusto, suena demasiado parecido a un vendedor de autos usados. No quiero manipular a nadie para que haga una profesión de fe en Cristo debido a mi presentación perspicaz, pero sí deseo ver personas convertidas genuinamente por el poder del Evangelio. Por otro lado, se me ha ordenado *"capacitar a los santos para la obra del ministerio"* (Efesios 4:12) y el evangelismo es, definitivamente, parte del ministerio de plantación de iglesias. Por lo tanto, debo equipar a los congregados de mi iglesia para que entablen amistad y evangelicen a otros. Aquí ofrezco algunas sugerencias para equipar a los miembros de su equipo misionero para compartir el Evangelio sin darles un guión.

- **Esclarezca el Evangelio.** Tal vez lo mejor que se puede hacer para preparar a su equipo principal para el evangelismo es asegurarse de que entienden bien el Evangelio con suficiente claridad como para repetirlo. Si los miembros de su iglesia no saben cómo explicarles el Evangelio a los demás, no tendrán la confianza que necesitan para compartirlo. Ayúdelos a comprender y a exponer el Evangelio ensayándolo con ellos frecuentemente. Al principio, esto podría implicar que usted mismo tenga que presentarlo cada vez que se reúna con su equipo. Incluso, podría implicar que tenga que pedirle a alguno de ellos que le explique el Evangelio al grupo para forzarlos a ingeniárselas al exponerlo por sí mismos.

- **Guíe a su Equipo a Memorizar las Escrituras.** Cuando planté *Pillar Church*, le pedí a nuestro equipo principal que se comprometieran a memorizar pasajes de las Escrituras juntos. Prácticamente todos los versículos que memorizaban estaban relacionados con la salvación: *"Al que no conoció pecado, le hizo pecado por nosotros, para que fuéramos hechos justicia de Dios en El."* (2 Corintios 5:21).

- **Modele el Evangelismo.** Las personas que sirven a su lado seguirán mucho más su ejemplo que su enseñanza. Comparta el Evangelio libremente y con regularidad con quienes se encuentre, no como un intento de lucir excesivamente piadoso, sino para que se convierta en parte de su ritmo regular de vida. Usted no lo hará solamente cuando las personas lo estén mirando, ya que Jesús nos advierte contra ese tipo de cosas: *"Cuidad de no practicar vuestra justicia delante de los hombres para ser vistos por ellos; de otra manera no tendréis recompensa de vuestro Padre que está en los cielos."* (Mateo 6:1). Por otro lado, usted no tiene que vacilar para entablar conversaciones espirituales solo porque alguien está con usted y lo está mirando.

- **Ore por los Perdidos.** Haga que el orar por los perdidos sea parte de todas las reuniones del equipo principal. Ore por ellos de manera específica y con regularidad, y anime a los demás a que oren en voz alta por las personas a las que están tratando de alcanzar. Se puede aprender mucho de los deseos y de las pasiones de alguien con solo escuchar sus oraciones. Si usted desea ver a hombres y mujeres perdidos poner su fe en Cristo, asegúrese de orar por ellos pública y regularmente, y anime a otros a orar por sus amigos y familiares que aún no son seguidores de Jesús.

He seleccionado algunos versículos relacionados con la salvación para guiar a mi equipo misionero a memorizarlos.

Evitando los Trucos

Un hombre llamado Charles Bayly escribió una excelente parábola en los años 60 que se titula *The Gospel Blimp* (El Dirigible Evangélico). La historia trata de un grupo de cristianos que siente carga por sus vecinos y de lo que hacen para compartir el Evangelio con ellos. No quiero revelar la historia, pero confíe en mí cuando le digo que es una parábola muy útil y que lleva a la reflexión a aquellos que estén pensando en cómo alcanzar a sus comunidades. El libro se puede encontrar en varias tiendas en línea.

He leído el libro *The Gospel Blimp* de Charles Bayly.

Guiar a su iglesia a que sienta pasión por la salvación de los no cristianos en su comunidad requerirá de atención constante. Tendrá que trabajar duro para hacer que la participación en la comunidad y el evangelismo se conviertan en una cultura en su iglesia. Existe una fuerza opuesta tenaz que tratará de arrastrar a su iglesia hacia el egocentrismo y la apatía ante la difícil situación de los que no tienen a Cristo. Como plantador de iglesias, su trabajo es mantener a su equipo enfocado en hacer nuevos discípulos.

Para combatir esa fuerza, usted necesitará apartar parte del presupuesto de su iglesia y de su creatividad personal para planificar los empeños de evangelismo en su comunidad. Las mejores ideas de evangelismo son las que ponen a los miembros de su congregación a conversar directamente con los miembros de su comunidad. Durante mi tiempo como plantador de iglesias, he probado con docenas de diferentes eventos y programas de evangelismo. Algunos han sido fructíferos, otros no. Aun así, el ajetreo constante por las actividades de evangelismo en nuestra iglesia creó una cultura de preocupación por las almas de los que viven a nuestro alrededor.

Soy un oyente asiduo del podcast: *"This American Life" (Esta Vida Norteamericana).* El anfitrión del podcast, Ira Glass, es un ateo decidido (según sus palabras, no las mías) y un periodista notorio. El tema de la religión no es muy recurrente en el podcast, pero sí recuerdo un segmento en particular de un episodio titulado "Señuelo y Cambio", en el que Glass entrevistó a dos cristianos evangélicos para dialogar sobre estrategias evangelísticas. Uno de los hombres, Jim Henderson, contó la historia de cómo siempre se sentía incómodo con las estrategias formales de evangelismo porque parecían hacerle ver a las personas como meros proyectos. Esto no le parecía correcto, así que cambió su enfoque y ahora simplemente trata de hacer que los cristianos noten a las demás personas, que las escuchen y que "dejen de ser idiotas". La parte que realmente me impresionó de la entrevista fue la perspectiva del anfitrión sobre todo este tema. En un momento Glass pregunta: "¿Es posible que su táctica solo conduzca a....ninguna parte?" La entrevista puso de relieve la confusión que se produce cuando las iglesias y los ministerios bien intencionados se apoyan en trucos de marketing para lograr crecer en número, en lugar de dejar que sea la obra atrayente del Espíritu Santo. El marketing no puede generar cristianos, solo Cristo puede hacerlo.

¿Cómo puede una iglesia o ministerio alentar y organizar esfuerzos evangelísticos fieles y evitar las trampas de los trucos del marketing? Es una línea bien fina. Comienza con la creencia básica de que los cristianos que entienden el Evangelio y que poseen el poder del Espíritu Santo que habita en ellos, evangelizarán de forma normal y natural cuando estén cerca de personas perdidas. Si esto es cierto, los líderes de iglesias deberían de asegurarse de que todos sus miembros entiendan y puedan explicar claramente el Evangelio, y animar a todos a estar en constante interacción con los no cristianos, incluso si esto implica organizar oportunidades para que los miembros de la iglesia interactúen con los demás miembros de la comunidad.

Para que tenga una mejor idea de lo que digo, a continuación, he enumerado algunas de las iniciativas de evangelismo que nuestros miembros han organizado durante los últimos años. Cada uno de estos eventos de evangelismo fue un intento por conocer y atraer a los que no conocen a Cristo en nuestra comunidad.

- **Una Pregunta** — "Una Pregunta" fue el título de una serie de predicaciones en la que abordamos preguntas difíciles con respuestas bíblicas. Como preparación para la serie colocamos notas adhesivas amarillas y escritas a mano en miles de puertas de nuestra comunidad: "Si Ud. pudiera hacerle una pregunta a Dios, ¿cuál sería?" En la parte inferior de la nota adhesiva había una dirección electrónica a la cual podían enviar sus preguntas a Dios. Organizamos las preguntas y luego las respondimos usando las Escrituras. Como las preguntas se enviaron electrónicamente, pudimos darle seguimiento a los que las enviaron al sitio web y establecer un contacto personal sobre sus preguntas específicas. También animamos a nuestros miembros a preguntarles a las personas con quienes se topaban sobre su pregunta a Dios.

- **Campamentos Deportivos** — Hemos ofrecido campamentos deportivos gratuitos de una semana en los parques del condado y en algunas escuelas de nuestra comunidad. Usando atletas locales y voluntarios para enseñar los fundamentos de deportes populares, este tipo de evento atrae tanto a los que desean participar como a los adultos que desean servir como voluntarios. Al final del campamento, organizamos una comida al aire libre y un juego de "*kickball*" para toda la familia.

- **Películas al Aire libre** — Este es nuestro evento evangelístico más duradero. Cada verano, durante la mayor parte de la existencia de nuestra iglesia, siempre hemos ofrecido una serie gratuita de películas al aire libre. Durante años, hemos proyectado filmes en el campo de fútbol que está justo al lado de la escuela donde se reunía nuestra iglesia. Cientos de personas venían con sillas de jardín y con cestas de picnic más o menos una hora antes de que oscureciera. Animamos a nuestros miembros a llegar temprano a la película con el fin de que hicieran amistad con alguien que no conocieran.

- **Noche Libre para los Padres** — Nuestra iglesia está cerca de varias bases militares. Descubrimos que las familias militares tienen problemas para encontrar niñeras de confianza, porque muy pocas de estas familias viven cerca de viejos amigos o de miembros de la familia. Como respuesta a esa necesidad, ofrecemos un programa gratuito para cuidar niños por tres horas, un viernes o sábado en la noche, para 20 familias militares. El programa incluye juegos, música, clases de karate y algún tipo de manualidad como la cerámica o teñir camisetas. Antes de salir para su "tiempo a solas" por unas horas, cada familia recibe una tarjeta de regalo de $25 para ir a un restaurante local, provista por un miembro de nuestra iglesia. Algunos días después del evento, alguien de nuestra iglesia visita la casa de esa familia para entregarles el proyecto de manualidad e invitarlos a un culto de adoración.

- **Llamadas** — Los miembros de nuestra iglesia se reúnen dos veces al mes y usando una guía telefónica local (sí, todavía existen), llaman a las familias de nuestra comunidad para preguntarles si hay algo por lo que nuestra iglesia pudiera orar. Hacemos una lista con sus peticiones de oración y oramos por esas peticiones en nuestro culto de oración en la iglesia. Semanas más tarde, les llamamos otra vez para recordarles que seguimos orando por ellos y preguntamos si ha mejorado la situación por la que oramos.

- Días de **Trabajo para Maestros** — Nuestra iglesia se reunió en una escuela pública por cinco años. Cada tres o cuatro meses, el calendario escolar incluía un día de trabajo para maestros, en los que los maestros debían venir a trabajar, pero los estudiantes se quedaban en casa. Les proporcionábamos un buen almuerzo de *Chick-Fil-A®* a los maestros y compartíamos con ellos.

- **Quiosco en el Centro Comercial** — Nuestra comunidad tiene un enorme centro comercial llamado *Potomac Mills* y la parte central del mismo está llena de quioscos pequeños donde los vendedores venden cigarrillos electrónicos y helicópteros a control remoto. Alquilamos uno de estos quioscos y lo adornamos con carteles ofreciendo Biblias gratis. Miembros de nuestra iglesia se paraban cerca del quiosco para darle una Biblia a todo el que quisiera una.

En un período de dos semanas, entregamos más de 1000 Biblias e invitaciones a la iglesia. Muchos de esos encuentros produjeron conversiones.

- **Cambios de Aceite** — Durante un tiempo, nuestra iglesia alquiló un edificio que tenía dos garajes con entradas grandes. Un sábado al mes, hombres de nuestra iglesia ofrecían cambios de aceite gratis para madres solteras y esposas de miembros desplegados en servicio. Nos asociamos con una tienda local de piezas de automóviles que nos proporcionaba suministros con descuento a cambio de publicidad. Mientras los hombres cambiaban el aceite, mujeres de nuestra iglesia les servían café y rosquillas a las damas que estaban esperando, y trataban de conocerlas un poco.

Los eventos como estos no siempre tienen éxito en el sentido de ver a las personas realmente convertirse en cristianos, pero sí edifican la reputación de su iglesia en la comunidad y producen una impresión favorable en las mentes de los que asisten. No es raro que alguien se aparezca en nuestra iglesia y nos diga que vinieron a una película o a otro evento hace años, y últimamente, como han estado considerando los asuntos espirituales, se acordaron de nuestra iglesia y decidieron probar.

Cuando dedique tiempo a pensar en cómo alcanzar a los no cristianos de su comunidad, le animo a incluir eventos como estos en el calendario y presupuesto de su iglesia todos los años (asegúrese de que el umbral del presupuesto mensual que creó algunos capítulos atrás esté en consonancia con este plan de alcance). Haga todo lo posible para que los miembros de la iglesia sean los que organicen y sirvan en el evento. Esto liberará a su personal y a los ancianos para que puedan enfocarse en el ministerio de la Palabra y de la oración (Hechos 6:4).

Hay muchas personas en su comunidad que no tienen planes de aventurarse a asistir a una iglesia, así que la iglesia debe aventurarse a ellos. Guíe a su iglesia a seguir el ejemplo del Hijo del Hombre que *"ha venido a buscar y a salvar lo que se había perdido"* (Lucas 19:10, Mateo 18:11). Este empeño no siempre será un paseo por el prado, a veces se sentirá desanimado cuando las cosas no salgan según lo planeado y algunos proyectos fracasen por completo. Sin embargo, de alguna manera, en medio de todas nuestras torpezas, Jesús continuará llamando a hombres y mujeres para sí.

He escrito un plan de alcance para el primer año del ministerio de mi iglesia.

ETAPA OCHO

COMIENCE

Ya está en la recta final; ya cuenta con un cheque para mantener a su familia y un gran equipo para trabajar, incluso ya usted ha experimentado algún progreso entablando amistades en su comunidad. Ahora es el momento de comenzar a planificar sus cultos de adoración semanales. En la mayoría de las iglesias, los cultos de adoración semanales son la esencia del ministerio. Es ese tiempo cada siete días que los cristianos de una comunidad dada dedican para reunirse a celebrar la resurrección de Jesús de entre los muertos y para escuchar por la Palabra de Dios cómo deben vivir.

Los cultos de adoración del Nuevo Testamento existen principalmente para el beneficio y el crecimiento de los cristianos. Lamentablemente, este propósito ha sido mal representado con frecuencia en las iglesias modernas ya que se centran en usar la reunión colectiva para evangelizar a los no cristianos. Esto se ha convertido en una tendencia común de las iglesias; sin embargo, no sigue el modelo que se nos ha dejado en las Escrituras. Los primeros cristianos comenzaron a reunirse para adorar juntos los domingos por la mañana con el propósito muy específico de celebrar la resurrección de Jesús. En las primeras reuniones de la iglesia cristiana, las Escrituras registran que *"Con gran poder los apóstoles daban testimonio de la resurrección del Señor Jesús, y abundante gracia había sobre todos ellos"* (Hechos 4:33). Otro pasaje nos dice que *"se dedicaban continuamente a las enseñanzas de los apóstoles"* (Hechos 2:42). Cuando Pablo instruye a la iglesia de Corinto acerca de la adoración pública, les dice que todo lo que ocurre en ese culto debe de hacerse de manera ordenada y con el propósito de edificar la iglesia (1 Corintios 14:26). El autor de Hebreos incluso ordena a los cristianos que no dejen de reunirse (Hebreos 10:25).

Si bien es importante tener en cuenta a los no cristianos que asistirán a su culto semanal, recuerde que su ministerio de enseñanza como pastor es para la capacitación de los santos (Efesios 4:12).

Cuándo Comenzar

La decisión sobre cuándo iniciar los cultos públicos de adoración es algo muy importante. Hay mucha logística asociada a la celebración semanal de un culto público de adoración, por eso es bueno esperar antes de comenzar hasta que esté seguro de que cuenta con la mano de obra que necesita para hacerlo correctamente. No hay nada malo en reunirse para adorar como grupo pequeño durante un tiempo antes de comenzar con los cultos en una instalación pública.

Le aconsejo que primero determine el número ideal y específico de familias comprometidas que necesitaría antes de empezar con los cultos públicos de adoración y una vez que lo sepa, no comience hasta que haya alcanzado ese número. Contar con un número suficiente de obreros para manejar los aspectos logísticos de la adoración pública le liberará de preocuparse por estos temas y le permitirá centrar su atención en enseñar la Palabra de Dios. En la mayoría de los casos, recomiendo tener al menos diez familias comprometidas antes de intentar comenzar los cultos semanales en una instalación pública.

Una vez que comience con los cultos públicos, tendrá que dedicar cierta cantidad de tiempo de su semana para el mantenimiento del culto. Debido a que el tiempo es un recurso muy valioso para el plantador de iglesias, no se apresure a comenzar los cultos semanales hasta que esté seguro de que puede manejar o delegar ese mantenimiento sin escatimar otros aspectos importantes del ministerio de la plantación de iglesias tales como el evangelismo, discipulado y liderazgo de su equipo misionero.

No comenzaré los cultos de adoración semanales hasta que cuente con ___ familias comprometidas.

Lanzamiento en Grande vs. Crecimiento Gradual

El comienzo de una nueva iglesia se parece más al ascenso de una escalera que al lanzamiento de un cohete. Muchas iglesias jóvenes que comienzan con la estrategia del "lanzamiento en grande", pasan meses haciendo publicidad y preparándose para su primer culto de adoración tal y como se hace para el *Super Bowl.* Yo adopté este enfoque cuando comencé con *Pillar Church*, pero si pudiera hacerlo otra vez, haría las cosas de manera muy diferente. Pasé alrededor de diez meses planeando mi primer culto público de adoración. Invité a una gran banda, a anfitriones amistosos que dieran la bienvenida, a gente con experiencia en el cuidado de niños; incluso, a un equipo profesional de camarógrafos para ayudar en la realización del culto. Mandamos invitaciones costosas y colocamos letreros por toda la comunidad anunciando la apertura de nuestra nueva iglesia. Lanzamos *Pillar Church* el domingo de Pascua y hasta planificamos una búsqueda de huevos de Pascua en la comunidad, inmediatamente después del culto. ¡El día fue genial! Tuvimos una asistencia de 120 personas y de más de 300 en la búsqueda de huevos. Quizás a usted le suene como un lanzamiento exitoso para cualquier iglesia. ¿Por qué no lo repetiría? Bueno, por lo que sucedió después.

El domingo siguiente tuvimos unas cincuenta personas, treinta de ellas, ya estaban comprometidas con nuestro trabajo mucho antes del lanzamiento el Día de la Pascua. Los otros veinte eran visitantes repetidos de la semana anterior, pero esta semana no teníamos banda, no había un gran ministerio de niños, ni tampoco anfitriones amables y muy bien vestidos repartiendo rosquillas calientes. Dos semanas después de nuestro lanzamiento tuvimos unas cuarenta personas en el culto y en poco tiempo volvimos a tener solamente a los fieles cristianos con que empezamos, solo que ahora todos estaban deprimidos porque habíamos lanzado nuestro cohete, pero en poco tiempo había caído de vuelta en la plataforma de aterrizaje.

Después que todo se estabilizó, no pude evitar preguntarme qué habría pasado si hubiera invertido los mismos diez meses de energía y dinero en llevar a nuestro equipo a hacer conexiones personales con los habitantes de nuestra comunidad. Creo que, si nos hubiéramos conectado primero, habríamos visto un resultado mucho mejor a largo plazo. Afortunadamente, con el tiempo, nuestra iglesia logró desarrollar un ritmo saludable de crecimiento lento y constante que todavía nos caracteriza hasta el día de hoy.

Capacidad de Liderazgo

He aprendido una lección de liderazgo importante a través del proceso de plantación de iglesias: mi iglesia no superará mi capacidad de dirigirlos. Antes de plantar una iglesia, yo pensaba que estaba capacitado para ser líder de un gran número de personas. Pues bien, estaba equivocado. En cambio, mi capacidad de liderazgo creció al mismo ritmo que nuestra iglesia. Estoy convencido de que, en la mayoría de los casos, nuestras iglesias permanecen relativamente pequeñas porque Dios sabe que nuestra capacidad de liderar a las personas es limitada. Antes que Dios aumente el tamaño de nuestra congregación, debe de aumentar nuestra capacidad de preocupación por la gente. Prácticamente todos los pastores que conozco desean que su congregación sea más grande; los pastores de iglesias con 50 desean tener 100, los pastores de iglesias con 100 desean tener 200 y así sucesivamente. Sin embargo, en nuestras congregaciones hay personas que han quedado atrapadas en las garras del pecado, con una necesidad urgente de discipulado, o esperando a que las capaciten para el ministerio. ¿Cómo debe ver Dios nuestro anhelo por tener rebaños más grandes cuando desatendemos a tantas personas que están bajo nuestro cuidado? Si usted quiere que su iglesia sea más grande, cuide bien de las personas que tiene actualmente. Primero debemos aprender a ser fieles en lo poco, antes de que podamos ser fieles en lo mucho (Lucas 16:10, Mateo 25:23).

Compórtese Según su Edad

Al comenzar una iglesia nueva, otros le presionarán inconscientemente para que empiece todo tipo de ministerio. Algunos le preguntarán por su ministerio de jóvenes o por el de mujeres. Podría sentirse tentado a ofrecer alguna clase de respuesta elaborada porque quizás desea impresionarlos y porque espera que visiten su iglesia. Pero es extremadamente importante que cuando hable de la iglesia, especialmente a personas de otras congregaciones, sea muy honesto con respecto a su etapa actual de desarrollo. Cuando pregunten por el ministerio de mujeres, diga: "No tenemos un ministerio de mujeres organizado, nuestra iglesia es muy joven y todavía es bastante pequeña. Pero sí esperamos tener un gran ministerio de mujeres, aunque probablemente haya que esperar un poco todavía". Su honestidad les impedirá sentirse decepcionados con las expectativas insatisfechas de la organización ministerial de su iglesia y también evitará rápidamente a los "cristianos consumidores".

Negándose a Conformarse

A medida que su grupo de congregados comienza a crecer, es probable que se sienta tentado a transigir en algunos asuntos importantes con el fin de tener un grupo más grande. Hace algunos años, después de un culto, me puse a conversar con una pareja de visitantes que había vivido en el área varias veces antes en asignaciones militares. Cuando regresaron y vieron que nuestra iglesia estaba comenzando en su vecindario, se sintieron en la obligación de involucrarse. Sin embargo, a ellos ciertamente les encantaba su antigua iglesia y querían permanecer también allí. Durante los próximos meses, esta familia se apareció todos los domingos con la precisión de un reloj. Incluso le daban la mitad de su diezmo a cada iglesia. Un día llamé a Alex, el esposo, para preguntarle si podíamos reunirnos. Cuando lo hicimos, le dije que había estado pensando en su situación y que no creía que fuera buena idea que asistieran a las dos iglesias a la vez. Le confesé que, si bien yo realmente esperaba que se comprometieran de todo corazón con nuestra iglesia, si no podían, sería mejor para su familia y para ambas iglesias que se comprometieran con su iglesia anterior. Después de pensarlo por un tiempo, la familia de Alex eligió permanecer en *Pillar Church*. Debido a que eran padres de los dos únicos adolescentes de la congregación, trabajaron duro para iniciar un estudio bíblico para adolescentes que con el tiempo se convirtió en nuestro ministerio estudiantil. Actualmente, Alex y su familia son miembros diligentes y muy amados en nuestra iglesia, además de ser anfitriones y líderes en muchos de nuestros ministerios.

Planificando los Cultos de Adoración

En su prisa por comenzar los cultos públicos de adoración, no descuide su deber de tomar el tiempo adecuado para planificarlos y para preparar su contenido. Los patrones y las normas que usted fije al principio en sus cultos de adoración probablemente permanecerán por mucho tiempo en el futuro. Si usted es el único predicador cuando comience los cultos de adoración, no espere cambiarlo fácilmente más adelante. Si establece el patrón de celebrar la Santa Cena semanalmente y luego intenta cambiarlo, es probable que encuentre resistencia. Esto se aplica para todos los aspectos de su culto público de adoración. Antes de comenzar, tómese tiempo para analizar los elementos que desea incluir en sus cultos de adoración semanales y los que no. Tenga en cuenta que la Biblia tiene mucho que decir sobre este tema. Medite en pasajes como Hechos 2:42-47, 1 Timoteo 4:13 y 1 Corintios 11:2-16, 14:26-40 y 16:1-4, para decidir qué elementos incluirá y cuáles dejará a un lado. En el Apéndice N, encontrará una hoja de trabajo que le ayudará a determinar qué desea incluir regularmente en sus cultos de adoración semanales. Una vez que haya decidido qué elementos desea incorporar, comience a trabajar en el orden para su primer culto preliminar.

He escogido los elementos que deseo incluir en cada uno de nuestros cultos de adoración semanales.

Quién Dirigirá

Entonces tendrá que pensar en los tipos de personas que la Palabra de Dios permite que dirijan los varios aspectos del culto público. ¿Solo los pastores deberían de dirigir el culto de adoración, o deberían de incluirse también los miembros y ancianos? ¿Los que no son miembros pueden dirigir algunos aspectos de la adoración? ¿La Palabra de Dios permite que las mujeres dirijan oraciones, lean las Escrituras, compartan los anuncios y dirijan la alabanza; o son estos trabajos exclusivamente para hombres? Resuelva estas cuestiones con la ayuda de su compañero, de su mentor y de los ancianos de la iglesia que lo envía para que pueda estar preparado para responder a quienes le pregunten.

> He estudiado las enseñanzas de la Biblia con respecto a la adoración pública y tengo claramente definido a qué individuos se les permitirá dirigir los diferentes aspectos de nuestros cultos de adoración públicos. Estoy preparado para defender mis posiciones.

La Predicación

Charles Spurgeon comparó repetidamente al Evangelio con un león enjaulado, explicando que el león "no necesita que lo defiendan, sino que lo liberen de la jaula".[14] Como plantador de iglesias, su habilidad para explicar el Evangelio con precisión y confianza a otras personas tendrá un efecto profundo en el bienestar general de la iglesia que está plantando. El Evangelio es el agente que el Espíritu Santo usa para disolver la corrosión que recubre las paredes del alma humana, y es una medicina sanadora que se usa para revestir el alma con el tipo de fe que agrada a Dios. Por lo tanto, el trabajo del plantador de iglesias en cuanto a predicar y evangelizar consiste simplemente en abrir la jaula del león para liberar el Evangelio con todo su poder y esplendor para que lleve a cabo la obra que Dios desea que realice. Tal confianza en el Evangelio debe de marcar la vida de un pastor plantador de iglesias, pero lamentablemente muchas veces no es así. Muchos predicadores modernos han abandonado la proclamación simple y clara del Evangelio en pos de otros mensajes religiosos.

De la misma manera que se oculta una píldora dentro de un malvavisco para seducir a un niño para que se la tome, estos oradores bien intencionados ocultan una sencilla verdad evangélica en una sabrosa cubierta de caramelo. El pecado se convierte solamente en una lucha, la depravación simplemente en debilidad, Dios se convierte meramente en un genio que otorga deseos, y el Espíritu Santo se convierte meramente en nuestra conciencia. Este enfoque recubierto de azúcar proviene de una falta de confianza en el poder del Evangelio para reprender, corregir, exhortar y para instruir en una vida justa. Si usted siente la necesidad de defender o mejorar el Evangelio con sus habilidades oratorias o con su ingenio, el problema no es el Evangelio, sino su falta de confianza en el poder del mismo. Su ministerio debe de estar marcado por la seguridad subyacente de que el Evangelio es poderoso en sí mismo, y por un compromiso inquebrantable de solamente proclamarlo. Cuando un predicador asume que el Evangelio es débil, anticuado y que sólo es verdaderamente eficaz cuando lo hace entretenido por medio de sus habilidades oratorias, descarriará a muchas personas. El Evangelio no necesita ayuda; el Evangelio es el *"poder de Dios para la salvación de todo el que cree"* (Romanos 1:16), así de sencillo.

Recuerde, usted ha sido llamado a predicar la Palabra de Dios, no la suya. Cuanto más conozca el Evangelio y cuanto más sumiso esté a él, más genuinamente verá el cambio en las vidas a través de su ministerio. Si desea ver vidas cambiadas, predique el Evangelio; si desea ver a las familias sanadas, predique el Evangelio; si desea ver a los cristianos madurar, predique el Evangelio. Como dijo Francis Schaeffer: "El cristianismo no es meramente una verdad religiosa, es una verdad total, la verdad sobre toda la realidad".[15]

Puede que se sienta tentado a unirse a la avalancha de predicadores de nuestros días que abandonan la ardua labor del estudio y la preparación, argumentando que eso aplacaría la obra que el Espíritu Santo planea hacer a través de usted el domingo. Si es así, pregúntese si es más probable que Dios le hable en el púlpito el domingo o a solas en su oficina el jueves. ¡Por supuesto que no! Este enfoque produce predicadores terribles. Sus pensamientos están desorganizados y, más notablemente, sus corazones no se han cocido a fuego lento en las verdades del Evangelio antes de pararse ante el pueblo de Dios. Cualquier hombre carnal puede dar buenos consejos, pero su llamado no es a dar buenos consejos; su llamado es a predicar. El estudio limitado ofrece poco tiempo para comprender el texto, el contexto e incluso el significado de las palabras del texto. La Escritura dice: *"la fe viene del oír, y el oír, por la palabra de Cristo"* (Romanos 10:17). La fe no viene por el oír la palabra del hombre. Para el nuevo predicador, esto es especialmente importante. *"Procura con diligencia presentarte a Dios aprobado, como obrero que no tiene de qué avergonzarse, que maneja con precisión la palabra de verdad"* (2 Timoteo 2:15).

Además del estudio y la preparación, usted debe de tener en cuenta su contexto y su audiencia. He observado a predicadores que parecen completamente ajenos a la torpeza de su presentación. La torpeza no está en lo que dicen, sino en la forma en que lo dicen y en el contexto que lo dicen. Por ejemplo, he asistido a iglesias recién plantadas bien pequeñas en grandes auditorios de escuelas secundarias y salas de cine con pastores celosos que predican con un sofisticado sistema de sonido a solo una docena de almas. Tienen la mentalidad de "constrúyelo y ellos vendrán...", creyendo que simplemente garantizando la logística de una reunión de la iglesia atraerán a las multitudes. Este enfoque sencillamente no funciona y produce resultados terriblemente decepcionantes para el plantador de iglesias optimista.

En mis primeros años de plantación de iglesias pasé demasiado tiempo tratando de aparentar ser una iglesia (gastando energía asegurándome de que todos los elementos de las reuniones estuvieran garantizados) y pasé muy poco tiempo siendo la Iglesia (amando y sirviendo de verdad a los que se estaban congregando). Si usted invierte su energía en transferir la Palabra de Dios de su corazón a los corazones de las personas que está guiando, notará que su iglesia responderá a la Palabra de Dios. Dedique tiempo a estudiarla para que la conozca bien y entonces pueda impartírsela a los demás con libertad. Las Escrituras prometen, y lo creo firmemente, que si usted dedica su energía a ser un predicador bien preparado y fiel a la Palabra de Dios, esa propia Palabra, cuando se predique, obrará dramáticamente en los corazones de los que la escuchen. Recuerde que Dios dijo: *"así será mi palabra que sale de mi boca, no volverá a mí vacía sin haber realizado lo que deseo, y logrado el propósito para el cual la envié"* (Isaías 55:11).

La conclusión a la que podemos llegar es que muchos factores contribuirán a la salud general de la iglesia que usted comience: los grupos pequeños, los locales de reunión y la calidad de su liderazgo, solo para mencionar algunos; pero nada afectará la salud general de su congregación, tan profundamente, como un tiempo en el púlpito bien empleado. La hora que pasa ante el pueblo de Dios cada fin de semana puede causar un profundo impacto en los hábitos y en los corazones de los que asisten regularmente. Predique la Palabra, y sus oyentes comenzarán a compartir su confianza en el poder del Evangelio.

Preparación del Sermón

Estoy plenamente consciente de que la preparación del sermón es un arte más que una ciencia, y los grandes pastores y predicadores a través de la historia han empleado una variedad de herramientas de estudio y disciplinas para convertirse en diestros en lo que hacen. El Apéndice O contiene sugerencias útiles para la preparación del sermón. Claramente, no existe algo como la "mejor manera" de prepararse para la predicación, que sea aplicable a todos los predicadores. También estoy consciente de que no soy el mejor predicador del mundo y probablemente ni siquiera sea lo suficientemente bueno como para ofrecer este consejo, pero al menos quiero que conozca algunas prácticas que han demostrado ser útiles para mí en la predicación. Mi oración es que esto le ayude a prepararse para predicar la Palabra de Dios en el evangelismo personal, en la predicación formal y en la enseñanza en grupos pequeños.

Escriba un Manuscrito

El consejo más fuerte que le puedo dar, especialmente a un nuevo predicador, es que escriba su predicación. Escribir mis predicaciones palabra por palabra es el hábito más útil que he desarrollado como predicador. Hay dos razones principales por las que el manuscrito es útil para mí.

Primero, escribir mis pensamientos me obliga a pensar en la mejor manera de comunicarlos. Cuando uso un esquema, puedo capturar una idea en una viñeta para recordar lo que debo decir, pero cuando llega de verdad el momento de decirlo, puedo o no ser capaz de articular mis ideas de la forma que deseo. Cuando escribo toda la idea, sin embargo, me veo obligado a pensar en la mejor manera de transmitirla. Escribir mis predicaciones en forma de manuscrito es una práctica habitual para mí y ahora noto que a veces repito frases literales que fueron concebidas originalmente en papel durante la preparación de un sermón. Estas frases bien ponderadas se convierten en parte de mi discurso diario y me ayudan a articular mis pensamientos sobre un tema en particular de una manera lógica, sin tener que elegir cuidadosamente mis palabras mientras hablo.

La segunda razón por la que escribo mis sermones en forma de manuscrito es para conservarlos. Muchos predicadores pierden el provecho de su estudio al no registrarlo por escrito. Como pastor, quizá usted dedique de 8 a 12 o más horas de la semana a preparar el sermón, escriba sus notas en forma de bosquejo o en una servilleta, las usa el domingo para predicar y luego las desecha y nunca más puede usarlas. Cuando escribe su enseñanza en un manuscrito antes de presentarla, puede darse el lujo de compartirla con los demás en forma de artículo, como entrada de blog o por correo electrónico con un miembro de la iglesia pasando por tribulaciones. Si reúne una serie completa, puede usarla en el futuro como guía de estudio para grupos pequeños o incluso para un libro. ¿Alguna vez se ha preguntado cómo es que los pastores reconocidos tienen tiempo para producir varios libros todos los años y aún siguen dirigiendo ministerios vibrantes en la iglesia? Es porque no desechan sus estudios, sino que los guardan. Elija un sistema que funcione para usted y oblíguese a plasmar su estudio de forma tal que se pueda utilizar fácilmente en el futuro.

Procure Claridad y Simplicidad

Comencé a predicar antes de cumplir los 20 años. No debí haberlo hecho, era inexperto y poseía todos los rasgos de carácter negativo común en los jóvenes. Le predicaba a personas mucho más adultas, más sabias y más educadas que yo, y sentía esa opresión constante de inferioridad y timidez en mi predicación y en la preparación. Intenté compensar mi ineptitud alzando mi voz y empleando un vocabulario que creí que impresionaría a los que me escuchaban. En realidad, solo confirmé mi necedad juvenil a quienes tuvieron la desdicha de soportar mis primeras predicaciones.

A medida que mi confianza en el Evangelio aumentó, mi timidez disminuyó. Cuando dejé de tratar de impresionar a quienes les predicaba y empecé a tratar de impresionar a Aquel por el que predicaba, me enfoqué en buscar la manera más simple y clara de transmitir una idea, no la manera más elaborada ni la más sofisticada. Lo que aprendí es que la predicación no consiste en transferir información, sino en la transformación que sucede a través de la Palabra de Dios. C.S Lewis nos da algunos consejos útiles a la hora de escribir que también se aplican a la predicación.

- Siempre trate de usar un lenguaje que le ayude a dejar bien claro lo que quiere decir y asegúrese de que su oración no posea otro significado.
- Siempre prefiera la palabra clara y directa antes que la palabra larga y vaga. No *realice* promesas, solo *cúmplalas.*
- Nunca use sustantivos abstractos cuando los concretos sean suficientes. Si desea decir que "Más personas murieron", no diga que "Aumentó la mortalidad".
- Al describir, no utilice adjetivos que meramente nos digan cómo quiere que nos sintamos en cuanto a lo que está describiendo. Es decir, en lugar de decirnos que algo es "terrible", descríbalo de tal manera que nos aterrorice. No diga que fue "fascinante"; háganos decir "fascinante" cuando hayamos leído la descripción. Como puede ver, todas esas palabras (horripilantes, maravilloso, espantoso, exquisito) son solo como si les dijera a sus lectores: "Por favor, hagan el trabajo por mí."
- No utilice palabras demasiado complejas para el tema. No diga "infinitamente" cuando lo que quiere decir es "muy"; de lo contrario, se quedará sin palabras cuando quiera hablar de algo que es *realmente* infinito.[16]

Escuche las Observaciones de los Demás

La mayoría de los predicadores que conozco reciben muy pocos comentarios de otras personas sobre sus sermones. Si lo hacen, es en forma de un correo electrónico enviado por alguien enfadado, o por alguien que se haya autoproclamado guardián teológico. Muy rara vez los pastores piden a otros individuos conocedores de teología o a ancianos de la congregación, que le ofrezcan sus opiniones. Los pastores a menudo se critican a sí mismos semanalmente mirando el video o escuchando el podcast de la iglesia, pero quisiera advertirle en cuanto a esto. Pienso que los comentarios resultan mejor si provienen de un hermano fiel que de usted mismo. Nunca subestime su capacidad de engañarse con consentimientos, o de reprenderse con autocrítica innecesaria. Si usted es su propio evaluador, probablemente haga evaluaciones de usted mismo para las que no está calificado. Debido a que los pastores también tienden a pasar tiempo escuchando y leyendo de otros pastores, es probable que le sea difícil no caer en el jueguito de las comparaciones. El teólogo y pastor británico, John Stott, anima a los pastores a evitar escucharse y mirarse a sí mismos:

> Si usted se mira en el espejo y se escucha en una grabación, o hace las dos cosas simultáneamente en un video, temo que continuará mirándose y escuchándose cuando esté en el púlpito. En ese caso, se condenará a la desgarradora esclavitud de la preocupación personal, justo en el momento en el que, desde el púlpito, es esencial cultivar el ponerse en un segundo plano mediante una concientización creciente del Dios por el que habla, y de las personas a las que habla. Sé que los actores hacen uso del cristal y de las grabaciones, pero los predicadores no son actores, ni el púlpito es un escenario. ¡Así que tenga cuidado! Puede que sea más valioso pedirle a un amigo que sea sincero con usted respecto a su voz y sus gestos, especialmente si necesita corrección. Hay un proverbio indio que dice: "El que tiene un buen amigo no necesita un espejo". Entonces, usted podrá ser como realmente es y podrá olvidarse de usted.[17]

Evite el Uso Excesivo de Comentarios Bíblicos

Los comentarios son recursos tremendos para el pastor y deben de usarse en la medida en que sean útiles. Pero los comentarios son para el final del partido. La mejor manera de invertir su tiempo al principio de su estudio es en el texto como tal. Leer y re-leer el texto le permite sazonarse en él y pensar en sus implicaciones. Estudie las palabras en el texto para asegurarse de que entiende su significado y uso bíblico. Busque temas. Recuerde que está predicando para ver transformación, no simplemente para transmitir información. La información por sí sola no producirá el resultado que usted desea. Dedíquese a la meditación y a la reflexión. Si lo hace, notará que el texto cobrará vida a lo largo de la semana y que

Dios le mostrará lecciones relacionadas con el texto mientras está en sus asuntos cotidianos.

En lo personal, comienzo a leer el pasaje de la predicación del domingo los primeros días de la semana. Entonces el martes o el miércoles, comienzo a estudiar las palabras y a hacer todo lo necesario para analizar el lenguaje y así entender el texto. Hablo del pasaje con otros cristianos y les hago preguntas sobre el texto. A veces leo un libro sobre el tema del texto. Al final de la semana, es hora de comenzar a escribir mi manuscrito. Solo después que mi manuscrito está bien avanzado, le echo un vistazo a los comentarios para ver las interpretaciones de los teólogos que más respeto. La mayoría de las veces, descubro que he llegado a conclusiones similares sobre el pasaje. Periódicamente, encuentro algo que me faltó y lo añado a mi manuscrito. De cualquier manera, he experimentado el texto personalmente y puedo predicar con conocimiento de primera mano.

Estudio Personal vs. Preparación del Sermón

Se me ha advertido frecuentemente sobre el peligro de mezclar mi estudio personal y mi reflexión en la Palabra de Dios con mi preparación para alguna intervención futura; y quiero admitir públicamente que he rechazado completamente ese consejo. El hecho es que cuando me estoy preparando para enseñar, noto que hago un trabajo mucho mejor si estoy personalmente conectado con el texto. Si en tiempos recientes Dios me ha ministrado por medio de un texto, o me ha enseñado alguna verdad gloriosa sobre Su Hijo, se notará que si predico sobre ello lo haré mucho mejor. Así que cuando me estoy preparando para predicar sobre el Sermón del Monte, usted me encontrará reflexionando precisamente en él, y no es pecado, sin importar lo que diga su profesor de hermenéutica. Pecado sería predicar sobre un texto con el que solo ha interactuado a nivel intelectual.

Cuando se prepare para impartirle la Palabra de Dios a Su pueblo, hágalo con cuidado. Estudie para presentarse aprobado ante Dios. El Evangelio es el arma más poderosa de la que dispone para el establecimiento de una iglesia en cualquier lugar. Llévela en alto como un estandarte ante la gente adonde se le ha llamado a ministrar. La predicación pública de la Palabra de Dios es el corazón del ministerio de la iglesia; ningún otro aspecto tiene el potencial de moldear a la congregación como lo hace la predicación. No intentaré darle un tratamiento adecuado al tema de la predicación en este material, ya existen muchos otros recursos excelentes. Sin embargo, le invito a que escuche comentarios críticos sobre su predicación cada semana como una práctica habitual. No le estoy diciendo que debe recibir la crítica de cualquiera, sino que debe de estar abierto a las críticas de los que son respetados por su eficacia ministerial y su sabiduría.

Equipo de Evaluación de Cultos

Una de las maneras más prácticas de recoger opiniones consistentes y constructivas es mediante la formación de un equipo de evaluación de cultos. Al principio, este grupo podría ser el mismo equipo misionero, pero con el tiempo debería incluir a otros pastores y ancianos de su iglesia. Elabore un formulario sencillo para la evaluación de los cultos como el que se encuentra en el Apéndice P, y utilícelo para evaluar cada semana después del culto de adoración. Trate de no ofenderse por las críticas que reciba y esfuércese por perfeccionar su predicación basándose en los señalamientos que considere válidos.

He formado un equipo de evaluación de cultos y planeamos evaluarlos después que haya concluido cada culto de adoración.

Creando un Calendario de Predicaciones

Planificar su calendario de predicaciones con buena antelación le ayudará a ser intencionado en cuanto a la predicación de *"todo el propósito de Dios"* (Hechos 20:27). Es demasiado fácil predicar sobre los textos y temas que disfrutamos sin tener en cuenta el deber que tenemos de enseñar a nuestro pueblo a que *"guarden todo lo que"* que Cristo nos mandó (Mateo 28:20). Además, al comenzar una nueva iglesia, hay un depósito de instrucciones de la Palabra de Dios tan abundante en el Nuevo Testamento, que sería un descuido no alinear nuestra enseñanza con las etapas de la vida de la iglesia. ¿Qué mejor instrucción pudiera existir para un equipo misionero que el libro de Hechos? ¿Qué mejor sabiduría pudiera existir para establecer el sistema de gobierno bíblico que la que podemos encontrar en 1 Timoteo y en Tito? Tómese su tiempo para mirar su calendario y pensar de antemano en los pasajes de la Palabra de Dios que serán de más utilidad para su congregación en sus etapas formativas. No emprenda esta tarea solo. Asegúrese de incluir a su compañero, a su mentor y a los ancianos de la iglesia que lo envía en el proceso de planificar el calendario de predicaciones de su iglesia.

He creado un calendario de predicaciones para el primer año de cultos de adoración semanales de nuestra iglesia.

Los Cultos Preliminares

Una manera de comprobar si está preparado para los cultos de adoración semanales es mediante la celebración de algunos cultos públicos preliminares. Esta es una práctica común en las iglesias nuevas. Con frecuencia algunos miembros del equipo le animarán a comenzar los cultos semanales mucho antes de lo planeado. La celebración de una serie de cultos preliminares satisface su apetito por tener cultos públicos de adoración. Algunos plantadores de iglesias incluso optan por celebrar cultos preliminares mensualmente hasta que estén listos para comenzar a reunirse semanalmente. Los cultos preliminares cumplen dos propósitos importantes.

- **Solucionar Problemas** — La mejor manera de darle a su equipo misionero una idea de cuánto trabajo se necesita para la celebración de un culto público de adoración es llevándolo a celebrar un culto preliminar. Asegúrese de hacer una evaluación detallada de cada culto después de terminado, invitando a una selección de algunos de los que estaban presentes en el culto. Haga una lista con todas las cosas que podrían haber sucedido mejor en el culto y esfuércese por corregir esos problemas antes del próximo culto preliminar.

- **Involucrar a la Comunidad** — Mientras planifica el culto, comuníquese con los líderes de la iglesia que lo envía y las iglesias que lo apoyan y pídales que animen a sus congregaciones a asistir. Tal vez sería bueno celebrar su culto algún día que no sea el domingo por la mañana para que los cristianos de otras iglesias participen sin afectar sus responsabilidades en sus respectivas iglesias. Use formas de publicidad gratuitas o económicas para difundir la información sobre el culto preliminar. Si es posible, celebre el culto en el mismo lugar en el que pretende celebrar sus cultos semanales en el futuro.

Trate a su culto preliminar como si fuera un culto semanal. Dele seguimiento a sus visitantes, ore por otras iglesias, tome una ofrenda, canten juntos y predique la Palabra. Es probable que se sumen algunos nuevos miembros a su equipo a través de este proceso, así que prepárese para invitar a los nuevos asistentes a sus otras actividades semanales. Está bien que celebre sus cultos preliminares antes de lograr su umbral de familias comprometidas, pero le sugiero esperar hasta que ese objetivo esté al alcance de su vista antes de planificar los cultos públicos semanales.

He programado uno o más cultos preliminares.

Los Cultos Dominicales en la Tarde o en la Noche

En caso de que esté plantando una iglesia nueva cerca de la iglesia que lo envía o de otra iglesia que está proporcionando un número significativo de personas que asisten, usted puede pensar en iniciar los cultos semanales el domingo por la tarde-noche en lugar del domingo por la mañana. Si elige este plan, le recomiendo hacerlo solamente por un período de tiempo corto. No será hasta que comience los cultos en las mañanas del domingo que sabrá a ciencia cierta quién está realmente comprometido con su nuevo empeño, y quién no. Como su objetivo final es reunirse los domingos por la mañana, hágalo lo antes posible, pero no hasta que haya alcanzado su umbral de familias comprometidas.

He alcanzado mi meta de ____ familias comprometidas y estoy listo para comenzar los cultos de adoración semanales.

Promocionando los Cultos Semanales

Una vez que alcance su umbral de familias comprometidas y programe la fecha para su primer culto semanal, haga todo lo posible para que su comunidad se entere. Tome todo el dinero que ha reservado para la publicidad en sus fondos de inicio, y cree un plan para informarle a su comunidad que su iglesia ya comenzará a celebrar cultos semanales. No tiene irse por la borda, pero asegúrese de que se enteren. Escriba un comunicado de prensa para los medios de comunicación locales, y asegúrese de que el sitio web de su iglesia está en pleno funcionamiento.

Nada es más eficaz que una invitación personal, así que aliente a su equipo a invitar personalmente a aquellos con quienes se han estado relacionando en los últimos meses. Por último, asegúrese de que las iglesias que lo envían y apoyan sepan de antemano cuándo y dónde se celebrará el culto, para que puedan animar a sus miembros a celebrar este día memorable junto a usted.

Me he comunicado con mis iglesias que me envían y apoyan para informarles de nuestros planes de adoración semanal y las he invitado a asistir.

He promocionado la pronta celebración de los primeros cultos de adoración de nuestra iglesia y animé al equipo misionero a invitar a amigos y familiares.

ETAPA NUEVE

ORGANICE

Las iglesias nuevas, por lo general, comienzan muy unidas. Cuando un grupo de cristianos se reúne para iniciar una nueva iglesia se siente mucha emoción y los miembros suelen brindar una gracia excepcional a los demás. Los miembros del equipo se sienten muy gozosos de trabajar juntos y están siempre dispuestos a hacer grandes sacrificios personales para lograr la misión. Hay mucha oración, mucha fe y mucho sacrificio incluido. Así como unos felices recién casados tienen dificultades para imaginarse que la ira y el odio contra su cónyuge los puede vencer en el futuro, los miembros del equipo de plantación de iglesias son ingenuos con respecto a conflictos inevitables, al pecado y la desunión que surge dentro del cuerpo. Entonces termina la luna de miel y se asoma la realidad.

Al guiar a esta nueva iglesia, es imperativo que se prepare para el conflicto antes de que comience. Si no está preparado para el conflicto y la desunión, la iglesia quedará vulnerable a los ataques y planes de Satanás. El Nuevo Testamento nos advierte como pastores que debemos estar atentos a los "lobos". Los lobos son hombres y mujeres que entran en su nueva iglesia actuando como aliados pero que secretamente tienen motivos ulteriores. Se ganan gradualmente el amor y la confianza suya y de su equipo, y luego se lo comen vivo (metafóricamente hablando). Como pastor de esta nueva iglesia, su trabajo es vigilar a sus ovejas y librar al rebaño de los que vienen con motivos maliciosos o divisorios. Se le ha dado el honor de servir como pastor y la mayor responsabilidad del pastor es proteger a las ovejas (Mateo 7:15, Hechos 20:28-31). Al transitar por los problemas de pecado difíciles que la iglesia seguramente deberá enfrentar, será crucialmente beneficioso tener una estructura de liderazgo clara y bíblica. Esto incluso pudiera salvar a su iglesia cuando enfrente conflictos y crisis.

Es útil pensar en la instrucción de Pablo a Tito durante la formación de la iglesia en Creta. A medida que el ministerio de Pablo mermaba, él le recuerda a su discípulo la razón por la que lo dejó en Creta: *"Por esta causa te dejé en Creta, para que pusieras en orden lo que queda, y designaras ancianos en cada ciudad como te mandé"* (Tito 1:5). ¿Qué quiere decir Pablo cuando le ordena a Tito que "pusiera en orden lo que queda"? Pablo nos da una pista en la última mitad del versículo cuando dice que "designara ancianos en cada ciudad". Parece que Pablo cree que los cristianos nuevos que habían sido fruto de su ministerio evangelístico necesitaban ser puestos "en orden" y bajo liderazgo y autoridad espiritual. En otras palabras, se necesita formar una iglesia con estos cristianos individuales. Este versículo sugiere que, aunque hay cristianos individuales en esta región, las iglesias siguen siendo necesarias. Obviamente, Pablo cree que evangelizar no es suficiente y que los que se convierten en cristianos necesitan estar organizados en iglesias locales con liderazgo y rendición de cuentas.

Esto es exactamente lo que debe de hacer un plantador de iglesias: ganar a los perdidos y pastorear a los hallados. Los plantadores de iglesias traen orden, liderazgo y rendición de cuentas a la vida de los cristianos que ganan y reúnen, creando así un ambiente donde muchas personas pueden ser discípulos de Jesucristo por muchos años.

Esta será una batalla cuesta arriba porque gran parte de la enseñanza cristiana de hoy se centra exclusivamente en la relación personal de un cristiano con Dios y no pone casi énfasis en la relación del cristiano con la iglesia. Los cristianos estadounidenses a menudo no sienten ningún tipo de identificación particular con la iglesia local, ni sienten ningún sentido de deber hacia los otros cristianos de su ciudad o de su iglesia. No se sienten más ligados a la persona que está sentada junto a ellos en la iglesia, que a la persona que va detrás de ellos en la fila del supermercado. Sin embargo, esa mentalidad no está en sintonía con el llamado y los mandamientos de las Escrituras para los cristianos. El Nuevo Testamento está lleno de instrucciones para los cristianos:

- Ámense unos a otros – Juan 13:34-35
- Edifíquense mutuamente – Romanos 14:19
- Sean amables unos con otros – Efesios 4:32
- Estén en paz los unos con los otros – Marcos 9:50
- Amonéstense los unos a los otros – Romanos 15:14
- Lleven los unos las cargas de los otros – Gálatas 6:2
- Confórtense los unos a los otros – 1 Tesalonicenses 4:18
- Perdónense unos a otros – Efesios 4:32
- Confiésense los pecados unos a otros – Santiago 5:16
- Sean hospitalarios los unos para con los otros – 1 Pedro 4:9
- Dense preferencia unos a otros – Romanos 12:10
- Hablen entre ustedes con salmos e himnos – Efesios 5:19
- Aliéntense los unos a los otros – 1 Tesalonicenses 5:11; Hebreos 3:13
- Oren unos por otros – Santiago 5:16
- Tengan comunión los unos con los otros – 1 Juan 1:7
- Estimúlense al amor y a las buenas obras – Hebreos 10:24
- No hablen mal los unos de los otros – Santiago 4:11
- No se quejen unos contra otros – Santiago 5:9
- Sean de un mismo sentir – 1 Pedro 3:8
- Pongan sus vidas por los hermanos – 1 Juan 3:16-18
- Restáurense unos a otros – Gálatas 6:1-3
- Sopórtense unos a otros – Colosenses 3:12-14
- No se mientan los unos a otros – Colosenses 3:9
- Discipúlense y enséñense unos a otros – 2 Timoteo 2:2
- Agraden a su prójimo – Romanos 15:2
- Acéptense los unos a los otros – Romanos 15:7
- Sufran los unos con los otros – 1 Corintios 12:26
- Gócense con los que se gozan – Romanos 12:15
- Hónrense unos a otros – Romanos 12:10

La mentalidad de "cristiano consumidor" no encaja en esta lista en lo absoluto. De hecho, va en contra del diseño de Dios sobre cómo deben interactuar los cristianos entre sí. El pensamiento motivador para el norteamericano promedio que asiste a una iglesia tiene que ver con lo que la iglesia puede hacer por ellos, esperando que la iglesia satisfaga y cumpla con sus expectativas, necesidades y deseos. Cuando la iglesia deja de satisfacer esas necesidades, o ya no proporciona los servicios que ellos desean, simplemente se van a otra iglesia o deciden abandonar la religión organizada por completo. He oído muchas historias de cristianos que han dejado iglesias por asuntos triviales como las preferencias de estilo, los horarios de las reuniones o por incomodidad en general. Esta falta de lealtad a la familia de la fe es fruto de los líderes pastorales que apoyan esta mentalidad de cristiano consumidor al crear ambientes de adoración que no requieren, prácticamente en lo absoluto, que nos involucremos con los cristianos heridos o cautivos al pecado. Muchas iglesias trabajan duro para crear ambientes libres de incomodidad quitando cualquier requisito de compartir los sufrimientos y dificultades de otros cristianos.

La Iglesia es una Familia

Para que la iglesia sea la familia de Dios que describen las Escrituras tenemos que adoptar una mentalidad de familia y ser más pacientes y leales unos con otros. Los padres buenos no dejan abandonado a su hijo al lado de la carretera simplemente porque no les gusta el tipo de música que su hijo escucha en el auto. Los buenos esposos no dejan a sus esposas sólo porque tienen desacuerdos en la política. Sufrimos juntos durante las dificultades y el desánimo porque nos hemos comprometido el uno con el otro y ese compromiso nos ata "en las buenas o en las malas, en la enfermedad y en la salud". La habilidad de una iglesia para que sus miembros se soporten unos a otros y sufran juntos por un buen tiempo, es mucho más atractiva para los extraños que nuestra habilidad de ofrecer ambientes de adoración agradables y libres de amenazas. Jesús nunca sostuvo que nuestra bondad con las personas ajenas a la iglesia haría que la gente supiera que le pertenecemos a Él, pero sí dejó claro que nuestro amor mutuo sí lo hará (Juan 13:35).

Muchas personas consideran a la iglesia como un negocio, como una organización sin fines de lucro o como un club social, pero sabemos que las Escrituras enseñan que la iglesia es como una familia (1 Timoteo 3:15), un cuerpo (1 Corintios 12) y una novia (Efesios 5:22-23). Si la iglesia es como una familia, un cristiano sin una iglesia es como un huérfano espiritual. Si la iglesia es como un cuerpo, un cristiano sin iglesia es como una mano sin brazo. Si la iglesia es como una novia, entonces es esencial para la salud de nuestro matrimonio que nos mantengamos cerca de nuestro novio. La iglesia moderna, al igual que la iglesia primitiva, está destinada a ser una familia interdependiente de individuos diversos unidos por algo grande que eclipsa todas las posibles diferencias que podamos tener. Ese algo grande es el Evangelio. Jesús no tiene la intención de que Su pueblo viva separado, cada uno haciendo lo suyo. Su misión no es edificar cristianos por cuenta propia o contratistas espirituales independientes. Él está edificando un pueblo para sí.

Vivimos en un período único en la historia cristiana en el que es aceptable (incluso preferible) ser cristiano, pero sin identificarse con una iglesia local en particular. Hay un dicho antiguo de la iglesia que resume correctamente la relación entre los cristianos y las iglesias: "Para quienes Dios es padre, la iglesia es madre". No estoy tratando de ser rígido, pero es importante que enseñemos al rebaño que tanto la historia de la iglesia como la Biblia nos llevan a entender que Jesús y Su iglesia son un solo paquete. No puedes tomar uno sin el otro. Sin embargo, muchas personas en nuestra sociedad cuestionarían este punto diciendo que no tienen que ir a la iglesia para ser cristianos. Aunque en un sentido técnico esto pudiera ser cierto, preguntarse si a un cristiano le es necesario ir a la iglesia, es como preguntarse si un esposo y una esposa deben vivir juntos para estar casados. Obviamente no tienen que hacerlo, pero es difícil concebir a una pareja casada viviendo separados y gozando de un matrimonio excelente.[18]

De la misma manera que es saludable para las personas casadas vivir bajo el mismo techo, es saludable para los cristianos formar parte de una iglesia. Solo por un instante, imagínese que le pregunte a su cónyuge cuántas veces debe besarle o decirle "te amo" para seguir casados. Si yo le hiciera estas preguntas a mi esposa, se disgustaría y probablemente me abriría los ojos y saldría de la habitación. Los amantes no hacen preguntas como estas porque el amor no se centra en lo que hay que hacer, sino en lo que tiene el privilegio de hacer. El amor de mala gana no es amor en lo absoluto. Los cristianos son personas que han sido rescatadas del infierno por la gracia de Dios. Amamos a Dios por Su gran misericordia para con nosotros y le servimos porque ese es nuestro deseo.

Para aclarar, no estoy afirmando que ser parte de una iglesia le asegurará un andar vigoroso con Cristo, de la misma manera que estar casado no le asegura que tendrá una relación maravillosa con su cónyuge. Lo que estoy señalando, es que la iglesia es un regalo de Dios para el cristiano y que todos los cristianos deben, por reverencia a Cristo y por el bien de su propia vida espiritual, entregarse en servicio comprometido a una iglesia local. Si usted ha formado parte de una iglesia, probablemente ha notado que las iglesias tienen una buena cantidad de problemas. El Pastor Kevin DeYoung escribe:

> Las iglesias pueden ser aburridas, hipócritas, hirientes e ineptas. La iglesia está llena de pecadores. Pero esa es la idea, ¿no? Los cristianos son peores de lo que usted cree; nuestro Salvador es mejor de lo que usted se imagina.[19]

Los pastores y los ancianos son vitales para los cristianos y para las iglesias porque cada iglesia está formada por réprobos en recuperación. Los líderes piadosos usan la Palabra de Dios para organizar el pueblo de Dios con el objetivo de lograr los propósitos de Dios. Sin ancianos fieles, podríamos esperar una anarquía eclesiástica. Por el contrario, cuando los plantadores de iglesias *"ponen en orden lo que queda"*, imponemos un sistema mediante el cual los pecadores santos viven en unidad, y situamos un espejo frente a nuestras iglesias para reflejar la gloria de Cristo a las comunidades a las que servimos.

Dónde Empezar

A menudo, los plantadores de iglesias tienen luchas para decidir cuál pieza del sistema de gobierno de la iglesia deben colocar primero. Quiero pasar un poco de tiempo sugiriendo una ruta para establecer un sistema de gobierno bíblico. Tenga en cuenta que este plan de acción sostiene una visión congregacionalista de la membresía de la iglesia, y apoya firmemente una forma de gobierno eclesial con un gobierno de ancianos congregacional. En pocas palabras, la visión congregacionalista de la membresía sostiene que, como cristianos nacidos de nuevo y bautizados, los miembros de una iglesia deben de desempeñar un papel importante en la afirmación de la dirección de la iglesia. Los miembros son la autoridad más alta en la iglesia local y no deben de ser gobernados exclusivamente por los ancianos, ni por consejos de iglesias, ni por el personal, ni por pastores individuales. La Biblia muestra un precedente claro en cuanto a la autoridad de los miembros en asuntos tan importantes como las controversias, la doctrina, la disciplina y la membresía. La forma más bíblica de gobierno eclesial, y la que el Nuevo Testamento modela con mayor claridad, es mediante un gobierno de ancianos congregacional. El Apéndice Q proporciona modelos para el gobierno de la iglesia.

Estableciendo un Gobierno de Ancianos Congregacional en una Iglesia Nueva

Si desea establecer un gobierno de ancianos congregacional en la iglesia que está plantando, permítame sugerirle cinco pasos para ayudarle a alcanzar ese objetivo. Tal vez note que otros han reordenado estos puntos y han tenido éxito, pero este es el orden que ha sido más eficiente para mí y le invito a considerarlo. La velocidad de este proceso dependerá de las materias primas que estén a su disposición. Si está comenzando una iglesia con un compañero pastoral y un equipo de cristianos comprometidos, probablemente progresará con bastante rapidez a través del proceso. Si está trabajando solo, puede que le tome varios años lograr los cinco. El tiempo que se pueda demorar no es tan importante como la calidad de las decisiones que usted tomará en esta etapa de la vida de su iglesia. Para mí, el proceso duró tres años de principio a fin. Las decisiones apresuradas y de visión corta con respecto a la estructura de la iglesia, casi seguramente tendrán que corregirse en el futuro cuando el grupo sea más grande y las opiniones sean más fuertes. Por lo tanto, es importante que, antes de implementarla, su estructura de liderazgo sea bíblica, rigurosa y confirmada por asesores de confianza. A continuación, le ofrezco una descripción rápida de estos cinco puntos:

1. **Doctrina** — Adopte una declaración de fe que comunique clara y concisamente las creencias de su nueva iglesia.
2. **Pacto** — Escriba un conjunto de votos que espera que los miembros se hagan unos a otros.
3. **Membresía** — Instaure un proceso mediante el cual los asistentes a las reuniones puedan convertirse en miembros.
4. **Ancianos** — Evalúe y confirme a los ancianos nominados por los miembros para que se le unan a pastorear la congregación.
5. **Diaconado** — Seleccione a los diáconos que servirán a la iglesia encargándose de sus necesidades prácticas, organizativas y administrativas.

Como ya he manifestado, la unidad es extremadamente importante cuando se forma un equipo de plantación de iglesias. Es vital que las personas que se reúnan y se añadan a su equipo estén de acuerdo con usted, tanto en la doctrina como en la conducta. Para ese momento, recomiendo la redacción de un documento simple, conocido a veces como el "Pacto del Equipo Principal", que establece de manera clara y concisa sus posiciones doctrinales y proporciona expectativas generales sobre cómo se tratarán mutuamente. Estos no son los "Estatutos y Reglamentos", aunque con el tiempo sí formarán parte de esos documentos. Una vez que la iglesia tenga ancianos, esos ancianos redactarán los estatutos y reglamentos que los miembros adoptarán, pero este documento los guiará hasta que eso se materialice.

1. Doctrina

A menos que sea un teólogo avezado con una Maestría o un Doctorado, y que haya dedicado su vida a estudiar los matices teológicos, le animo a que no intente escribir su propia declaración de fe. Algunas de las mentes más brillantes en la historia cristiana han examinado concilios que duraban décadas para formar declaraciones de creencias. Existen docenas de excelentes declaraciones de fe que las iglesias adoptan comúnmente como propias, que constituyen el cimiento para denominaciones enteras y que son fácilmente accesibles para su revisión. Mi iglesia ha adoptado la declaración de fe de nuestra denominación. Es clara, comprensible y adecuadamente exhaustiva. En el Apéndice R podrá ver Ejemplos de Declaraciones de Fe.

He adoptado una declaración de fe con el consentimiento de los líderes de la iglesia que me envía.

2. Pacto

Aquí es donde usted puede escribir un poco. Al igual que en el caso de las declaraciones de fe, existe una gran cantidad de pactos de la iglesia disponibles que usted podría adoptar o editar para adaptarlos a su congregación. Por otro lado, no hay peligro de que lo quemen en la hoguera por escribir un pacto para su iglesia, así que, si lo desea, puede intentar escribir el suyo propio. Los pactos de la iglesia son votos muy personales que expresan el compromiso que cada miembro tiene con los otros miembros. De esta manera, son parecidos a los votos matrimoniales y deben de verse como compromisos personales de cada miembro. Si necesita ayuda para comenzar, puede encontrar un Ejemplo de Pacto de la Iglesia en el Apéndice S.

He escrito o adoptado un pacto de la iglesia que ha sido confirmado por la iglesia que me envía.

3. Membresía

Tenga en cuenta que después de Dios, los miembros de su iglesia son la autoridad más alta. El gobierno congregacional reconoce el sacerdocio de cada creyente y asume que una membresía formada por cristianos obedientes y llenos del Espíritu nombrará líderes y ancianos piadosos, y que seguirán su liderazgo siempre que sea bíblico. Por lo tanto, es importante que haga lo que pueda para asegurarse de que los hombres y las mujeres que se conviertan en miembros de su iglesia sean verdaderamente cristianos nacidos de nuevo. Es posible que haya tenido la experiencia desafortunada de participar en una iglesia en la que había personas que fueron admitidas en la membresía de la iglesia, o que permanecían como miembros, aun cuando era bien claro que no vivían vidas cristianas obedientes. Toda persona admitida en la membresía de su iglesia debe de haber tenido una profesión de fe evidente y creíble, y un deseo claramente expresado de vivir en obediencia a Cristo. Por lo tanto, es de esperar que siempre tendrá menos miembros en sus listas que personas que asisten a su culto de adoración.

Para llevar y actualizar un listado de los miembros de la iglesia, debe de tener algún mecanismo para quitar a los miembros que viven en pecado sin arrepentimiento, se mudan a otra ciudad, dejan de asistir, o mueren. Muchas iglesias todavía ofrecen la membresía de forma oficial, pero se ha convertido en algo casi insignificante. No es raro que las iglesias tengan miembros que dejan de asistir o que viven vidas contrarias al Evangelio. En una iglesia saludable, los miembros se animan activamente unos a otros a vivir vidas piadosas, restauran con entusiasmo a miembros que posiblemente se hayan descarriado, y excomulgan a miembros cuando no hay restauración posible. No le estoy animando a que haga que el proceso de convertirse en miembro de su iglesia sea difícil y prolongado. Simplemente le aconsejo que haga todo lo que esté a su alcance para admitir en la membresía solamente a cristianos nacidos de nuevo con convicciones doctrinales en común, y que le niegue la membresía a los que no hayan tenido una profesión de fe en Cristo creíble. Tampoco haga que el convertirse en miembro de su iglesia local sea drásticamente más difícil que el convertirse en miembro de la iglesia universal de Jesús.

Edad Mínima para los Miembros

No aconsejo que se admita en la membresía a los niños que vivan en la casa de sus padres, bajo la autoridad de sus padres. Esto no quiere decir que los niños no puedan nacer de nuevo o que los niños no necesiten la responsabilidad y el estímulo que la membresía formal le proporciona al cristiano. Simplemente es cuestión de reconocer que la autoridad paterna reemplaza a la autoridad de la iglesia. Pensemos, por ejemplo, en una niña de 15 años que profesa ser cristiana y queda embarazada. ¿Qué pasa si los padres y la iglesia no están de acuerdo con respecto a la mejor manera de lidiar con esta situación? ¿Qué autoridad prescrita bíblicamente triunfa sobre la otra? Dios pone a los padres cristianos como pastores de sus hijos y esos padres son los responsables ante Dios por la forma en que los tratan. Los ancianos de la iglesia pueden y deben de pastorear a esos padres en sus luchas, pero no deben de inmiscuirse en esas luchas sin ser invitados.

Esto suscita la interrogante de si debemos bautizar a los niños si no los vamos a admitir en la membresía. Esta es una cuestión difícil con opiniones fuertes de cada lado, pero creo que bautizar a los niños es permisible cuando: (1) el niño ha declarado una profesión de fe creíble y ha expresado su deseo de vivir en sumisión a la autoridad paterna, (2) los padres son miembros de nuestra iglesia y mantienen un buen testimonio y (3) los padres están de acuerdo con el bautismo del niño y están dispuestos a confiar en su profesión de fe.

Estableciendo el Proceso de Membresía

No hay ninguna fórmula para establecer un proceso de membresía perfecto en una iglesia nueva, pero aquí le presento algunas prácticas que le recomiendo para cuando comience a pensar en instituir la membresía en su joven congregación.

- **Imparta un Curso de Membresía.** El curso no tiene que ser ni complicado ni largo, pero debe de incluir una explicación completa de la declaración de fe y del pacto de la iglesia. No asuma que porque usted les entregó un documento que contiene esos elementos ahora todo el mundo los comprende y está de acuerdo con ellos. Tómese el tiempo necesario para explicar cada aspecto en detalle y para responder preguntas sobre los asuntos preocupantes. También pudiera ser útil que explicara cualquier afiliación denominacional o de red que la iglesia tenga, así como la historia de la iglesia y la visión para el futuro.

He redactado un curso de membresía y estoy listo para impartírselo a mi iglesia.

- **Entreviste a Todos los Posibles Miembros.** Debido a que es de suma importancia que usted permita que solo los cristianos nacidos de nuevo formen parte de la membresía de su nueva iglesia, tendrá que priorizar el entrevistar a cada miembro personalmente. Tómese tiempo para escuchar sus testimonios, permítales expresar cualquier preocupación que puedan tener con respecto a la iglesia y reafírmeles su compromiso con el crecimiento y la vitalidad espiritual de cada uno. En el Apéndice T encontrará consejos para realizar las entrevistas de membresía.

He preparado un documento para que me sirva de guía en las entrevistas para la membresía.

- **Procure la Confirmación Pública por parte de los Miembros Existentes.** Infórmeles a sus miembros cuando haya nuevas personas que deseen ser parte de la membresía. Explíqueles que ha escuchado sus testimonios y que cree que sus profesiones de fe son creíbles. Léale el pacto de membresía a la congregación y hágales saber que todos los candidatos lo han aceptado. Por último, procure la confirmación pública por parte de los miembros existentes.

Una vez que el proceso de membresía esté listo, sería una buena idea que celebrara su primer curso de membresía (experimental) con los miembros de su equipo principal. Es una manera efectiva de probar el contenido del curso y de lograr de forma clara que los miembros del equipo principal se conviertan en miembros de la iglesia. No es necesario entrevistar a los integrantes del equipo central para hacerse miembros. Asegúrese de hacer que el curso y la membresía subsecuente sean motivos de celebración. Este será un hito para su nueva iglesia porque este grupo de personas se convertirá oficialmente en sus miembros fundadores.

4. Ancianos

Debido a que el oficio de anciano es bíblico, se deben cumplir ciertos requisitos de madurez espiritual para el mismo (1 Timoteo 3:1-7, Tito 1:5-9,

1 Pedro 5:1-4). La Biblia indica que solo los hombres deberían de ocupar este oficio. Permítame animarle a establecer desde el principio el precedente de considerar solo a los hombres para que desempeñen este papel. Es probable que esta posición no sea muy popular, por lo que tendrá que armarse con fuertes argumentos bíblicos para defenderla. Los ancianos que se designen en su nueva iglesia guiarán a la misma y serán sus maestros y pastores primarios. Si estos hombres son piadosos y fieles, la iglesia florecerá; si no lo son, la iglesia sufrirá.

Puesto que su papel es extremadamente importante en la vida de la iglesia, los ancianos de su iglesia que lo envía solamente deberían de conceder su aprobación después de llevar a cabo una evaluación minuciosa. Los ancianos son esencialmente co-pastores; tienen la misma descripción de trabajo que usted: pastorear el rebaño proporcionando supervisión. Algunas iglesias ven a los ancianos como un equipo de apoyo al pastor, pero, hablando bíblicamente, los ancianos son pastores. Teniendo esto en cuenta, una pregunta útil al considerar a un candidato sería si esta persona tiene el carácter necesario para ocupar su lugar en caso de que usted ya no pudiera servir como plantador de iglesias.

El Nombramiento de los Ancianos

Debería de ser relativamente fácil descubrir posibles ancianos en su congregación. Simplemente muestre las cualidades bíblicas que debe de reunir un anciano y luego comuníquele a la congregación que se necesitan más ancianos, pidiéndoles que envíen, en oración, nombres de hombres que consideran calificados para ocupar esa posición.

He planeado una serie de enseñanzas sobre el oficio bíblico de los ancianos.

He recogido nominaciones de nuestros miembros para candidatos a ancianos.

Evaluación de los Ancianos

Si usted de verdad ha enseñado correctamente, solo aparecerán unos pocos nombres. Una vez que identifique a los posibles ancianos, invítelos para que los ancianos de la iglesia que lo envía los evalúe. Si un candidato demuestra la disposición y la aptitud que se necesitan para el oficio, debe de ser confirmado. Use el cuestionario del Apéndice E como un punto de partida para la evaluación.

Los candidatos a ancianos han completado el cuestionario y los ancianos de la iglesia que me envía me han ayudado a evaluarlos.

Confirmación de los Ancianos

Una vez que los ancianos hayan sido confirmados por los ancianos de la iglesia que lo envía, preséntelos a la congregación con su aprobación. Explique las razones por las cuales el candidato ha sido elegido y exprese su confianza en sus aptitudes para ocupar el oficio. Proporcione una oportunidad para que los miembros les hagan preguntas sobre el posible anciano, tanto en público como en privado. Una vez que todos hayan tenido la oportunidad de hacer preguntas y de recibir respuestas satisfactorias, pídale a los miembros que confirmen la decisión.

Los miembros han confirmado a los ancianos elegidos.

Responsabilidades de los Ancianos

Según el Nuevo Testamento, los ancianos son responsables del liderazgo y la supervisión primaria de la iglesia a través del discernimiento en oración y del estudio de las Escrituras. En su excelente libro, *Elders in Congregational Life* (Los Ancianos en la Vida Congregacional, Kregel Minstry, 2005), Phil Newton resume las responsabilidades del anciano en cuatro puntos bien aliterados. Newton señala que los ancianos deben de defender y enseñar la doctrina correcta, proporcionar dirección general, aplicar disciplina restauradora y modelar vidas de excelencia ante el cuerpo. Estos puntos son fáciles de recordar y me han servido mucho mientras he tratado de alentar a nuestros ancianos a cumplir con sus deberes. A continuación, usted podrá leer algunas reflexiones aclaratorias sobre cada uno de los puntos.

- **Doctrina** — Los ancianos son responsables de asegurar que la enseñanza de la iglesia esté en concordancia con la enseñanza de la Biblia. Los ancianos deben de promover la sana doctrina dentro de la iglesia y defenderla de las doctrinas no bíblicas. Los ancianos deben de ser *"aptos para enseñar"* (1 Timoteo 3:2). Aunque no creo que esto signifique necesariamente que deban de pararse en el púlpito a dar una predicación dominical, sí creo que significa que deben de entender las Escrituras lo suficientemente bien como para explicarlas claramente a quién tenga dudas.

- **Dirección** — Los ancianos son responsables de la dirección general de la iglesia. Ellos serán los que a la postre decidirán los esfuerzos que la iglesia emprenderá y quienes asignarán los recursos para apoyar esos esfuerzos. También deben de establecer la dirección de la iglesia, teniendo en cuenta tanto la salud espiritual de los miembros como el mandamiento que tiene toda iglesia de hacer discípulos en todas las naciones.

- **Disciplina** — Los ancianos son responsables de aplicar disciplina restauradora a los miembros que han quedado atrapados en el pecado, asegurando que el plan de Jesús para la restauración se ponga en práctica cada vez que un miembro se desvíe de Cristo. Esto no significa que los ancianos sean la "policía contra el pecado" y que tienen que necesariamente involucrarse personalmente cada vez que un miembro peca, pero sí significa que ellos animan a los miembros a manejar bíblicamente las situaciones delicadas y pecaminosas. También significa que, si el pecado de un miembro necesita convertirse en un asunto público, ellos son los que guiarán a la congregación a través del proceso de restauración o de excomunión.

- **Distinción** — Los ancianos son responsables de modelar una vida cristiana correcta ante el cuerpo de creyentes. Obviamente no necesitan ser cristianos perfectos, pero sí necesitan ser buenos ejemplos de la vida cristiana, tanto en público como en privado. Los miembros deberían de poder ver que un anciano representa un buen ejemplo de una vida que honra a Dios.

Consejo de Pablo para los Ancianos en una Iglesia Nueva

> *"Tened cuidado de vosotros y de toda la grey, en medio de la cual el Espíritu Santo os ha hecho obispos para pastorear la iglesia de Dios, la cual El compró con su propia sangre. Sé que después de mi partida, vendrán lobos feroces entre vosotros que no perdonarán el rebaño, y que de entre vosotros mismos se levantarán algunos hablando cosas perversas para arrastrar a los discípulos tras ellos. Por tanto, estad alerta, recordando que por tres años, de noche y de día, no cesé de amonestar a cada uno con lágrimas".* Hechos 20:28-31

- **Tenga Cuidado de Usted Mismo.** Su iglesia necesita de ancianos totalmente devotos a Dios. Su congregación estará observándolos para ver el Evangelio aplicado claramente en las vidas de los ancianos: la forma en que aman, la forma en que guían y la manera en que se reprenden y amonestan mutuamente. No es un error que Pablo aconseje primero a los ancianos a *"tener mucho cuidado"* de sí mismos. Eso podría parecer un poco contradictorio porque uno normalmente pensaría que Pablo pondría a otros primero, pero Pablo sabía que antes de que un anciano pudiera cuidar del rebaño, debía ocuparse de su propia vida.

- **Tenga Cuidado de la Grey.** Un buen pastor debe ser vigilante y sensible a las necesidades de su rebaño. Del mismo modo, un anciano debe de orar por los miembros de su iglesia y pedirle a Dios que le muestre cómo puede satisfacer mejor sus necesidades individuales y colectivas. Tales necesidades pueden incluir la asistencia física, así como orientación o instrucción espiritual. Un anciano debe ser alguien involucrado y accesible.

- **Esté Atento a los Depredadores.** Un guardia de seguridad que ve una sombra u oye un ruido y no investiga, es inútil. Las Escrituras advierten que habrá depredadores rondando y acechando para distraer y destruir a los cristianos. A los ancianos se les ha encomendado la tarea de proteger a su rebaño en particular. Ellos tienen que tomar la iniciativa en cuanto al crecimiento y protección de los que Dios ha puesto bajo su cuidado. Tal protección incluye lidiar con amenazas externas e internas: *"de entre vosotros mismos se levantarán algunos hablando cosas perversas para arrastrar a los discípulos tras ellos"*. Los ancianos deben de ser la línea de defensa de la congregación contra personas e ideas dañinas.

- **Esté Dispuesto a Amonestar.** Nuestra cultura nos dice que no juzguemos a los demás y que la religión es un asunto privado. Aunque nuestro andar con Jesús puede ser personal, no es privado. Jesús nos hace parte de una vida en comunidad con otros creyentes para que podamos crecer. Con frecuencia, somos incapaces de ver nuestros pecados y defectos sin la reprensión amorosa y humilde de un amigo piadoso y de confianza. Tal amonestación es una de las razones por las cuales los ancianos son parte de la iglesia, pero eso no hace que sea fácil. El trabajo de amonestar a los cristianos era difícil incluso para Pablo, quien lo hizo "*con lágrimas*". Amonestar a otros no era un disfrute para Pablo; temía por lo que les podría suceder si él se negaba a hacerlo, y los amaba lo suficiente como para *"decir la verdad en amor"* (Efesios 4:15).

Una Nota Final Sobre los Ancianos

Siempre es más fácil poner a alguien en un escenario que quitarlo. Cuando usted sólo cuenta con unas pocas personas a su alrededor, es fácil caer en el patrón de simplemente seleccionar a la mejor opción disponible, en lugar de buscar el candidato ideal para la posición. En lugar de ello, sea paciente y ore hasta que Dios provea a la persona adecuada para este o cualquier papel que haya que asumir en la iglesia. Nunca me he arrepentido de cubrir una posición con una persona que carecía de aptitud pero que tenía un buen carácter; pero sí he experimentado dolor por haber colocado a alguien en una posición, basándome principalmente en su capacidad, e ignorando sus defectos de carácter obvios. Si usted coloca en una posición a un líder con un carácter débil porque es la mejor opción disponible, usted puede esperar dos cosas: sus líderes fieles y competentes se negarán a seguirlo, y tendrá que pasar por el doloroso proceso de quitarlo de esa posición. Siempre prefiera carácter antes que aptitud.

5. Diaconado

Como somos personas modernas, servir y que nos sirvan está profundamente arraigado a nuestra forma de vida. ¿A quién no le gusta ir a un hotel lujoso y tener a alguien con un uniforme bien prensado que le prepare la almohada y le deje una mentita sobre ella? ¿A quién no le gusta ir a un buen restaurante y disfrutar de una buena comida preparada por otra persona, o tener un chofer que le lleve adonde necesite, o tener a alguien que le limpie los baños o que le bañe el perro? Nos encanta que nos sirvan, tanto que estamos dispuestos a pagar por un buen servicio.

Por otro lado, la mayoría de nosotros también pasamos mucho tiempo sirviendo. Sabemos que para mantener los estilos de vida que deseamos, debemos de pasar una parte considerable de nuestro tiempo sirviéndole a otros, sólo para poder tener suficiente dinero para pagarle a otros para que nos sirvan a nosotros. A eso le llamamos tener un empleo. Algunos sirven en el ejército para que nosotros no tengamos que defendernos de los terroristas. Algunos sirven en el sistema escolar para que nosotros no tengamos que educar a nuestros hijos. ¿Alguna vez ha pensado lo diferente que sería su nivel de vida si lo obligaran a vivir en una casa que usted mismo construyera, o a manejar el auto que usted ensamblara, o a usar la ropa que usted tejiera? ¡La mayoría nos quedaríamos desamparados, varados y desnudos!

Nuestra sociedad enseña que nuestra importancia se determina por la proporción existente entre nuestro servicio y el que nos prestan los demás.

Aquellos que son importantes en este mundo son asistidos en cada detalle por aquellos que no lo son. Sin embargo, no es así en el Reino de nuestro Dios. Con la vara de medir de Jesús, el título de siervo tiene un rango muy superior al de señor. Las posturas del Reino, en cuanto a una actitud de servicio, son completamente contrarias a la lógica del hombre. Considere algunas de las siguientes ideas presentes en el Nuevo Testamento:

- La senda hacia arriba es hacia abajo.
- La manera de ser primero es siendo el último.
- La senda que conduce al éxito es el servicio.
- La senda que conduce al logro es la renuncia.
- La senda que conduce a la fuerza es la debilidad.
- La senda que conduce a la seguridad es la vulnerabilidad.
- La senda que conduce a la protección es el perdón (hasta 70 veces 7).
- La senda que conduce a la vida es el morir — a uno mismo, a la sociedad y a la familia.
- La senda que conduce a que el poder de Dios se perfeccione es siendo débiles.
- La senda que conduce a la libertad es rindiéndose a Dios.
- La senda que conduce a la grandeza es siendo el menor.
- La manera de descubrirse a uno mismo es olvidándose de uno mismo.
- La senda que conduce al honor es la humildad.
- La manera de lidiar con los enemigos es bendiciéndolos, amándolos y orando por ellos.

El servicio es tan glorificado en el Reino de Dios que el héroe de nuestra fe, Jesús, se describe a sí mismo como siervo (Mateo 20:28, Marcos 10:45, Lucas 12:37, 22: 26-27, Juan 13, Romanos 15:8) y les dice a sus seguidores: *"el mayor de vosotros será vuestro servidor"* (Mateo 23:11).

Siendo Servidores en la Iglesia

No debería de sorprendernos que, en la iglesia de Jesús, la actitud de servicio sea digna de exaltación. La labor de servicio en la iglesia es tan importante que se espera que la persona que desempeña ese papel reúna algunas cualidades muy exigentes para tener el privilegio de ser diácono en la iglesia de Dios. Como plantador de iglesias, usted tendrá que invitar a las personas a ser partícipes del privilegio de servir. Por defecto, la mayoría de las personas que se unan a su ministerio simplemente observarán hasta que se les invite a servir.

Cuando *Pillar Church* comenzó yo tenía 24 años. Era un predicador por debajo de la media y un teólogo descuidado y sólo parcialmente capacitado. Así que traté de compensar mi inferioridad obvia trabajando duro. Asumí que para ganar el respeto de los que me rodeaban necesitaba trabajar duro, y como resultado, lo hacía todo yo mismo. Algunos de los primeros miembros se refieren en broma a nuestros cultos de adoración los domingos por la mañana de nuestro primer año como *"El show de Clint"*, porque casi todo lo hacía yo. Yo llevaba el remolque con los equipos para el culto hasta la escuela donde nos reuníamos, yo instalaba los equipos, yo imprimía los boletines, yo diseñaba los gráficos, yo tocaba la guitarra, yo predicaba, yo pasaba las cestas de las ofrendas, yo dirigía la Santa Cena, yo oraba, yo mismo subía las predicaciones a la página web – creo que ya captó el mensaje. Cuando comenzaba el culto del domingo por la mañana, ya yo había estado levantado por seis o siete horas, estaba empapado en sudor y parecía un andrajoso. Cuando las personas me preguntaban cómo podían ayudar, yo les decía que simplemente lo disfrutaran porque todo ya estaba bajo control.

El problema con este enfoque era que yo solamente le estaba dedicando una pequeña fracción de mi tiempo a las cosas más importantes del ministerio de la iglesia: el evangelismo, la predicación, la consejería y la oración. Sin mencionar que me estaba desgastando rápido. Como resultado, nuestros cultos de adoración en las primeras etapas de nuestra iglesia divirtieron más a las personas de lo que les ministraron. Afortunadamente, algunas personas mayores y más sabias de nuestra iglesia me ayudaron pacientemente a delegar responsabilidades a otras personas, y me animaron a centrar mi atención en las cosas más importantes. Con el tiempo, comencé a notar que mi concentración producía buenos resultados en las vidas de las personas que servía, y comencé a descubrir realmente el valor de dedicarme solamente a algunas cosas y hacerlas bien.

En poco tiempo personas de corazón servicial supervisaban los aspectos prácticos del funcionamiento de la iglesia. Cuando dejé de hacer todo por mí mismo, Dios comenzó a obrar en los corazones de hombres y mujeres que asumieron varios aspectos del ministerio. Para mi sorpresa, hicieron un trabajo mucho mejor que yo cumpliendo con estos deberes. Este fue el comienzo del ministerio de nuestros diáconos. Hoy en día, tenemos voluntarios fieles que sirven con gozo en el ministerio, ocupándose prácticamente de todos los aspectos del ministerio durante toda la semana y los domingos por la mañana.

No Todo el que Sirve es Diácono

Volvemos a mirar las Escrituras para ver las cualidades de los que tienen el privilegio de servir en la iglesia de Jesús. Una cosa queda clara cuando estudiamos las cualidades que deben de tener los diáconos según 1 Timoteo: el carácter de siervo es de suma importancia para Dios. Las cualidades mencionadas en esta lista son cualidades de carácter, no aptitudes. Dios valora tan altamente el servicio en la iglesia, que reserva las tareas más insignificantes para los de mejor carácter. Cuando las personas se dedican a servir al cuerpo, imitan a Cristo quien voluntariamente tomó forma de siervo (Filipenses 2:1-11).

Es importante notar que no todo el que desempeña un papel de servicio en la iglesia debe de ser formalmente reconocido como diácono. Hay una distinción en las Escrituras entre el oficio de diácono y el servicio simple. Esta distinción puede verse claramente en la designación de los diáconos por los apóstoles en Hechos 6. Los apóstoles le piden a la congregación de discípulos que escogieran de entre ellos a, *"siete hombres de buena reputación, llenos del Espíritu Santo y de sabiduría"* (Hechos 6:3). El rol de estos siete hombres no era simplemente servir las mesas, sino también asumir la responsabilidad de la tarea para liberar a los apóstoles a fin de que pudieran dedicarse al ministerio de la Palabra y de la oración (Hechos 6:4). Por lo tanto, debemos de ver a los diáconos en la iglesia como "siervos líderes", y confiarles la responsabilidad de conducir el cumplimiento de las necesidades administrativas, prácticas y físicas dentro del cuerpo.

Dónde Comenzar a Buscar Diáconos

Durante mi crianza, los diáconos tenían la desafortunada reputación de ser los ancianos gruñones, sedientos de poder, que dirigían la iglesia. Parecía que estaban siempre en desacuerdo con el pastor. Irónicamente, esto es exactamente lo opuesto a lo que los diáconos debían hacer al ser designados en Hechos 6; no era simplemente para servir mesas, sino para calmar desórdenes. El pastor y autor Mark Dever explica:

> Si usted mira este pasaje (Hechos 6) de manera más abstracta, se podría preguntar: "Al ocuparse de estas viudas, ¿qué estaban haciendo realmente?". Estaban trabajando para que la distribución de los alimentos entre las viudas fuera más equitativa. Eso es cierto, pero ¿por qué era tan importante? Porque esta negligencia física estaba causando una desunión espiritual en el cuerpo. Así es como comienza el pasaje en 6:1, *"Por aquellos días, al multiplicarse el número de los discípulos, surgió una queja de parte de los judíos helenistas en contra de los judíos nativos, porque sus viudas eran desatendidas en la distribución diaria de los alimentos"*. Un grupo de cristianos comenzaba a quejarse contra otro grupo. Esto parece ser lo que cautivó la atención de los Apóstoles. No estaban simplemente tratando de rectificar un problema en el ministerio de beneficencia de la iglesia. Estaban tratando de impedir que la unidad de la iglesia se fracturara y se rompiera, y de una manera particularmente peligrosa: por las líneas de división tradicionales y culturales. Los diáconos fueron designados para prevenir la desunión en la iglesia.[20]

Teniendo esto en cuenta, le animo a buscar diáconos que reúnan las siguientes tres características para ser los siervos líderes en la iglesia que está plantando.

- **Busque pacificadores.** Estamos buscando bases, no ácidos. No queremos llenar el diaconado de hombres volátiles o explosivos, sino de hombres razonables, sensatos, que sean solucionadores de problemas, no causantes de problemas. Queremos hombres que desactiven las bombas de tiempo relacionales, no que las detonen.

- **Busque personas con una vida hogareña saludable.** Seis de las doce cualidades bíblicas para los diáconos tienen que ver con la esposa y la familia del diácono. Cuatro de las doce calificaciones están específicamente relacionadas con el carácter de la esposa. Por esta sola razón, deberíamos de prestar especial atención a la familia de un diácono.

- **Busque personas que se sientan cómodas detrás de las** cámaras. Algunos en su iglesia asumirán que el diaconado es como un equipo deportivo de reserva, que no clasificaron para ser ancianos o que están esperando a que los llamen a ocupar una plaza vacante entre los ancianos. Tenga cuidado de no fomentar esta idea. Los papeles de los diáconos y de los ancianos son interdependientes e igualmente importantes, así que busque individuos que se sientan gozosos de servir detrás de las cámaras, con o sin reconocimiento.

> Nuestros ancianos han escogido y confirmado diáconos como siervos líderes en el ministerio de nuestra iglesia local. Se han creado descripciones de trabajo sencillas para ellos y están conscientes de las expectativas.

Reuniones de Diáconos

Tradicionalmente, la mayoría de las iglesias evangélicas celebran reuniones de diáconos periódicamente. Según mi experiencia, las reuniones son innecesarias y potencialmente problemáticas. Los diáconos se ocupan de un aspecto particular del servicio en la iglesia. Por ejemplo, nuestra iglesia tiene un diácono responsable de supervisar el cuidado de la instalación que alquilamos. Él pasa la mayor parte de su tiempo coordinando equipos de limpieza, programando el trabajo que debe de hacerse y comprando suministros. Esto ya requiere de mucho tiempo. Su rol se interconecta con el papel de otros ministerios y se han creado sistemas para hacer que esas logísticas funcionen sin problemas entre esos ministerios. A él le es necesario reunirse con las personas que se ofrecen como voluntarios para ayudar a limpiar la instalación, a fin de asegurarse de que saben qué hacer y dónde pueden obtener los suministros necesarios; pero generalmente no le es necesario reunirse con el diácono que supervisa el sitio web y el ministerio técnico. Cuando nombramos a los diáconos por primera vez, programamos reuniones de forma regular para ellos. Con ello surgió la necesidad de un presidente y varios otros asuntos logísticos tales como el cuidado de los niños, la alimentación y la autoridad dentro del grupo. Con el tiempo, las reuniones de diáconos cesaron, pero el servicio de los diáconos continuó. Periódicamente, nuestros ancianos se reúnen con nuestros diáconos para resolver problemas particulares, pero las reuniones periódicas programadas no parecen ser necesarias.

Ayudando a los Diáconos a Tener Éxito

Al nombrar a los diáconos para funciones de servicio en la iglesia, anímelos a delegar y busque maneras de hacer que su trabajo sea lo más fácil posible. En su descripción de trabajo, hágales saber que usted espera que ellos se aseguren de que se haga el trabajo, no que tienen que hacer todo ellos mismos. Cuando vea que un ministerio en particular necesita ayuda, use su influencia para animar a otros a sumarse al equipo. Cuando vea que un simple software o un hardware podrían facilitarles sus labores, esfuércese por conseguírselos. Sobre todo, comuníqueles con frecuencia su aprecio y reconozca la importancia de su trabajo ante la congregación.

Establezca una Estructura desde Temprano

Tener una forma de gobierno es tener infraestructura. Del mismo modo que una ciudad necesita de carreteras, parques, redes eléctricas y aceras para asegurar que sus residentes puedan viajar, comunicarse y trabajar con facilidad, una iglesia nueva necesita una infraestructura para asegurar que sus miembros puedan vivir juntos en paz y unidad. Si usted no crea la infraestructura en una iglesia nueva, otra persona lo hará por usted. La gente no deja de caminar simplemente porque no hay aceras; se crean sus propios caminos. De la misma manera, si no guía a la iglesia a tomar decisiones y a tratar los problemas bíblicamente, puede esperar que alguien más tomará esas decisiones. Es posible que no sienta la necesidad de tal formalidad mientras la iglesia sea pequeña y unida. Incluso puede sentir la tentación de desempeñarse como el único que toma decisiones, hasta que sienta la necesidad de ayuda adicional. Eso sería un error por dos razones al menos.

En primer lugar, probablemente usted no sea tan buen líder como cree que es. La mayoría de los líderes jóvenes sobreestiman su capacidad para liderar a otras personas. Esto fue evidente en mi caso. Cuando comencé a plantar la iglesia, mi confianza juvenil me convenció de que podía manejar cualquier situación. Yo estaba convencido de que mi compromiso con el éxito de la iglesia era más grande que el de cualquier otra persona, así que asumí que eso significaba que yo era la persona más indicada para tomar las decisiones de la iglesia. Mirando retrospectivamente, lamento muchas de las decisiones que tomé en los primeros años de la vida de la iglesia; eran miopes y no habían resistido la prueba de escrutinio de otros hombres piadosos. Sin embargo, una vez que nuestra iglesia eligió a ancianos, la calidad de nuestras decisiones mejoró notablemente. Antes de trabajar con otros ancianos, todas las decisiones las tomaba yo, lo cual me gustaba. Si la decisión que tomaba funcionaba, me apropiaba de ella y llevaba en mi corazón un sentimiento de orgullo por mi éxito. Si la decisión resultaba ser mala, sentía todo el peso de la destrucción que esa decisión causó.

También he aprendido que los líderes exitosos en el mundo de los negocios, la educación o el ejército, no son necesariamente líderes exitosos en la iglesia. Si usted es un líder más experimentado que va a plantar iglesias, debe de andar con mucha cautela con respecto a la transición. Ser líder de voluntarios en el entorno eclesiástico es muy diferente a ser líder de empleados, estudiantes o cadetes. Los miembros de la iglesia por lo general no responden bien cuando les ladramos las órdenes. Tampoco se sentirán particularmente motivados a cumplir los deseos suyos hasta que lo respeten, y no lo respetarán hasta que se haya ganado el respeto de ellos.

Los líderes en un ambiente de iglesia deberán de depositar un "capital de influencia" entre los miembros del equipo antes de sacar provecho de esa influencia para lograr que las cosas se hagan. Tenga cuidado de no sobrestimar cuanta influencia tiene en realidad, y úsela con moderación. He oído decir a Mark Dever: "La influencia es como una barra de jabón, mientras más la usa, menos tiene". Tenga en cuenta que las personas que sirven en esta iglesia nueva también tienen presiones laborales y familiares. Puede que esta sea su profesión, pero probablemente no lo sea para ellos. Trátelos con gracia y expréseles mucha apreciación.

En segundo lugar, cuando el verdadero problema aparece, el peso de la toma de decisiones es realmente grande. Satanás está a la espera para atacarle con dudas y desánimo. Compartir la carga del liderazgo con otros no sólo hace que comparta el peso, sino que además, multiplica el gozo del liderazgo pastoral. Las Escrituras enseñan que hay sabiduría en la multitud de opiniones (Proverbios 11:14, 15:22); así que no trate de liderar solo. Cuando usted está solo, es cuando es más vulnerable, pero los compañeros en la obra del Evangelio ayudarán a proporcionar medidas espirituales de protección y de rendición de cuentas que serán provechosas para la estabilidad de su nueva iglesia.

Mientras la iglesia es aún pequeña y unida, instituya un gobierno de iglesia bíblico. A medida que el tamaño de la congregación aumenta, también aumentan las posibilidades de contiendas. Establecer un sistema bíblico para tomar decisiones, resolver problemas y seguir adelante en la iglesia, disminuirá las probabilidades de conflicto terminal y de desunión en el cuerpo, y distribuirá el liderazgo y el trabajo entre los santos. Establezca vías sencillas y claras para el progreso y la resolución de problemas. El Nuevo Testamento es una rica fuente de instrucción para escribir documentos e instituir líderes en el cuerpo de Cristo.

ETAPA DIEZ

REPITA

Al igual que en el caso de una mujer tratando de quedar embarazada, el período de fertilidad para que una iglesia local se reproduzca es relativamente estrecho. Cuanto mayor sea la edad de una iglesia, menor es la probabilidad de que se reproduzca intencionalmente alguna vez, por eso es importante comenzar a plantar desde temprano. Cuanto más una iglesia enfatice el crecimiento numérico, más difícil será guiar esa iglesia a reproducirse.

Anteriormente, mencioné a Naethan, mi compañero pastoral. Naethan sirvió conmigo mientras trabajaba para plantar Pillar Church y se convirtió en nuestro primer plantador de iglesias solo un año después de que Pillar comenzara. Nuestra iglesia era muy pequeña y, en opinión de muchos, no estaba lista para empezar otra iglesia nueva. No teníamos mucho dinero, no teníamos vigente nuestro sistema de gobierno de la iglesia, y no teníamos una instalación, pero teníamos un líder calificado y competente. Naethan era muy querido por nuestra pequeña congregación. Era un maestro excelente de la Biblia con un fuerte don pastoral.

Enviarlo a plantar parecía ilógico. Mi experiencia me decía que continuara enfocando mi atención en la edificación de nuestra congregación en lugar de preocuparme por la necesidad de otras congregaciones en nuestra región. Por otra parte, yo creía que la Gran Comisión era un llamado para iniciar nuevas iglesias y yo sabía que el crecimiento numérico de *Pillar Church* era infinitamente menos importante que el crecimiento del Reino de Jesús.

Al final de nuestro primer año de ministerio, Naethan vivía en un pequeño apartamento en Quántico y era el líder de un estudio bíblico allí con personas del pueblo y marines de la base militar vecina. Aunque el pueblo estaba a menos de ocho kilómetros del lugar de reuniones de *Pillar Church*, quedó claro para nosotros que el grupo en Quántico tenía potencial para convertirse en una congregación aparte. Obtuvimos el permiso del consejo municipal para comenzar a alquilar un centro comunitario para los cultos y decidimos comenzar con los cultos en la tarde-noche del domingo. Naethan y yo no nos fuimos por caminos diferentes cuando comenzó la nueva iglesia; trabajamos juntos para desarrollar ambas congregaciones simultáneamente. Los domingos por la mañana nos reuníamos en una escuela pública bajo el nombre de *Pillar Church*, y los domingos por la noche nos reuníamos en el centro comunitario como *The Church at Quantico* (la Iglesia en Quántico). Los sermones y la música eran frecuentemente las mismas, pero las dos congregaciones se desarrollaban independientemente. Diez años más tarde, las dos iglesias ministran a dos grupos de personas tremendamente diferentes.

Charles Spurgeon desafió a su congregación de esta manera: "No solo animamos a nuestros miembros a que nos abandonen para fundar otras iglesias; no, tratamos de persuadirlos para que lo hagan. Les pedimos que se dispersen por toda la tierra para convertirse en la buena semilla que Dios bendecirá. Creo que mientras lo hagamos así, prosperaremos." [21]

Razones Bíblicas para la Plantación de Iglesias

Creo que a la mayoría de los cristianos les gusta la idea de la plantación de iglesias conceptualmente. De hecho, no recuerdo haber conocido a un cristiano que se haya opuesto directamente a la idea. Aun así, la inmensa mayoría de los cristianos y de las iglesias nunca comenzarán una iglesia nueva y ni siquiera lo considerarán en serio. Creo que la razón principal es que muchos cristianos son incapaces de identificar un fundamento bíblico para la plantación de iglesias. Sólo porque el cristiano promedio no sepa dónde encontrar apoyo bíblico para la plantación de iglesias, no significa que no haya ninguno. Así que primero quiero ver un pasaje muy conocido de las Escrituras que ordena explícitamente a los discípulos de Jesús a iniciar nuevas iglesias.

Si ha sido cristiano por algún tiempo probablemente haya leído la Gran Comisión (Mateo 28:18-20) cientos de veces, pero tal vez no la haya reconocido como el mandamiento más explícito en la Biblia para plantar nuevas iglesias:

> *"Y acercándose Jesús, les habló, diciendo: Toda autoridad me ha sido dada en el cielo y en la tierra. Id, pues, y haced discípulos de todas las naciones, bautizándolos en el nombre del Padre y del Hijo y del Espíritu Santo, enseñándoles a guardar todo lo que os he mandado; y he aquí, yo estoy con vosotros todos los días, hasta el fin del mundo".*

Jesús ordena a sus seguidores que hagan discípulos, que bauticen y que enseñen. Dado que hacer discípulos, bautizar y enseñar son actividades de la iglesia local, es razonable llegar a la conclusión de que cuando Jesús pronunció la Gran Comisión, esperaba que Sus seguidores plantaran iglesias.

Hubo un tiempo en que la Gran Comisión realmente significaba algo grandioso. Significaba que los discípulos de Jesús debían viajar a otras comunidades para participar en el proceso continuo de hacer discípulos de Jesús en esa comunidad y luego, a través del bautismo, guiar a esos nuevos seguidores a llevar una vida de rendición de cuentas, de servicio y de compromiso con otros cristianos. En pocas palabras, hubo un tiempo en el que la Gran Comisión tenía que ver con la iglesia, no con el cristiano individual.

Jesús no podría estar hablando de otra cosa que no fuera la iglesia local, ¿o sí? ¿Existen otras organizaciones en el planeta Tierra que sean responsables de hacer discípulos de Jesús, de bautizar a las personas para integrarlos a la familia de Jesús, o de enseñarles a cumplir todos los mandamientos de Jesús? No que yo sepa. La iglesia de Jesús es la única organización de la que pudo haber hablado aquí. Entonces, ¿por qué Jesús no dijo: "Id, pues, por todas las naciones y comiencen nuevas iglesias, y yo estaré con ustedes siempre, hasta el fin del mundo"? La respuesta simple es que cuando Jesús pronunció la Gran Comisión, las iglesias aún no habían comenzado.

Aquí les va una analogía. Imagínese que yo lo recluto para que haga un trabajo para mí. Yo digo: "Vaya al garaje y tire de la cuerda en la parte superior de la máquina roja hasta que el motor arranque. Cuando arranque, camine por el patio y empuje la máquina delante de usted. Asegúrese de pasarla por encima de cualquier montoncito de hierba. Cuando haya terminado, apague la máquina y póngala de nuevo en el garaje. ¿No sería eso esencialmente lo mismo que reclutarle para cortar el césped? De la misma manera, la Gran Comisión es un llamado a plantar iglesias locales. Considere cada uno de los mandamientos individualmente.

- **Hacer Discípulos.** La palabra discípulo significa "alumno"[22]. Los creyentes deben de estar ocupados haciendo alumnos de aquellos que ponen su fe en Cristo para salvación. La iglesia primitiva consideraba el discipulado como parte de su responsabilidad. Hechos 14:21 dice: *"Y después de anunciar el evangelio a aquella ciudad y de hacer muchos discípulos, volvieron"*. Los seguidores de Jesús en los primeros días de la Iglesia no reconocieron ninguna distinción entre establecer iglesias y hacer discípulos porque hacer discípulos era (y es) un elemento necesario para plantar iglesias. Después de la Gran Comisión, el mandamiento específico de hacer discípulos no se repite. Tal vez hacer discípulos es tan innato a la naturaleza de la vida redimida que no necesita repetición.

- **Bautizar.** Está claro que, a lo largo del Nuevo Testamento, el bautismo significa la incorporación a una comunidad de adoración con responsabilidades y límites. Pablo les dice a las iglesias de Roma y Colosas que ellos fueron sepultados con Cristo por medio del bautismo (Romanos 6:4, Colosenses 2:12), una práctica que vemos en los días de la iglesia primitiva. En Hechos vemos que todos los que aceptaron el mensaje de Cristo fueron bautizados (Hechos 2:41). Sería un error si concibiéramos el bautismo como algo poco relacionado con la iglesia local.

- **Enseñar.** La característica más prominente de la iglesia local es su ministerio de enseñanza. Los líderes de una iglesia deben de ser aptos para enseñar. Pablo instruye al joven pastor Timoteo a ocuparse: *"en la lectura, la exhortación y la enseñanza"* (1 Timoteo 4:13). Incluso los grupos más antiguos de creyentes se dedicaron a la enseñanza de los apóstoles (Hechos 2:42).[23]

En caso de que todavía no esté completamente convencido de que la Gran Comisión es un llamado para iniciar iglesias nuevas, léalo usted mismo en la voz de Jesús: "Id, haced discípulos, bautizad y enseñad", los discípulos pasan el resto de sus vidas estableciendo iglesias. ¿Por qué lo harían si no pensaran que la Gran Comisión se trataba de iglesias nuevas? Estos hombres no estaban confundidos con respecto a la naturaleza del mandamiento de Jesús. Podrían haber ido a un viaje misionero dos semanas, pintado alguna sinagoga, metido algunos tratados por debajo de las puertas, y terminar. Pero no lo hicieron así. Asumieron la Gran Comisión como un mandamiento a comenzar iglesias nuevas y luego dedicaron el resto de sus vidas al establecimiento de iglesias. Por alguna razón, muchas iglesias modernas han reinterpretado la Gran Comisión de una manera no tan grandiosa.

Si Jesús les manda a sus seguidores que vayan, hagan discípulos, bauticen, y enseñen, ¡Jesús esencialmente les está mandando que establezcan nuevas iglesias! El mandamiento final de Jesús a Sus discípulos antes de Su ascensión al cielo fue el de ir y comenzar nuevas iglesias, y así lo hicieron. Si esto es verdadero, y si la Gran Comisión es un mandamiento de Jesús para iniciar iglesias nuevas, las implicaciones para los cristianos modernos son claras. Cada cristiano y cada iglesia debe de esforzarse por empezar nuevas iglesias.

Fíjese, no dije que todos los cristianos deberían de ser plantadores de iglesias. Dios no llama a todos los cristianos al liderazgo pastoral, pero sí llama a todos los cristianos y a todas las iglesias a obedecer la Gran Comisión, y como ya hemos dicho, eso significa plantar nuevas iglesias. La plantación de iglesias es la Gran Comisión, y la Gran Comisión es la plantación de iglesias. Si usted es pastor, esto significa que usted debería de incitar a la plantación de iglesias con la misma frecuencia que incita a la

Gran Comisión. Esto significa que, si su iglesia está involucrada en la obra de la Gran Comisión ajena a la plantación de iglesias, usted realmente no está involucrado en la obra de la Gran Comisión. Significa que debe de guiar a que las personas de su iglesia vean un número creciente de iglesias evangélicas en su ciudad como apoyo para su iglesia y no como competencia. Significa que usted debe de orar para que se establezcan nuevas iglesias. Eduque a su congregación sobre la necesidad de plantar iglesias nuevas y recuérdeles a los miembros de su iglesia que Dios llama con frecuencia a personas comunes para establecer iglesias nuevas. Si les enseña con regularidad que "plantar iglesias nuevas es la metodología evangelística más efectiva que se conoce bajo el cielo",[24] descubrirá que se sentirán ansiosos por apoyar el establecimiento de otras iglesias locales.

Si presta atención al leer notará que la plantación de iglesias está presente en todo el Nuevo Testamento.

- **Jesús era un plantador de iglesias.** Jesús, el héroe de la Biblia, estableció la iglesia universal y afirmó que las puertas del infierno no prevalecerían contra ella (Mateo 16:18). También fue el líder de una congregación pequeña de discípulos y les enseñó la Palabra de Dios. Compartió la Cena del Señor con ellos y les comisionó a plantar más iglesias.

- **Pablo era un plantador de iglesias.** Cuando la iglesia en Antioquía de Hechos 13 comisionó a Pablo, comenzó una increíble racha de plantación de iglesias. En un período de trece años Pablo emprendió tres viajes misioneros en los que viajó más de 11,300 kilómetros y plantó al menos catorce iglesias nuevas.

- **Los apóstoles eran plantadores de iglesias.** El libro de Hechos relata el ministerio de plantación de iglesias de los apóstoles. Ellos plantaron iglesias con poco apoyo de otras iglesias, y enfrentaron una gran oposición política y religiosa. Al final, su compromiso de obedecer la Gran Comisión plantando iglesias les costó la vida.

Cómo Comenzaron las Iglesias en el Nuevo Testamento

Hoy día, las iglesias se inician de muchas maneras diferentes. A veces, los cristianos en una iglesia no están de acuerdo y se dividen a causa del conflicto, otras veces las iglesias envían miembros voluntariamente para que planten una nueva iglesia en un área donde hay necesidad. A veces, grupos de personas se ven obligados a mudarse por causas laborales. En su libro *Finding Organic Church* (Buscando la Iglesia Orgánica), Frank Viola señala cuatro maneras en las que vemos que las iglesias comienzan en el Nuevo Testamento.

- **El Modelo de Jerusalén**: muchos discípulos en una ubicación particular plantan una iglesia.
- **El Modelo de Antioquía:** un apóstol llega a una ciudad, predica el Evangelio y planta una iglesia con los convertidos.
- **El Modelo de Éfeso:** un apóstol discipula y entrena a hombres para plantar iglesias y luego los envía.
- **El Modelo Romano:** los cristianos de varios lugares se trasladan a otro lugar con el fin de plantar una nueva iglesia.

Un Caso Exhaustivo

Como ocurre con muchas de las doctrinas en la Biblia, el caso más convincente de la plantación de iglesias no se encuentra en ningún pasaje de las Escrituras sino más bien en la síntesis de una serie de pasajes aplicables. Tenemos muchas doctrinas que pertenecen a esta categoría. Tal vez la más conocida sea la doctrina de la Trinidad. Aunque la Trinidad no se menciona ni se nombra en ningún pasaje específico de las Escrituras, es una doctrina comúnmente sustentada (y muy importante) en la iglesia. ¿Por qué? Debido a la síntesis de muchos textos que nos llevan a una comprensión clara de lo que los teólogos han llamado durante siglos la Trinidad.

De igual manera, no encontrará el término "plantar iglesias" en la Biblia, pero eso no significa que plantar iglesias no sea una idea bíblica. La verdad es que, a cada cristiano y a cada iglesia se les manda a participar en la plantación de iglesias. Existen mandatos explícitos tales como Mateo

28:18-20, así como muchos textos donde la plantación de iglesias está implícita o puede inferirse. Solo en el libro de Hechos encontramos docenas de referencias a la plantación de iglesias.

- Jesús autoriza a sus apóstoles a plantar la primera iglesia en Jerusalén como base para difundir el Evangelio por todo el mundo (Hechos 1:8, 2:1-47).
- En Hechos 8, Felipe predica el Evangelio eficazmente durante la persecución y dispersión de la iglesia de Jerusalén en Samaria. Felipe había sido previamente confirmado tanto por la iglesia en general como por sus líderes principales (Hechos 6:1-7).
- En Hechos 9, Saulo (Pablo), el misionero más grande que el mundo haya conocido, se convierte de perseguidor de la iglesia a plantador de iglesias. Los líderes de la iglesia de Jerusalén confirman el llamado de Saulo (Hechos 9:26-31).
- En Hechos 11, la iglesia de Antioquía nace de cristianos dispersos por la persecución de Jerusalén. Bernabé es enviado por la iglesia de Jerusalén para legitimar y liderar esta nueva iglesia (Hechos 11: 19-26).
- En Hechos 13:1-4, Pablo y Bernabé son llamados directamente por el Espíritu Santo para una misión de iniciar nuevas iglesias. La iglesia ora, ayuna y afirma su llamado a través de la imposición de manos de otros líderes en Antioquía.
- El ministerio misionero de Pablo de plantar iglesias conforma el resto de la historia de Hechos. Él predica el Evangelio en todas las ciudades, planta nuevas comunidades de fe llamadas iglesias, y permanece allí hasta que cuentan con ancianos aprobados para pastorear la nueva obra de ahí en lo adelante (Hechos 14:23, Tito 1:5).
- Pablo también permaneció bajo la autoridad de la iglesia en Jerusalén, la cual lo había enviado en un principio (Hechos 15:6-35).

Además del libro de Hechos, muchas de las cartas del Nuevo Testamento se escribieron para alentar, reprender o instruir a los plantadores de iglesias y a sus congregaciones. Incluso la palabra del Nuevo Testamento para iglesia, *ekklesia*, alude a una asamblea o congregación convocada.[25] Los que son de Dios, son convocados de en medio de la sociedad en general para vivir juntos como pueblo de Dios en asambleas locales. Esas asambleas locales adoran a Cristo, se sostienen mutuamente y evangelizan a los perdidos. En la sociedad moderna, el pueblo de Dios es móvil y dondequiera que haya nuevos grupos poblacionales, se necesitan iglesias.

El Misterio del Crecimiento de la Iglesia

En los círculos ministeriales se habla mucho del crecimiento de la iglesia, pero creo que hay argumentos suficientes para dudar de las razones detrás de gran parte de lo que escuchamos y leemos sobre el tema. Las filosofías ministeriales modernas enseñan que podemos lograr un crecimiento numérico significativo en nuestras iglesias mediante la implementación de ideologías y estrategias que han demostrado su eficacia en otros lugares. Se nos enseña que, si implementamos esas estrategias en nuestro contexto, lograremos resultados similares. De hecho, hay una sección entera en la mayoría de las librerías cristianas dedicadas al "Iglecrecimiento".

No me malinterprete, el crecimiento de la iglesia es importante. Dios se preocupa por las multitudes de personas de nuestras comunidades que van camino al infierno, y debemos de ser fieles para hacer todo a nuestro alcance para llevarles Evangelio. Es un error suponer que esto se logrará principalmente a través de su iglesia local. Convencer a los pastores de que sus iglesias son la respuesta al problema de los perdidos en su comunidad es un ardid del diablo. Amigo, su iglesia no es la respuesta. El Evangelio que su iglesia predica es la respuesta. Cada iglesia debe de esforzarse por crecer no sólo numéricamente, sino también por plantar otras iglesias que proclamen el Evangelio en sus propias comunidades, regiones y el mundo.

El crecimiento de la iglesia es un misterio. No hay fórmula ni ideología que capacite a su iglesia para alcanzar a su ciudad para Cristo. No importa cuán popular sea esta idea en el cristianismo norteamericano; no tenemos ninguna razón, ni histórica ni teológica, para creer que nuestras iglesias ganarán a nuestras comunidades enteras para Cristo, o que las personas fructificarán más en nuestras congregaciones que en otras. La Biblia nos aclara que el crecimiento de una iglesia y el crecimiento del Reino tienen muy poco que ver con nosotros.

Jesús lo describe de esta manera: *"El reino de Dios es como un hombre que echa semilla en la tierra, y se acuesta y se levanta, de noche y de día, y la semilla brota y crece; cómo, él no lo sabe"* (Marcos 4:26-27). Note que Él aclara que el hombre no sabe cómo sucedió. Más adelante en el Nuevo Testamento, Pablo describe su labor diciendo: *"Yo planté, Apolos regó, pero Dios ha dado el crecimiento"* (1 Corintios 3:6) Y luego: *"Así que ni el que planta ni el que riega es algo, sino Dios, que da el crecimiento. Ahora bien, el que planta y el que riega son una misma cosa, pero cada uno recibirá su propia recompensa conforme a su propia labor. Porque nosotros somos colaboradores de Dios, y vosotros sois labranza de Dios, edificio de Dios"* (1 Corintios 3:7-9). Charles Spurgeon comprendió la importancia de este misterio y animó a los cristianos de su iglesia, el Tabernáculo Metropolitano, a plantar otras iglesias. Estos son algunos ejemplos de cómo alentó a la multiplicación en su iglesia:

> Hermanos míos, si pueden hacer un bien mayor en otro lugar de lo que pueden hacer aquí, por amor a Dios, vayan y yo me sentiré feliz de que hayan ido. Si pueden servir a mi Maestro en las casas pequeñas del barrio, si al convertirse en iglesias pequeñas aumentarán el honor del nombre de mi Maestro, no les amaré menos por ir, sino que me deleitaré en pensar que tienen el espíritu de Cristo en ustedes, y que pueden hacer y osar por causa de Su nombre. En este momento nos regocijamos al saber que muchas escuelas dominicales de este vecindario se sienten endeudadas con los miembros de esta Iglesia por sus maestros. Así es. No queremos que se queden en casa, y por lo tanto nos sentimos contentos de verlos trabajando en otro lugar. No importa, mientras Cristo sea predicado, si emplean sus fuerzas en esta Iglesia o la otra. Aquí, ya que son nuestros miembros, tenemos el derecho primero sobre ustedes; pero cuando no les necesitemos por la abundancia de nuestros hombres,

vayan y dediquen sus fuerzas a cualquier otra parte de la Iglesia de Cristo que los desee.

Esta Iglesia comenzará a pudrirse en su centro, en el momento mismo en que no trabajemos para Dios con fuerza y fortaleza. A veces siento el tirón del borde de mi abrigo causado por amigos muy amables y juiciosos que piensan que voy a pedirles que hagan demasiado. Mis hermanos podrán tirar de mi abrigo, pero me lo quitarían del cuerpo antes de detenerme por un instante. Mientras viva, debo servir a mi Maestro con toda mi alma, y cuando ustedes piensen que voy demasiado deprisa, pueden retroceder si se atreven, pero que conste, serán responsables ante Dios si lo hacen. Pueden empezar de nuevo si lo desean y si se atreven, pero yo debo continuar, debo ir, DEBO continuar, o de lo contrario, ustedes que son dignos del momento que vivimos, me seguirán, paso a paso, en todo buen proyecto, y aunque parezca demasiado precipitado, me redimirán de la carga del temor por el entusiasmo y el denuedo con que llevan a cabo mis planes. ¡Aquí está esta gran ciudad! ¿Hubo alguna vez tal degradación espiritual? Un millón de personas que no podrían ir a un lugar de culto incluso ¡si tuvieran el valor de ir!

Hemos emprendido muchas empresas para Cristo; esperamos emprender muchas más. Nunca hemos conservado nuestra fuerza; hemos emprendido empresas que fueron suficientes para agotarnos, a las cuales nos acostumbramos a su debido tiempo y luego hemos pasado a hacer algo más. Nunca hemos procurado obstaculizar el levantamiento de otras Iglesias entre nosotros o en nuestro vecindario. Es con júbilo que despedimos a nuestros dos, a nuestros veinte, a nuestros cincuenta miembros para formar otras Iglesias. No animamos a nuestros miembros a que nos abandonen para fundar otras iglesias; no, tratamos de persuadirlos para que

> lo hagan. Les pedimos que se dispersen por toda la tierra para convertirse en la buena semilla que Dios bendecirá. Creo que mientras lo hagamos así, prosperaremos. Me he fijado en otras iglesias que han adoptado la otra manera, y no han tenido éxito.
>
> He visto que el efecto de tratar de mantener toda la sangre en el corazón es la aparición de la congestión, y muy pronto todo el cuerpo queda enfermo.[26]

¡Ciertamente Spurgeon acredita el éxito de las iglesias al hecho de que libre y alegremente han enviado a sus miembros a lugares distantes para formar otras iglesias! Eso me hace preguntarme cuán diferente sería el paisaje espiritual de nuestro país si los pastores y las iglesias fueran tan dedicados al crecimiento del Reino como al crecimiento de sus propias congregaciones.

Piense por un momento en el desagüe de una bañera. El agua sale del grifo y pasa directamente al desagüe, siempre y cuando nada la esté bloqueando. A medida que se atraviesan cosas en el camino al desagüe, el flujo de agua se hace más lento y el agua se estanca cada vez más en la bañera. A medida que se quita lo que obstaculiza el desagüe, el agua comienza a fluir nuevamente. Las iglesias piensan a menudo que el objetivo es llenar la bañera, y por consiguiente, trabajan para establecer líderes y ministerios que mantengan a la gente asistiendo a sus iglesias. Imagínese si en lugar de tratar de juntar a las personas para bloquear el desagüe, intencionalmente quitáramos la tapa del desagüe para darles libertad y alentarlos a ir y servir a Dios donde quiera que los lleve el desagüe. Por supuesto, es totalmente posible que tenga menos agua en la bañera. Pero también es muy probable que el agua que pase sea mucho más fresca. Lo mismo se puede decir de nuestras iglesias. Hemos elaborado todo nuestro sistema en las iglesias con el objetivo de reunir personas, sin embargo, la esencia de la enseñanza de Jesús es dispersar a las personas. Si vive en un área transitoria, siéntase agradecido por el tráfico natural que Dios está proporcionando. Si no, debería de trabajar en incitar a las personas a llevar el Evangelio a lugares que lo necesitan.

Objeciones Comunes a la Plantación de Iglesias

Para mí es como un deporte preguntarles a los pastores si alguna vez han guiado a su iglesia a plantar otra iglesia nueva. Aunque la mayoría no lo ha hecho, adoptan una posición positiva con respecto a la plantación de iglesias. Comúnmente me expresan su deseo de guiar a su congregación a plantar nuevas iglesias. Cuando les pregunto por qué no lo han hecho, generalmente recibo respuestas como estas:

- **"Simplemente no tenemos a quién enviar".** Por lo general, lo que realmente quieren decir es: "Tenemos un montón de ministerios actualmente que no tienen suficiente personal. Tendremos que esperar hasta que todos los ministerios tengan suficiente personal y cuando se logre esa tarea imposible, pensaremos en comenzar una iglesia nueva". Esto le enseña a la gente que el cumplimiento de la misión de Jesús se traduce en suministrarle personal a los ministerios de nuestra iglesia.

- **"No tenemos dinero".** La plantación de iglesias sólo es costosa porque pensamos que, para tener una iglesia legítima, tiene que tener un grupo de alabanza completo con cinco instrumentos, una instalación moderna, un sistema de sonido sofisticado, e iluminación de teatro para crear el ambiente perfecto. Pero ¿cuánto cuesta compartir el Evangelio con su prójimo? ¿Cuánto cuesta reunirse en su sala de estar? Plantar iglesias consiste en hacer, bautizar y enseñar discípulos, ¡y todo esto es gratis!

- **"Nuestra congregación aún no está preparada para eso".** Este pudiera ser legítimo por un tiempo. Algunas congregaciones no están realmente listas, pero la prioridad número uno es prepararlas. La misión es parte central del diseño de Dios para la iglesia. Si usted ha sido pastor de una congregación por mucho tiempo y todavía pone esta excusa, tendré que preguntarle qué está enseñándole a su congregación. Como pastor, usted pudiera estar guiando a su congregación a prepararse y a alejarse del egoísmo.

- **"No siento que Dios nos está guiando en esa dirección".** Usted encontraría más apoyo bíblico para tener una concubina que para decir que Dios no le está guiando a plantar iglesias. Si no siente que Dios lo guía a obedecer la Gran Comisión, ¿a qué piensa que lo va a guiar? ¿a una campaña de recaudación de capital? ¿a un closet de ropa? Nuestros sentimientos nunca deberían de triunfar sobre nuestro mandamiento.

No será fácil plantar mientras su iglesia aún es joven, pero tampoco será más fácil hacerlo más tarde. Ojalá me hubieran dado un dólar por cada ocasión en la que un pastor me dijo que iba a esperar hasta que llegara a las 300 o a las 500 o a las 1000 personas asistentes antes de comenzar una iglesia nueva, creyendo que sería más fácil entonces. Pero considérelo de esta manera. Para ese momento, su presupuesto estará hasta al tope, su congregación estará acostumbrada a pensar solo en sí misma, y por años habrá funcionado solamente promoviendo a su propia congregación. Una vez que una iglesia comienza a pensar principalmente en sí misma, en su crecimiento, en su comodidad y en sus instalaciones, volver a tornar su atención a la reproducción es casi imposible. No hay mejor manera de mantener a su congregación enfocada en la misión de difundir el Evangelio que guiándolos a plantar otras iglesias desde temprano y con frecuencia.

Preparación del Líder

Si una iglesia no necesita dinero, ni de una gran congregación, ni de experiencia, ni de un llamado especial de Dios para comenzar una iglesia nueva, ¿qué es lo que necesita? La respuesta es sorprendentemente simple: necesita un plantador de iglesias. El factor más importante en la habilidad de una iglesia para plantar una iglesia nueva es la preparación del líder. Puede plantar una iglesia sin dinero, sin un equipo de trabajo grande y sin tener un buen sistema de sonido, pero no puede plantar una iglesia nueva sin un plantador de iglesias. Todo lo que realmente necesita para guiar a su nueva iglesia a plantar otra iglesia es un plantador de iglesias competente y calificado.

Cuando estaba en la universidad, fui a cenar con un pastor llamado Cliff. Durante la cena, nuestra camarera se acercó a la mesa y Cliff le preguntó si el restaurante abría los domingos. Cuando ella respondió que no, él hizo algunas observaciones de cortesía sobre el tamaño del salón para comer y le dijo que sería un lugar perfecto para que una iglesia se reuniera. Entonces Cliff le preguntó al dueño si permitiría que una iglesia se reuniera allí el domingo por la mañana. Los dos hablaron de logística por unos minutos antes de que Cliff elevara su audacia a un nuevo nivel al preguntarle al propietario si le importaría que pasara por allí en algún momento para invitar al personal a asistir. Con una simple conversación, Cliff inició una iglesia nueva. Cuando fue a conocer al personal del restaurante, tomó consigo a un líder de su iglesia y lo presentó como el líder de la nueva congregación. El domingo, desafió a los miembros de su iglesia a reunirse en el restaurante para apoyar a su hermano en su nuevo ministerio.

Hemos hecho que la plantación de iglesias sea tan difícil y tan costosa que solo los profesionales pueden hacerlo. Esta nunca fue la intención de Dios. La plantación de iglesias es para gente común y corriente. Por eso Jesús recogió a sus reclutados en la playa en vez de en la sinagoga. La profesionalización del ministerio ha reducido drásticamente el establecimiento de iglesias nuevas. Como pastores, debemos de presionar a nuestro pueblo a llevar el Evangelio a todas partes y permitir que nuestras iglesias sean conocidas por dispersarse en lugar de por reunirse.

Para crear una cultura de dispersión, enfatice desde temprano en el desarrollo del liderazgo. Existen dos siglas útiles que he tomado prestado del mundo de las misiones internacionales y que me han servido mientras he tratado de descubrir y desarrollar líderes para la plantación de iglesias. Antes de que nuestra iglesia tuviera algún material de capacitación o algún programa de residencia para plantar iglesias, estas dos siglas fueron toda nuestra metodología para el reclutamiento y entrenamiento para la plantación de iglesias.

Personas FDE

Las primeras siglas tienen que ver con la elección de la persona a la que debemos de dedicar nuestro tiempo para su desarrollo. Cuando empezamos a plantar iglesias, las personas más accesibles en nuestra congregación eran los jóvenes que asistían a nuestra iglesia. Estos hombres estaban creciendo rápidamente en su fe y se sentían ansiosos por hacer algo grande para Jesús. Naethan y yo comenzamos a ponernos a disposición de ellos para reunirnos y discipularlos, y pronto notamos que algunos de ellos habían tomado nuestra inversión muy en serio y se esforzaron por organizar sus horarios para pasar tiempo con nosotros. Otros nos dejaban esperando o se aparecían en las reuniones sin haber hecho nada de lo que les habíamos pedido que hicieran la semana anterior. De esas experiencias, comenzamos a notar que la fidelidad, la disponibilidad y la disposición a dejarse enseñar, eran cualidades esenciales para aquellos jóvenes que estábamos desarrollando para el liderazgo de la iglesia. Permítame hacer algunas observaciones sobre estas cualidades.

- **Fiel** — Nos percatamos de que valía la pena nuestra inversión en quienes fueron prontos para obedecer a Jesús cuando supieron lo que Él quería que ellos hicieran. Algunos hombres luchan con los mismos pecados una y otra vez y parecen poco dispuestos a tomar medidas drásticas que los hagan sentir como si les arrancaran un ojo o cortaran una mano (Mateo 5:29-30), y que son necesarias para realmente mortificar la carne. Los que estuvieron dispuestos a tomar estas medidas crecieron inevitablemente más rápido y vencieron más rápidamente algunas áreas de pecado en sus vidas. Recuerdo que en una ocasión estaba sentado con un joven que estaba confesando que era adicto a la pornografía. Dijo que haría cualquier cosa para escapar de sus garras. Le pregunté si hablaba en serio y él afirmó que sí. Le dije que quería que me prometiera que la próxima vez que fuera a un sitio pornográfico en la internet, me dejaría arrojar su laptop al arroyo de Quántico. Me miró por unos segundos profundamente y me prometió que lo haría. Meses más tarde me dijo que esa simple promesa le ayudó a triunfar sobre su adicción a la pornografía. No andamos buscando gente perfecta. Estamos buscando gente que se tome en serio el obedecer a Jesús, incluso si les cuesta. Procure encontrar fidelidad en su búsqueda de líderes para desarrollarlos.

- **Disponible** — Vivo en el norte de Virginia, donde todo el mundo siempre está ocupado. Las carreras son exigentes y el tráfico es atroz. Como resultado, existe toda una abundancia de excusas para no poder reunirse para el crecimiento espiritual personal. Cuando invito a alguien a reunirse conmigo para un discipulado, y de verdad lo hace, sé que su desarrollo espiritual es una prioridad para esa persona. Invierta su tiempo en quienes hacen ajustes para ponerse a su disposición.

- **Enseñable** — Esta quizás sea la pieza más importante y también la más difícil de discernir al principio. La disposición a dejarse enseñar de una persona tiene que ver con su voluntad de implementar la instrucción que usted le imparte, incluso si no está convencida de que es creíble. *The Karate Kid* nos ofrece una ilustración útil. ¿Recuerda cuando el Sr. Miyagi le dijo a Daniel que pintara la cerca y que encerara el coche cuando lo único que Daniel quería hacer era aprender Karate? Miyagi reconoció algunas áreas de la vida de Daniel que necesitaban desarrollo, aunque Daniel no las reconocía. Lo mismo ocurrirá con aquellos que usted discipule. Invierta su tiempo en los que les presten atención a su consejo e instrucción, incluso cuando para ellos no tenga sentido.

He identificado a uno o dos individuos en mi ministerio que considero fieles, disponibles y enseñables.

Personas MAOR

La segunda sigla que hemos utilizado al proveer capacitación in situ a los que tienen aspiraciones ministeriales es MAOR (Modelar, Apoyar, Observar, Retirarse). Esto es algo que puede comenzar a hacer de inmediato con las personas FDE de su ministerio que estén ansiosas por tener una experiencia ministerial. El proceso comienza simplemente permitiéndoles a los que están capacitándose que vayan con usted mientras realiza la obra del ministerio.

- **Modele** — Si va a visitar a alguien que está en el hospital, traiga a alguna persona FDE con usted. Si va a estudiar para su sermón, invite a una persona FDE a estudiar con usted. Asegúrese de explicar todo lo que hace y no omita nada de lo que usted ha aprendido por el camino. Diga algo como: "Trato de no salir nunca del hospital sin orar por la persona que está enferma", o "He descubierto que estudio mejor por las mañanas, así que aparto dos mañanas a la semana para la preparación del sermón". Invite a un joven FDE y a su familia a acompañarle a usted y a la suya para tener un devocional, o una cena, o alguna otra ocasión que le permita ver cómo usted interactúa con su familia. No es física cuántica; simplemente invite a las personas FDE a ver algunas imágenes de su vida detrás de las cámaras.

- **Ayude** — Una vez que haya modelado un área específica del ministerio, es importante dejar que su aprendiz le ayude a usted. Tal vez pueda pedirle que investigue algo para su sermón del domingo. Permítale unirse a usted en la enseñanza de una sección del curso para nuevos miembros o para ayudarle a llenar el baptisterio. Cuando parezca que puede hacerlo por sí solo, comience a ayudarle. Permítale que tome la iniciativa en el seguimiento a los visitantes y luego reúnase con él cuando haya terminado para que le informe.

- **Observe** — Una vez que quede claro que sabe lo que está haciendo, simplemente siéntese y obsérvelo. Esto podría implicar permitirle a un individuo FDE que predique el sermón o dirija un grupo pequeño mientras usted se sienta entre la multitud. Podría implicar permitirle organizar un evento evangelístico de principio a fin. Puede que lo haga un poco diferente a usted (probablemente no tan bien), pero dejarlo solo para que cometa sus propios errores, es parte del proceso de capacitación. Asegúrese de decirle después lo que hizo bien y qué áreas cree que podría mejorar.

- **Retírese** — Esta parte es crucial y probablemente la más difícil porque requiere que usted se quite del medio. Dirigir algo por su cuenta, sin el ojo vigilante de un mentor en la multitud, es una experiencia muy diferente. Su presencia en realidad podría impedir que los que se están adiestrando se sientan plenamente empoderados para liderar. Con el tiempo, cuando sienta que tienen el control de lo que están haciendo, márchese y permítales realizar la tarea sin usted. Como siempre, asegúrese de hablar con sus alumnos después para ver cómo les fue. Deles espacio para crecer, para cometer errores y para experimentar de primera mano algunas de las alegrías y dificultades del ministerio pastoral.

Con el fin de preparar a su congregación para que alguien asuma nuevos roles de liderazgo, es beneficioso ser transparente con respecto a su deseo de desarrollar nuevos líderes para la plantación de iglesias. Cuando coloco líderes potenciales a ocupar nuevos roles dentro de la iglesia, es común que diga así: "Conocen a Josh, ¿verdad? ¿Les importaría si se sienta con nosotros durante esta reunión? Se está preparando para el ministerio y esta experiencia podría servirle de gran ayuda." Usted descubrirá que con el tiempo este tipo de capacitación se convertirá en parte de la cultura de la iglesia. Los miembros esperarán que siempre tenga a alguien con usted y se sentirán orgullosos de que juegan un papel en el desarrollo de otros líderes.

He identificado al menos cinco actividades pastorales que puedo enseñarles a otros fácilmente.

Seleccione un Plantador

La posibilidad de fracaso puede provocar gran indecisión y miedo al elegir un líder potencial, pero en algún momento tendrá que elegir a alguien. Lo mejor que podría pasar es que elija a alguien de su congregación para que sea su primer plantador de iglesias, quizás su compañero pastoral u otro miembro del equipo, o uno de los jóvenes con quienes ha estado trabajando para desarrollarlos. Presumiblemente, elegir a alguien de entre los de adentro facilitará el apoyo de los miembros y de los asistentes a su iglesia, pero si nadie está listo entre ustedes, no dude en buscar otro plantador para apoyarlo. Se puede perder mucho más no haciendo nada que intentando hacer algo.

He identificado a alguien como nuestro primer plantador de iglesias y tengo un plan para prepararlo para plantar iglesias.

Preparando a su Congregación

Como el desarrollo de esta mentalidad de plantar iglesias no es natural o fácil para una congregación, el liderazgo pastoral tiene que fomentarla. Los cristianos de otras iglesias que se unan a su equipo ya pudieran tener una buena perspectiva sobre la plantación de iglesias cuando llegan, pero los que se unan a usted de la comunidad y los que usted gane para Cristo, necesitarán que se les enseñe sobre la prioridad de plantar iglesias. Permítame compartir algunas cosas que han ayudado a desarrollar una cultura de plantación de iglesias en *Pillar Church.*

- **Hable con regularidad sobre la plantación de iglesias.** Hablar con regularidad sobre la plantación de iglesias hace que se convierta en algo normal para las personas de su congregación. En *Pillar Church* presentamos a un plantador de iglesias semanalmente y oramos por ellos públicamente. La mayoría de los plantadores de iglesias fueron miembros de nuestra congregación alguna vez. Este tiempo de oración es un recordatorio semanal de que Dios llama a personas ordinarias a plantar iglesias que hacen cosas extraordinarias para Dios.

He seleccionado a uno o más plantadores de iglesias por el/los que oraré con mi congregación regularmente.

- **No complique las cosas.** Haga su trabajo de tal manera que los que participan en su ministerio puedan imaginarse a sí mismos ministrando de una manera similar. Si usted se presenta de una manera altamente profesional y crea la impresión de que sus habilidades son especializadas, las personas tendrán dificultades para imaginarse a sí mismos sirviendo en una posición como la suya. En lugar de ello, invite a las personas a unírsele a usted en su trabajo para que vean lo gratificante que puede ser. Considere la posibilidad de dejar a otra persona predicar, bautizar, conducir la Santa Cena, orar y evangelizar. Celebre cuando un laico haga algo que normalmente es el trabajo de un pastor.

- **Sea Generoso.** Es imposible dar más que Dios. No tenga miedo de alentar a los miembros a comenzar nuevos ministerios o a ayudar a ministerios en problemas. Será tentativo quedarse con todos los recursos que usted reúna, pero este tipo de liderazgo nunca producirá un sentir de Reino en su congregación. Muchas iglesias tienen el hábito de guardar sus mejores recursos para sí mismas y distribuir muy poco para ayudar a prosperar o edificar otros ministerios locales. Comprométase desde el principio a manejar sus recursos sin rigidez y verá que cuanto más dé, más Dios le confiará. Una manera muy práctica de hacer esto es destinando dinero del presupuesto regular para la plantación de iglesias, desde el comienzo de su nueva iglesia. Incluso si es una pequeña cantidad para empezar, es mejor comenzar con algo. Usted puede comenzar esta práctica incluso si no tiene en mente aún a un plantador de iglesias en particular. Aparte el dinero para que cuando Dios le guíe a apoyar a un plantador de iglesias, disponga de los fondos para hacerlo.

Nuestra nueva iglesia ha decidido destinar $ ___ mensualmente para un fondo de plantación de iglesias.

- **Crea por los Demás.** Muchas personas tendrán dificultades para verse a sí mismas como líderes ministeriales. Para ayudar a inculcar un sentido de confianza e interés en servir como líder ministerial, aliente frecuentemente a la gente común y corriente a hacer cosas extraordinarias para Dios. Antes de entrar en el ministerio, hombres y mujeres fieles de Dios me dieron ánimo al predecir cómo Dios me usaría en el futuro. Sus palabras me dieron el valor necesario para pisar terreno que nunca habría pisado sin su aliento. El optimismo suyo sobre la eficacia futura de ellos dice más sobre su confianza en Dios que sobre su confianza en ellos; así que no dude en animarlos.

- **Enseñe sobre la Plantación de Iglesias.** Al enseñar las Escrituras encontrará muchas oportunidades para enseñar sobre la plantación de iglesias. El Nuevo Testamento está lleno de grandes historias de hombres y mujeres con celo misionero llevando el Evangelio a otros lugares, tanto lejos como cerca. No dude en decir algo así: "Saben, hay muchas personas hispanohablantes en nuestra comunidad, y no sé de ninguna iglesia hispana saludable por aquí. Oro para que un día Dios nos permita formar parte de la plantación de una".

- **Ore por otras Iglesias.** No es raro que las personas de su congregación asuman que las otras iglesias son sus competidores. Puede desmantelar este tipo de visión simplemente orando por el éxito de otros ministerios. Asegúrese de que las personas de su congregación entiendan que usted desea que todas las demás iglesias fieles de su comunidad prosperen porque está más preocupado por el éxito del Evangelio que por el éxito de su iglesia. No hay nada malo en orar por los pastores de esas iglesias por nombre y alentar a sus miembros a hacer lo que puedan para bendecirlos.

Estas son solo algunas maneras en las que puede trabajar para desarrollar un sentir por el Reino en su congregación. Su afán por ver a Jesús proclamado en su comunidad les enseñará que el Evangelio, no su iglesia, es el verdadero tesoro del Reino. Si su experiencia es como la mía, usted verá que este tipo de liderazgo se filtra a todos los aspectos de su ministerio y crea una cultura de sensibilidad espiritual en los que viven y trabajan a su alrededor.

Las Iglesias Moribundas y las Fusiones de Iglesias

Prácticamente en todas las comunidades de América del Norte existen iglesias moribundas, disfuncionales o con enfermedades terminales. Muchas de estas iglesias poseen instalaciones y solo les queda un puñado de personas en la congregación. Usted pudiera descubrir que tiene la oportunidad de ser una bendición para una iglesia en esta situación ayudándoles a superar su dificultad. Hace unos años nos enteramos de una iglesia en el pueblo vecino que estaba atravesando por tiempos difíciles financieramente hablando. Esta congregación no tenía pastor y se había quedado con solo unas pocas personas y virtualmente sin dinero. Como teníamos muchos predicadores jóvenes, nos ofrecimos para enviarles a algunos de esos hombres para que predicaran hasta que la iglesia resolviera su situación. Esta oportunidad les proporcionó experiencia con la predicación a algunos de nuestros hombres más jóvenes, y resolvió temporalmente un problema para una congregación en apuros. En otra ocasión, nuestra iglesia llevó a cabo un evento evangelístico para las iglesias en nuestra comunidad que no tenían la mano de obra y los recursos para celebrar el evento por sí mismos.

Tómese el tiempo para contactar a los líderes de las iglesias en esta situación y trate de entender lo que ha causado el declive de las iglesias. Puede que descubra que una simple amistad entre las iglesias podría ser mutuamente beneficiosa. Ocasionalmente, las iglesias en esta situación están dispuestas a pensar en la fusión de iglesias. Algunos han sido exitosos al combinar congregaciones para multiplicar discípulos, pero en general estas situaciones están llenas de dificultades. Si opta por una fusión, proceda con cautela.

Sé al menos de una iglesia en mi comunidad que necesita ayuda. He intentado hacer contacto con el liderazgo de la iglesia para ofrecerles mi ayuda.

Argumentos Finales

Al igual que el argumento final de un abogado justo antes de que el jurado salga a deliberar, le presento cuatro argumentos finales para guiar a su iglesia a plantar. Espero que usted medite seriamente en ellos.

Su Iglesia Va a Morir

He observado que raramente se piensa en cómo empiezan las iglesias, y casi nunca se piensa en cómo terminan. Las iglesias, al igual que las personas, tienen ciclos de vida, nacen y mueren. Las iglesias cierran sus puertas, venden sus edificios, liquidan sus activos y dejan de reunirse. Si no me cree, súbase a un avión, vaya a Jerusalén y busque la primera iglesia pastoreada por Santiago. Luego salte a Turquía y mire a ver si puede encontrar la iglesia en Antioquía reuniéndose todavía. Esas iglesias están cerradas, disueltas y dispersas. Las iglesias norteamericanas también están cerrando sus puertas, y no sólo una o dos a la vez, sino miles. Este domingo por la mañana cuando vaya a la iglesia, alrededor de 135 iglesias americanas que se reunieron el mismo día la semana pasada, ya no se congregarán. Eso serían 600 iglesias disolviéndose mensualmente y 7000 iglesias desapareciendo anualmente.[27] Es bueno saber que la raza humana no se encuentra en este mismo apuro.

Imagine que el Presidente de los Estados Unidos se apareciera en su pantalla de televisión un día con un anuncio importante para la nación: "Damas y caballeros, estamos atravesando una crisis. La raza humana está desapareciendo. Si las tendencias actuales continúan, la raza humana se extinguirá en menos de 200 años". Sería tremendamente preocupante y perturbador, y me imagino que las personas tratarían de repoblar al mundo agresivamente. La iglesia en los Estados Unidos está atravesando exactamente esa difícil situación. Somos una especie en peligro y si las tendencias actuales continúan, los Estados Unidos del futuro serán muy similares a la Europa de hoy.

Europa Occidental experimentó cambios drásticos a lo largo del siglo XX. Durante la década de 1960 en particular, experimentó un declive terminal de casi todas sus grandes iglesias organizadas, y la dominante cultura cristiana que influenció la Europa Occidental durante siglos, prácticamente desapareció. Hoy en día las calles de las principales ciudades de Europa Occidental están salpicadas de edificios de iglesias que duraron más tiempo que las congregaciones que los erigieron. Cientos de edificios de iglesias se utilizan actualmente como restaurantes, discotecas, salas de conciertos, cafés, condominios modernos, museos y mezquitas. Se levantan como una prueba rotunda de que la cultura occidental está escupiendo el cristianismo de su boca.

El cambio no es realmente tan impactante si se pone a pensar en ello. Las iglesias están compuestas de pecadores y el pecado mata todo lo que toca. Mientras los pecadores vayan a la iglesia, las iglesias morirán. Mientras haya iglesias muriendo, se necesitará de nuevas iglesias. Cada año en los Estados Unidos alrededor de 4,000 iglesias evangélicas empiezan su ministerio.[28] El 35% de las que empiezan cierran antes de su 5º aniversario,[29] lo cual nos deja con unas 2,600 nuevas iglesias plantadas anualmente. Sin embargo, las iglesias mueren a un ritmo significativamente más alto; cada año en los EE. UU. aproximadamente 7,000 iglesias cierran sus puertas para siempre. En resumen, el número de iglesias en los EE. UU. está disminuyendo a un ritmo de 4,400 iglesias menos por año,[30] mientras nuestra población está creciendo a un ritmo de alrededor de tres millones de personas al año.[31]

¿Cómo está respondiendo la iglesia norteamericana a esta crisis? Estamos empleando innumerables millones de dólares construyendo edificios y manteniendo ministerios infructuosos. Estamos construyendo los clubes nocturnos y las mezquitas del mañana mientras lanzamos monedas para la plantación de nuevas iglesias. A medida que realiza su labor, sentirá la tentación de medir su éxito basándose en el número de personas que usted logra reunir para adorar. Por favor, tenga en cuenta que la misión de la iglesia era dispersarse, no reunirse. En lugar de medir el éxito de su iglesia por la cosecha que recolecta, concentre su energía y mida su éxito basándose en la semilla que dispersa. Recuerde que las iglesias tienen un ciclo de vida y finalmente morirán, y un día la suya morirá también. Mi oración es que plante una iglesia que esté vigorosamente comprometida a plantar otras iglesias nuevas. Oro para que expanda la fe de su pueblo, no para que tenga un edificio más grande para adorar, sino para que Cristo tenga un Reino de adoradores más extenso.

El Cultivador de Manzanas Miope

Imaginémonos por un momento que estamos hablando de plantar manzanos en lugar de iglesias. Supongamos que una mañana usted mira atentamente a su campo con una semilla de manzana en su mano y decide que quisiera ver ese campo lleno de manzanos. ¿Qué haría? Primero, plantaría su semilla y cultivaría su manzano hasta que produjera fruto. Luego tomaría las semillas de su cosecha y plantaría más árboles con la esperanza de tener más manzanos con el tiempo.

Sin embargo, usted pudiera decidir que realmente no necesita un huerto entero porque el árbol que tiene ahora produce suficientes manzanas para una temporada de tartas, mantequilla y de compota de manzana. Realmente no hay necesidad de más árboles. Plantar es un trabajo duro y actualmente tiene todo lo que necesita. Pero, con el tiempo, habrá escasez de manzanas. Si todos los huertos desarrollaran esta mentalidad, pronto podría despedirse de las deliciosas manzanas frescas.

Puede usar manzanas para todo tipo de cosas buenas, pero si deja de usarlas para plantar manzanos, con el tiempo su árbol morirá y ya nadie recibirá pasteles. La cuestión sigue siendo que las manzanas son más para plantar manzanos que para hacer tartas de manzana. No caiga en la trampa del cultivador de manzanas miope que entierra su manzana en el horno en lugar de hacerlo en la tierra. Haga un agujero, plante sus semillas y ore por la lluvia.

Las Iglesias Nuevas Alcanzan a más Personas

Las investigaciones confirman una y otra vez que las congregaciones con poco tiempo de existencia ganan más a los jóvenes, a los grupos marginados y a las personas sin iglesia, que las iglesias con más tiempo. Las iglesias nuevas naturalmente concentran más sus energías y sus recursos en las personas que no son miembros y llegan a más personas sin iglesia que las congregaciones más establecidas.

> Docenas de estudios confirman que una iglesia nueva promedio gana a la mayoría de sus nuevos miembros (60-80%) de los grupos de personas que no asisten a ningún cuerpo de adoración, mientras que las iglesias con 10 a 15 años de existencia ganan entre un 80-90% de sus nuevos miembros por transferencia de otras congregaciones. Esto significa que la congregación nueva promedio traerá de seis a ocho veces más personas nuevas a la vida del cuerpo de Cristo que una congregación más vieja del mismo tamaño.[32]

Como el objetivo de las misiones es que las personas conozcan a Jesús, y como más personas llegan a conocer a Jesús (*per cápita*) en las iglesias más jóvenes, debemos centrar nuestra atención no sólo en el crecimiento de las iglesias, sino también en el establecimiento de nuevas iglesias. Durante el último cuarto de siglo hemos visto la explosión del movimiento de las megaiglesias. Miles de iglesias evangélicas ahora tienen una asistencia el fin de semana de 2000 o más personas, y algunas iglesias llegan a las decenas de miles. Este fenómeno da la falsa impresión de que el cristianismo está prosperando en los Estados Unidos, cuando en realidad cada año el porcentaje de la población que asiste regularmente a la iglesia está disminuyendo. No podemos asumir que, porque algunas iglesias están creciendo, más personas se están convirtiendo en seguidores de Cristo. Basado en los hechos, sólo hay una respuesta clara y lógica: debemos plantar iglesias nuevas. El Pastor y autor Tim Keller argumenta: "La única manera de garantizar un aumento en el número de creyentes, y una de las mejores formas de renovar todo el Cuerpo de Cristo, es mediante un enfoque vigoroso y continuo en la plantación de iglesias".[33]

Las Matemáticas son más Claras

Si yo le ofreciera un centavo que se multiplica por dos diariamente por un mes, o un millón de dólares de una vez, ¿cuál elegiría? Probablemente el millón de dólares, ¿verdad? Pero espere... la matemática es muy sorprendente:

- Día 7 – $ 0.64
- Día 14 – $ 81.92
- Día 21 – $ 10,485.76
- Día 30 – $ 5,368,709.12

Este cálculo tiene implicaciones claras para la plantación de iglesias. ¡La multiplicación es más poderosa que la suma!

Si plantamos iglesias que plantan iglesias, multiplicamos el Evangelio de maneras increíbles. Todas las mañanas dominicales en que *Pillar Church* se reúne tenemos unos cientos de personas. No es una multitud increíblemente impresionante para una iglesia de diez años de existencia. Sin embargo, en esos diez años, hemos plantado doce iglesias, tres de las cuales han plantado otra vez y dos se han fusionado o han cerrado. En total, trece iglesias se reúnen los domingos por la mañana como resultado de nuestras iniciativas de plantación de iglesias. La asistencia combinada en todas esas iglesias es de alrededor de 1,000 personas cada fin de semana. Estas iglesias se reúnen en tres países y una docena de pastores les sirven cada semana. Evocando la analogía del centavo e imaginando que cada día es un año, sentimos que estamos en el Día 10 y que solo empezamos a ver el poder de la multiplicación. ¡Me muero por ver lo que nos depararán los días veinte y treinta!

Conclusión

Si no lo es actualmente, muy pronto usted será pastor de una iglesia pequeña. Usted se enfrentará a todo tipo de presiones y dificultades en su rol. No deje que esas dificultades le distraigan de la razón por la que se propuso plantar una iglesia desde el principio. Todos tendrán una opinión sobre lo que está haciendo; los miembros, los que sólo asisten, los que le apoyan, los amigos y los familiares, todos le darán consejos sobre la mejor manera de liderar su nueva iglesia. Recuerde, usted no está plantando una iglesia para ellos. Está plantando una iglesia para Jesús. Usted está edificando un pueblo para Jesús y es a Él a quien usted rendirá cuentas de su trabajo. Jesús no está frotándose sus manos en el cielo preguntándose si la iglesia que usted lidera tendrá éxito, y tampoco quiere que usted lo haga. Queda bien claro lo que Él quiere: bautizar, enseñar y hacer discípulos, equipar a los santos, y edificar una iglesia para el Reino de Dios.

Jesús, oro para que uses este material en la vida de los que lo lean para motivarlos a plantar iglesias fieles que plantarán otras iglesias fieles para la alabanza de Tu gloria. Pon en sus manos los recursos necesarios para el avance del Reino de los Cielos y dales fe para confiar en Ti al redistribuir esos recursos para que el mundo entero te atesore. Protégelos de cualquier tentación de convertirse en alguien de renombre y ayúdalos a que hallen regocijo en engrandecer Tu Nombre. Amén.

APÉNDICE A

LISTA DE VERIFICACIÓN DE LOS UMBRALES

ETAPA UNO: CONFIRME

- ☐ He completado la Hoja de Trabajo de Abandono.
- ☐ He completado la Hoja de Trabajo de Idoneidad según las Escrituras.
- ☐ Yo, al igual que otros que me conocen muy bien, creemos que poseo el fervor evangelístico, la iniciativa, la tenacidad y la visión para plantar una iglesia.
- ☐ He revisado el Ejemplo de los Compromisos del Plantador de Iglesias y he acordado algo similar con los ancianos de la iglesia que me envía.
- ☐ He completado el Cuestionario para el Futuro Plantador de Iglesias y se lo he dado a los líderes de la iglesia que me envía.
- ☐ Mi esposa ha afirmado mi deseo de plantar una iglesia nueva y está dispuesta a unirse a mí en la labor de plantación de iglesias.
- ☐ Mi iglesia se ha comprometido formal y públicamente a enviarme a plantar una nueva iglesia.

ETAPA DOS: PREPÁRESE

- ☐ He puesto eventos familiares importantes en mi calendario antes de crear un calendario ministerial.
- ☐ Mi horario semanal incluye una cantidad adecuada de tiempo con la familia.

- ☐ He completado la Hoja de Trabajo de Expectativas y he compartido el resultado con los líderes de mi iglesia que me envía.
- ☐ He elegido un día de la semana para descansar.

ETAPA TRES: RECLUTE

- ☐ He reclutado a un compañero pastoral.
- ☐ He reclutado a un mentor de plantación de iglesias.

ETAPA CUATRO: PLANIFIQUE

- ☐ He escogido una ubicación para esta nueva iglesia.
- ☐ He escogido un nombre para esta nueva iglesia.
- ☐ He investigado la demografía de mi campo misionero y tengo una idea exacta de los tipos de personas que viven allí.
- ☐ He completado la Hoja de Trabajo de Presupuesto Personal.
- ☐ He hecho una comparación del costo de la vida entre el lugar de la futura iglesia y mi ubicación actual.
- ☐ He completado mi presupuesto para plantar la iglesia.
- ☐ He elaborado mi prospecto para plantar la iglesia.

ETAPA CINCO: REÚNA

- ☐ He hecho una lista de equipos deseados para compartirla con posibles contribuyentes.
- ☐ Los servicios de contabilidad están garantizados.
- ☐ Excluyendo mi casa, tengo menos de $ 10,000 en deudas personales.
- ☐ La iglesia que me envía se ha comprometido a apoyarme.
- ☐ Mi denominación se ha comprometido a apoyarme.
- ☐ He hecho una lista de 30 iglesias que podrían apoyarme.
- ☐ He hecho una lista de 30 personas que podrían apoyarme.
- ☐ He investigado las redes de plantación de iglesias y las fuentes de financiamiento denominacional y he solicitado apoyo de aquellas con las que deseo trabajar.
- ☐ He hecho una base de datos de donantes.
- ☐ He creado un plan para comunicarme con mis contribuyentes con regularidad.

ETAPA SEIS: FORME

- ☐ He determinado qué posiciones de liderazgo necesito que sean ocupadas en mi equipo misionero.
- ☐ He hecho una lista de posibles compañeros de equipo para ocupar cada una de las posiciones en el equipo misionero.
- ☐ Me he reunido personalmente con quienes deseo invitar a ser parte de mi equipo misionero y les he hecho la "Gran Petición".
- ☐ Todas las posiciones de mi equipo misionero han sido ocupadas.
- ☐ He creado una manera de chequear regularmente el progreso de cada miembro del equipo misionero.

ETAPA SIETE: HAGA AMIGOS

- ☐ Mi esposa y yo nos hemos comprometido a hacer todo lo necesario para vivir en nuestro campo misionero.
- ☐ He contactado a los pastores de otras iglesias en mi campo misionero y les he comunicado mis planes de comenzar una iglesia nueva.
- ☐ He creado una lista de oportunidades para servir como voluntario en mi comunidad; he elegido una para participar personalmente, y les he dado la lista a todos los miembros del equipo misionero para su consideración.
- ☐ He contactado a líderes políticos, cívicos y de organizaciones sin fines de lucro en mi ciudad y les he comunicado mi deseo de unirnos a ellos en cualquier empeño para mejorar nuestra comunidad.
- ☐ He seleccionado algunos versículos relacionados con la salvación para guiar a mi equipo misionero a memorizarlos.
- ☐ He leído el libro *The Gospel Blimp* de Charles Bayly.
- ☐ He escrito un plan evangelístico para el primer año del ministerio de mi iglesia.

ETAPA OCHO: COMIENCE

- ☐ No comenzaré los cultos semanales de adoración hasta que cuente con ___ familias comprometidas.
- ☐ He escogido los elementos que deseo incluir en cada uno de nuestros cultos de adoración semanales.

- ☐ He estudiado las enseñanzas de la Biblia con respecto a la adoración pública y comprendo claramente a qué individuos se les permitirá dirigir los diferentes aspectos de nuestros cultos públicos de adoración. Estoy preparado para defender mi posición.
- ☐ He formado un equipo de evaluación de cultos y planeamos evaluarlos después de que se haya acabado cada culto de adoración.
- ☐ He creado un calendario de predicaciones para el primer año de cultos semanales de adoración de nuestra iglesia.
- ☐ He programado uno o más cultos preliminares.
- ☐ He alcanzado mi meta de ____ familias comprometidas y estoy listo para comenzar los cultos de adoración semanales.
- ☐ He promocionado la pronta celebración de los primeros cultos de adoración de nuestra iglesia y animé al equipo misionero a invitar a amigos y familiares.

ETAPA NUEVE: ORGANICE

- ☐ He adoptado una declaración de fe con el consentimiento de los líderes de la iglesia que me envía.
- ☐ He escrito o adoptado un pacto de la iglesia que ha sido confirmado por la iglesia que me envía.
- ☐ He redactado un curso de membresía y estoy listo para impartírselo a mi iglesia.
- ☐ He preparado un documento para que me sirva de guía en las entrevistas de membresía.
- ☐ He planeado una serie de enseñanzas sobre el oficio bíblico de los ancianos.
- ☐ He recogido nominaciones de nuestros miembros para candidatos a ancianos.
- ☐ Los candidatos a ancianos han completado el cuestionario y los ancianos de la iglesia que me envía me han ayudado a evaluarlos.
- ☐ Los miembros han confirmado a los ancianos elegidos.
- ☐ Nuestros ancianos han escogido y confirmado diáconos como siervos líderes en el ministerio de nuestra iglesia local. Se han creado descripciones de trabajo sencillas para ellos y están conscientes de las expectativas.

ETAPA DIEZ: REPITA

- ☐ He identificado a uno o dos individuos en mi ministerio que considero fieles, disponibles y enseñables.
- ☐ He identificado por lo menos cinco actividades pastorales que puedo enseñarles a otros fácilmente.
- ☐ He identificado a alguien como nuestro primer plantador de iglesias y tengo un plan para prepararlo para plantar iglesias.
- ☐ He seleccionado a uno o más plantadores de iglesias por el/los que oraré con mi congregación regularmente.
- ☐ Nuestra nueva iglesia ha decidido destinar $ ___ mensualmente para un fondo de plantación de iglesias.
- ☐ Sé al menos de una iglesia en mi comunidad que necesita ayuda. He intentado hacer contacto con el liderazgo de la iglesia para ofrecerles mi ayuda.

APÉNDICE B

HOJA DE TRABAJO DE ABANDONO

En mi opinión, el factor más importante para el éxito de una iglesia nueva es la resistencia de su plantador de iglesias. No es raro oír hablar de una iglesia nueva que se cierra después de su primer o segundo año de cultos públicos. Las expectativas insatisfechas de un plantador de iglesias pueden causar desánimo y fatiga. A veces, un contratiempo importante como una malentendido en el equipo misionero o la pérdida de un lugar para reunirse, puede alterar el frágil ecosistema de una iglesia nueva. Estos problemas, y otros, pueden llevar al plantador de iglesias a tirar la toalla en la plantación de iglesias con demasiada rapidez.

Este ejercicio está diseñado para ayudarle a identificar su umbral de dolor para la plantación de iglesias. ¿Qué está dispuesto a soportar a fin de comenzar esta nueva iglesia? ¿Qué está dispuesto a soportar su cónyuge? Los plantadores de iglesias, usando la columna de la izquierda, marquen la casilla junto a cualquiera de las declaraciones que provocarían que abandonaran la plantación de iglesias. Si es casado, pídale a su esposa que responda usando la columna de la derecha.

Dejaría de plantar iglesias…

PLANTADOR	ESPOSA	
☐	☐	Cuando ya no disfrute el trabajo.
☐	☐	Cuando sospeche que mi esposa estaría feliz si renunciara.
☐	☐	Cuando mi esposa me lo pida de verdad.
☐	☐	Cuando ya no tenga visión para la iglesia.
☐	☐	Cuando esté convencido de que no soy bueno en eso.
☐	☐	Cuando otros me digan que no soy bueno en eso.
☐	☐	Cuando los ancianos de la iglesia que me envía me lo pidan.
☐	☐	Si después del primer año tenemos menos de 10 personas.
☐	☐	Cuando ya no pueda mantener económicamente a mi familia.
☐	☐	Si después de tres años tenemos menos de 30 personas.
☐	☐	Cuando alguien que respeto dentro de la nueva iglesia me diga que debo renunciar.
☐	☐	Cuando alguien que yo perciba que hará un mejor trabajo esté disponible.
☐	☐	Cuando sienta que soy un fracaso.
☐	☐	Cuando actúe con violencia o con rabia contra alguien más.
☐	☐	Cuando me vuelva adicto a la pornografía.
☐	☐	Cuando tenga una relación extramarital.
☐	☐	Cuando robe dinero de la iglesia.
☐	☐	Cuando me ofrezcan una posición en una iglesia más grande.
☐	☐	Cuando mis hijos sean rebeldes.
☐	☐	Cuando mi esposa no esté involucrada en el ministerio de la iglesia.
☐	☐	Cuando mis hijos me digan que lo abandone.
☐	☐	Si después de un año nadie ha sido bautizado.
☐	☐	Si después de tres años nadie ha sido bautizado.
☐	☐	Si después de tres años ninguno de los que haya bautizado sigue caminando en la fe.
☐	☐	Cuando mis contribuyentes financieros se marchen.
☐	☐	Cuando la gente en mi iglesia esté constantemente discutiendo y peleando.
☐	☐	Cuando ya no cumpla los requisitos bíblicos para los pastores.
☐	☐	Cuando necesite mudarme para satisfacer las necesidades de mi círculo familiar ampliado.
☐	☐	Cuando dude de mi fe en Cristo.
☐	☐	Cuando empiece a desconfiar de las enseñanzas de la Biblia.
☐	☐	Cuando mi familia esté siendo descuidada.

APÉNDICE C

HOJA DE TRABAJO DE IDONEIDAD SEGÚN LAS ESCRITURAS

Pastoread el rebaño de Dios entre vosotros, velando por él, no por obligación, sino voluntariamente, como quiere Dios; no por la avaricia del dinero, sino con sincero deseo; tampoco como teniendo señorío sobre los que os han sido confiados, sino demostrando ser ejemplos del rebaño. 1 Pedro 5: 2-3

La Biblia provee estándares claros para los que sirven en la posición de anciano de la iglesia. Si desea convertirse en un plantador de iglesias, evalúe cuidadosamente su adecuación para el trabajo considerando estas cualidades. Antes de comenzar esta hoja de trabajo, haga dos copias adicionales, una para su cónyuge y otra para un pastor de confianza. Pídales que evalúen su vida honestamente basándose en estas cualidades. Recoja sus respuestas y compárelas con su autoevaluación.

Instrucciones: En el cuadro al lado de cada cualidad bíblica, califique(se) usted mismo/al plantador, con una de las cuatro calificaciones.

- **S** = Estoy seguro de que tenga esta cualidad.
- **I** = Estoy inseguro de que tenga esta cualidad.
- **L** = Lucho/a por tener esta cualidad.
- **N** = No creo que tenga esta cualidad.

Cualidades bíblicas en 1 Timoteo 3:2-7, Tito 1:6-9 y 1 Pedro 5: 2-3

☐ Irreprochable	☐ No obstinado
☐ Marido de una sola mujer	☐ No iracundo
☐ Que tenga hijos creyentes	☐ Prudente
☐ Sobrio	☐ De conducta decorosa
☐ Hospitalario	☐ No dado a la bebida
☐ Amante de lo bueno	☐ No pendenciero, sino amable
☐ Justo	☐ No contencioso
☐ Santo	☐ No avaricioso
☐ Dueño de sí	☐ No amante de ganancias deshonestas
☐ Que retiene la Palabra	☐ Que gobierne bien su casa
☐ Capaz de exhortar con sana enseñanza	☐ Que tenga a sus hijos en sujeción
☐ Capaz de refutar la mala enseñanza	☐ No un recién convertido
☐ Apto para enseñar	☐ De buena reputación entre los de afuera

Explicaciones Breves de Cada Cualidad:

Irreprochable significa que nadie podría presentar un reclamo creíble contra el anciano y que no se entrega a actitudes y actos impíos que pudieran desacreditar su testimonio cristiano.

Marido de una sola mujer. Esta cualidad ha provocado un gran debate en la iglesia, principalmente porque el significado de la frase no está claro. La frase podría ser una referencia a la poligamia (no casado con más de una mujer a la vez), a la fidelidad (fiel a la mujer con la que está casado actualmente) o a la exclusividad (solo un matrimonio con una mujer). La mayoría de las iglesias actuales interpretan esta cualidad como fidelidad en el matrimonio presente. Un pastor debe amar exclusivamente a su esposa, con sus pensamientos, con sus actitudes y con sus acciones.

Niños creyentes se interpreta comúnmente de dos maneras: (1) un anciano está descalificado del ministerio pastoral formal de la iglesia si su hijo o hija se aleja de Cristo o (2) un anciano no está calificado para el ministerio pastoral formal de la iglesia si sus hijos son rebeldes. El primer rebaño de un pastor y su terreno de prueba es su familia.

- **Sobrio** significa que un anciano posee sabiduría y aparta su mente de juicios o pensamientos extremos. Es tener conciencia y autocontrol sobre sus pensamientos.

- **No soberbio** significa que un anciano tiene una imagen apropiada de sí mismo, es consciente de sus propias debilidades y deficiencias, y está dispuesto a comunicarlas humildemente. Un pastor debe estar dispuesto a admitir sus errores y a arrepentirse de actitudes y acciones pecaminosas.

- **No iracundo** significa que un anciano puede controlar sus emociones y permanecer tranquilo en situaciones estresantes o volátiles. Los que se irritan fácilmente no son buenos candidatos para emprender el ministerio pastoral, ya que deben ser ejemplos de hombres piadosos para el rebaño.

- **Prudente** significa que un anciano sabe manejar sus palabras y sus acciones. El hombre de Dios controla sus deseos físicos y los somete a disciplina.

- **De conducta decorosa** significa que las actitudes y acciones de un anciano son dignas de admiración.

- **Hospitalario** significa que el anciano se preocupa por los demás y los invita a su hogar y a su vida de tal manera que las personas disfrutan estar con él y se sienten a gusto en su compañía.

- **Amante de lo bueno** significa que el anciano desea y persigue las cosas que Dios llama buenas. Pone sus pensamientos en las cosas verdaderas, dignas, justas, puras, amables, y honorables (Filipenses 4:8).

- **Justo** significa que el anciano debe tener un carácter impecable para que sea un buen ejemplo para el rebaño. Se puede confiar en él para tomar decisiones que honren a Dios aun cuando nadie esté prestando atención.

- **Santo** significa apartado. Un anciano debe vivir una vida de distinción y piedad en medio de una generación torcida y perversa.

- **Dueño de sí mismo** significa que el anciano tiene dominio sobre su cuerpo, su mente y su forma de hablar. Por el poder del Espíritu Santo, ha domado su lengua y ha suprimido sus deseos malignos y contagiosos para vivir una vida que agrade a Dios.

- **Que retiene la Palabra** significa que un anciano debe confiar y proclamar la Palabra de Dios a pesar de la inmensa presión para prevaricar, ceder o cambiar la enseñanza clara de las Escrituras con el fin de aplacar a hombres mundanos.

- **Capaz de exhortar con sana enseñanza** significa que un anciano está dotado por Dios con la capacidad de entender la Palabra de Dios y con la sabiduría para discernir y explicar su significado a los demás.

- **Capaz de refutar la mala enseñanza** significa que un anciano debe poseer la capacidad de detectar las enseñanzas falsas y el coraje para desafiarlas con claridad y paciencia.

- **Apto para enseñar** significa que un anciano debe de poseer la capacidad de enseñar la Palabra de Dios de una manera preciosa, precisa y persuasiva, que motive a los creyentes a la obediencia y a la fe. Note que este es el único requisito basado en habilidades que se menciona en la lista de cualidades de los ancianos. Todos los demás requisitos están relacionados con el carácter de un anciano.

- **No dado a la bebida** significa que un anciano no debe beber alcohol en exceso y debe de evitar embriagarse.

- **No pendenciero, sino amable** significa que un anciano debe de ser afable, sereno y apacible. Los que se entregan a la violencia, a la crueldad o a la brutalidad no son aptos para el servicio en la iglesia de Dios. Los hombres violentos no son elegibles para el ministerio pastoral.

- **No contencioso** significa que un anciano busca más la paz que la controversia. El ministerio pastoral requiere de paciencia y de gracia frecuentemente. No es apropiado que un hombre de Dios participe en pequeñas contiendas.

- **No avaricioso** significa que un anciano no puede amar el dinero más que a Dios. Los que dirigen la iglesia de Dios deben seguir a Dios por encima de la riqueza y la fortuna.

- **No amante de ganancias deshonestas** significa que un anciano debe ser generoso. Un hombre miserable no entiende el don de la gracia que Cristo le ha dado.

- **Que gobierne bien su casa** significa que el hogar de un anciano generalmente marcha sobre ruedas y que su esposa y sus hijos están bien cuidados. El hombre que es incapaz de manejar sus asuntos domésticos no es apto para el ministerio pastoral.

- **Que tenga a sus hijos en sujeción** significa que los hijos de un anciano deben seguir su liderazgo como él se somete al liderazgo de Cristo. Los hijos de un anciano no necesitan ser perfectos, pero deben de ser respetuosos y sumisos a la autoridad. Los hijos que no quieren someterse a sus padres son modelos pobres de la vida evangélica. En tal caso, el anciano debería de centrar su ministerio en su hogar y abandonar voluntariamente el ministerio pastoral por una temporada.

- **No un recién convertido** significa que un anciano no debería de ser un recién convertido. Muchos se apartan de la fe y hay muchos convertidos falsos. El que aspira al oficio de anciano debe de tener un historial de fidelidad probado.

- **De buena reputación entre los de afuera** significa que un anciano debe de ser honorable dentro y fuera de la iglesia. Sus negocios, sus pasatiempos y sus amistades deben de conducir a los no cristianos a tener una visión favorable de su carácter. Eso no quiere decir que debe agradar a todos o hacer felices a todos, pero es imperativo que trabaje duro para mantener su testimonio con los que no son de la fe.

APÉNDICE D

COMPROMISOS DEL PLANTADOR DE IGLESIAS

1. Mientras la iglesia que estoy plantando no cuente con un segundo anciano local y con una constitución ratificada, me someteré y cooperaré alegremente con los ancianos de [IGLESIA QUE ME ENVÍA] con respecto a todas las decisiones personales e importantes de la iglesia.

2. Consultaré a los ancianos (por correo electrónico o en persona) para realizar cualquier compra no presupuestada de más de $250.

3. Consultaré a los ancianos de mi iglesia que me envía sobre asuntos relacionados con la enseñanza pública en la nueva iglesia. Estos incluyen, pero no están limitados a: un calendario de predicación, el invitar a predicadores visitantes y la frecuencia con la que yo predique.

4. Desde nuestras primeras etapas voy a guiar a mi nueva iglesia a apoyar financieramente a otras iglesias recién plantadas y a plantadores, dando prioridad a los plantadores de iglesias que forman parte de nuestra red de plantación de iglesias.

5. Estoy de acuerdo en ayudar regularmente a reclutar, capacitar y servir de mentor a otros plantadores de iglesias, y usaré los recursos de mi

iglesia y mi propia experiencia para beneficiar a otros plantadores de iglesias dentro de la red de [IGLESIA PLANTADA].

6. En el caso de que ya no esté de acuerdo con las doctrinas o con las prácticas de [IGLESIA PLANTADA], o esté insatisfecho con la dirección actual del ministerio de la iglesia que me envía, lo haré saber a los ancianos y trabajaré diligentemente para llegar a una resolución de mutuo acuerdo. En el caso de que no se pueda llegar a un acuerdo, renunciaré a mi posición de plantador y los ancianos nombrarán un sustituto.

7. Me comprometo a estar presente en persona, por videoconferencia o por conferencia telefónica una vez al mes, con los ancianos de [IGLESIA PLANTADA]. Esta reunión está actualmente programada para ____________. Como preparación para esa reunión, responderé con precisión y con honestidad a las siguientes preguntas:

    - ¿Han ocurrido algunos cambios importantes desde nuestra última reunión?
    - ¿Por qué etapa va en el proceso de plantación? ¿Cuándo espera dar el siguiente paso?
    - ¿Cuál fue el ingreso total de la iglesia durante el último mes del calendario?
    - ¿Ha cumplido la iglesia con todas sus obligaciones financieras durante el último mes?
    - ¿Ha tenido usted algún conflicto en la iglesia o en el equipo principal?
    - ¿Quiénes son actualmente las familias comprometidas de su equipo principal?
    - ¿Durante el mes pasado ha participado en alguna actividad que, si llegara a ser de conocimiento público, avergonzaría a nuestra iglesia y a nuestro Señor?
    - (Si se le paga) ¿Recibió el monto total acordado para su pago en el último mes del calendario?
    - ¿Está permaneciendo personalmente en Cristo? ¿Está dedicando tiempo regularmente a leer las Escrituras y a orar?

- ¿Está prestándole la atención adecuada a su esposa e hijos?
- ¿Existen áreas donde no esté pastoreando a su familia satisfactoriamente?
- ¿Su esposa y sus hijos están experimentando algún efecto negativo obvio como resultado de su labor como plantador de iglesias?
- ¿Usted está apoyando de forma financiera o de otra manera otros esfuerzos de plantación de iglesias?
- ¿Hay algo que podamos mejorar para ayudarlo?
- ¿Siente que estamos haciendo un trabajo adecuado para apoyarlo a usted y a su familia mientras planta esta nueva iglesia?

8. Si los ancianos de la iglesia que me envía me consideran inepto para la obra, o descalificado para el ministerio pastoral, y me piden renunciar o tomarme una licencia, honraré su petición.

APÉNDICE E

CUESTIONARIO PARA EL POSIBLE PLANTADOR DE IGLESIAS

Se le está considerando para ocupar una posición de liderazgo en [IGLESIA QUE LO ENVÍA]. Como la Palabra de Dios enseña que hay estándares de carácter para los que sirven en el liderazgo de la iglesia, queremos hacer todo lo que podamos para entender sus convicciones teológicas, sus prácticas personales, su vida familiar y su caminar con Dios. Por favor, ayúdenos a comenzar esta conversación respondiendo a las preguntas siguientes. Use una hoja aparte según sea necesario.

Información Personal:

Nombre:
Teléfono:
Correo electrónico:
Edad:

Relación con Dios:

1. Describa brevemente cuándo se convirtió en un seguidor de Cristo.

2. ¿Usted practica activamente disciplinas espirituales como la oración, la lectura de la Biblia, el ayuno, el diezmo, la adoración colectiva y el evangelismo?

3. ¿Se considera calificado para el ministerio pastoral según 1 Timoteo 3 y Tito 1? ☐ Sí ☐ No

4. Por favor, describa las luchas más grandes que enfrenta en su vida cristiana.

5. ¿Qué dones espirituales cree que posee?

6. ¿Ha sido bautizado por inmersión desde que se convirtió en cristiano? ☐ Sí ☐ No

7. Desde que es cristiano, ¿ha habido alguna ocasión en la que se haya rebelado contra el Señor significativamente, o ha habido alguna ocasión en la que haya abandonado su fe por completo? ☐ Sí ☐ No — En caso afirmativo, explique.

8. ¿De qué maneras se hace obvio que siente un amor por Jesucristo y Su Evangelio?

9. ¿Alguna vez ha discipulado a otro cristiano y ha visto que ha experimentado un crecimiento espiritual significativo?

10. ¿Cuál piensa usted que es la responsabilidad de un pastor ante el Señor?

Sus Posiciones Teológicas:

1. ¿Puede afirmar de todo corazón la [DECLARACIÓN DOCTRINAL DE SU DENOMINACIÓN O DE SU RED]? ☐ Sí ☐ No (En caso negativo, por favor, comente sobre las áreas de desacuerdo.)

2. Por favor, ¿pudiera explicarme el Evangelio de Jesucristo como si yo nunca lo hubiera escuchado?

3. ¿Ha recibido alguna educación teológica formal (seminario) o en la iglesia? ☐ Sí ☐ No — En caso afirmativo ¿dónde y cuándo?

4. ¿Con qué denominaciones o redes ha estado afiliado en iglesias pasadas?

5. ¿Cuál considera que es el papel de la membresía en una iglesia local saludable?

Sus Relaciones Familiares:

1. Si está casado, ¿su cónyuge apoyaría su empeño para convertirse en plantador de iglesias? ☐ Sí ☐ No ☐ Soltero
2. Si está casado, describa una o dos maneras en las que su cónyuge le haya apoyado en roles anteriores en la iglesia.
3. ¿Alguna vez se ha divorciado o se le ha anulado un matrimonio? ☐ Sí ☐ No
4. ¿Alguna vez ha tenido una relación extramatrimonial? ☐ Sí ☐ No
5. ¿Siente que sabe gobernar bien su hogar?
6. ¿Está usted, o se ha visto alguna vez involucrado en la práctica regular de ver pornografía?
7. ¿Alguna vez ha tenido una relación homosexual o ha participado en relaciones sexuales homosexuales? ☐ Sí ☐ No (En caso afirmativo, explique). ¿Y su cónyuge? ☐ Sí ☐ No (En caso afirmativo, explique).
8. ¿Alguna vez algún amigo, familiar o algún extraño le ha molestado sexualmente a Ud. o a su cónyuge? ☐ Sí ☐ No (En caso afirmativo, por favor explique.)
9. ¿Alguna vez ha experimentado una bancarrota o una ejecución hipotecaria? ☐ Sí ☐ No (En caso afirmativo, explique por favor.)
10. Sin incluir su casa, ¿cuál es el monto total de su deuda personal como consumidor, incluyendo tarjetas de crédito, préstamos para automóviles, préstamos estudiantiles, etc.?

Prácticas Personales:

1. ¿Existen áreas en su vida que, si fueran expuestas, avergonzarían a nuestro Señor y a nuestra iglesia? (Por ejemplo: ¿tiene el hábito de embriagarse con frecuencia? ¿Ve pornografía comúnmente? ¿Actúa éticamente en su puesto de trabajo? ¿Roba o miente regularmente? ¿Alguna vez ha sido condenado o encarcelado por un delito grave?
☐ Sí ☐ No (En caso afirmativo, explique por favor)

Pormenores relacionados con [IGLESIA QUE LO ENVÍA]:

1. Explique la razón por la que está considerando ser parte del liderazgo de [IGLESIA QUE LO ENVÍA].

2. ¿Puede apoyar de todo corazón la visión, la estructura y el estilo de gobierno de [IGLESIA QUE LO ENVÍA], según su entendimiento actual? ☐ Sí ☐ No (En caso negativo, explique por favor).

3. ¿Es usted actualmente miembro de buena reputación de [IGLESIA QUE LO ENVÍA]? ☐ Sí ☐ No (Si no, explique por qué no).

4. [IGLESIA QUE LO ENVÍA] se compromete a participar en la plantación de iglesias local y globalmente. Si planta con éxito una nueva iglesia, ¿se esforzará para guiar a esa nueva iglesia a plantar otras iglesias? ☐ Sí ☐ No (En caso negativo, explique por favor).

5. Nuestra iglesia ha decidido colaborar en las misiones con [RED DE PLANTACIÓN DE IGLESIAS O DENOMINACIÓN]. ¿Puede apoyar nuestra asociación con esta organización?
☐ Sí ☐ No (En caso negativo, explique por favor).

APÉNDICE F

PROCESO DE ORDENACIÓN

Felicitaciones por su llamado al ministerio del Evangelio. Su ordenación es un hito importante en su preparación. Los ancianos de nuestra iglesia acordarán una fecha para celebrar un consejo de ordenación para el cual invitaremos a pastores y ancianos de nuestra iglesia y de otras iglesias con ideas afines, para examinar su aptitud para el ministerio del Evangelio. Durante este consejo, se espera que usted exponga sus posiciones doctrinales y que esté preparado para defenderlas.

[NOMBRE DE SU IGLESIA] practica la ordenación porque creemos que es importante hacer todo lo posible para asegurar que los hombres que apartamos para el ministerio del Evangelio sean pastores llenos del Espíritu, bien instruidos y fieles. Durante su consejo de ordenación, un grupo de pastores y ancianos experimentados van a:

- Examinar su aptitud para ocupar el cargo, examinando sus posiciones doctrinales, su filosofía del ministerio y sus posiciones sobre el matrimonio y la familia.
- Preguntarle sobre áreas generales de preocupación.
- Advertirle contra posibles peligros y puntos débiles que podrían hacer que su ministerio sea menos efectivo.
- Recomendarle a nuestra iglesia si creen que debemos proceder con la ordenación planeada.

- Recomendarle recursos y prácticas que creen que le ayudarán a fortalecer las áreas de debilidad.
- Orar por usted para que comience una vida de servicio a Cristo.

Preparándose para Su Ordenación

I. Prepare una Declaración Inicial

Necesita estar preparado para dar una explicación de 5 minutos sobre su llamado al ministerio del Evangelio. Esta explicación también debe de presentarse por escrito. Por favor, incluya también sus planes y sus aspiraciones futuras. Esta es también una buena oportunidad para señalar por qué se siente movido a dedicarse a la obra del Evangelio. Después de este discurso, el consejo debería de conocer las respuestas que usted dará a las siguientes preguntas:

- ¿Por qué quiere entrar en el ministerio?
- ¿Qué pasaje de las Escrituras (si se aplica) usó el Espíritu Santo para convencerle de su llamado?
- ¿Qué evidencia existe de que se ha dedicado a esta tarea?
- ¿Por qué está tan seguro de que Dios lo ha llamado al ministerio?
- ¿Qué ha hecho para preparase para una vida de ministerio?

Prepárese para defender lo que dice en su declaración inicial.

II. Prepare un Documento con su Posición Teológica

Su posición teológica será el centro de su ordenación. Dedíquele un buen tiempo y toda su atención a la preparación de este documento. Usted proporcionará una declaración teológica escrita sobre cada una de las siguientes áreas de la teología: Dios, el Hombre, la Salvación, las Escrituras, las Misiones, la Iglesia y los tiempos finales. Su declaración debe de ser lo más concisa posible, y a la vez reflexiva y exhaustiva. No se espera que escriba o que hable como un teólogo experimentado, pero sí que comprenda claramente cada una de estas áreas principales de la teología y que sea capaz de proporcionar una defensa sensata y bíblicamente sana sobre sus posiciones. Se espera que redacte dos o más párrafos por cada área, pero ninguna doctrina debería de ocupar más de una página de largo. Al comienzo de cada sección, usted leerá sus posiciones (en el orden enumerado anteriormente), y luego, después de cada sección, el consejo tendrá una oportunidad para hacer preguntas y comentarios. Las declaraciones deben de escribirse con sus propias palabras y no deben de ser "copiadas y pegadas" de cualquier otra fuente. A usted se le solicitará que defienda sus declaraciones contrarias a otros con puntos de vista opuestos, y los miembros del consejo le pondrán a prueba para asegurarse de que comprende claramente la materia teológica que se trata. Este debate continuará para cada una de las seis áreas. Asegúrese de tener 20 copias de este documento de posición listas para distribuirlas el día de su consejo.

Sugerencia: Se le recomienda encarecidamente que envíe su documento a asesores teológicos de confianza con antelación para que pueda recibir sus observaciones y correcciones. El consejo comprobará su capacidad para expresar y defender posiciones doctrinales importantes. Se explorarán con más profundidad las áreas donde parezca inseguro o poco claro.

III. Prepare una Filosofía de Ministerio

Usted escribirá una declaración expresando su filosofía de ministerio. Sea lo más breve posible, pero sin dejar de abordar todas las áreas que considere importantes. Usted pudiera usar viñetas para esta sección, esbozando los principios generales que seguirá como ministro del Evangelio. Aquí le presento un ejemplo.

He de equipar a los santos para la obra del ministerio (Efesios 4:11-12)

- Esto significa que he de concentrarme en ministrar a los que ministran.
- Esto significa que mi principal responsabilidad es la enseñanza.

He de pastorear el rebaño de Dios (1 Pedro 5:2)

- Esto significa que he de proteger espiritualmente a los que están bajo mi cuidado.

- Esto significa que he de guiarlos y conocerlos.
- Esto significa que mi ministerio principal es para los que pertenecen al Reino de Dios.

Después de este discurso, el consejo debería de conocer la respuesta a las siguientes preguntas:

- ¿Cuáles son los principios/creencias que le inspirarán como ministro del Evangelio?
- ¿Qué impide que sea "llevado de aquí para allá por todo viento de doctrina"? (Efesios 4:14)
- ¿Cuál será su foco de atención como ministro del Evangelio?

Una vez más, el consejo interactuará con usted con respecto a su filosofía de ministerio. Confirmarán las afirmaciones que hayan percibido como ciertas en su vida, y discutirán áreas donde cuestionen su filosofía. Prepárese para defender lo que exprese sobre su filosofía de ministerio.

IV. Prepare una Declaración sobre el Matrimonio y la Familia

Escriba brevemente sus puntos de vista referentes al rol de un esposo y padre que sirve en el ministerio a tiempo completo. Una vez más, prepárese para defender sus declaraciones. Incluya algún comentario sobre cómo espera que su familia participe en el ministerio que usted conducirá y sobre cómo los pastoreará mientras también pastorea a la iglesia.

Salida:

Cuando haya terminado con todas sus declaraciones, se le pedirá que se retire de la sala mientras el consejo delibera basados en lo que han escuchado. El moderador solicitará la recomendación del consejo para determinar si se procederá con los planes de ordenación. Cuando se llegue a una decisión, se le invitará de nuevo a entrar a la sala y el moderador resumirá la recomendación del consejo.

Espacio Abierto para el Consejo:

Después de leer la recomendación, el consejo le ofrecerá algunos comentarios finales, consejos, instrucciones o advertencias sobre lo que han escuchado. Cada miembro del consejo tendrá la oportunidad de hablar. Cuando todos hayan terminado, los hombres se reunirán a su alrededor para orar.

APÉNDICE G

HOJA DE TRABAJO DE EXPECTATIVAS

Todo nuevo plantador de iglesias tiene expectativas sobre cómo irán las cosas en las primeras etapas de la plantación de iglesias, pero no todas las expectativas se harán realidad. Saber manejar las expectativas contribuirá mucho al concepto de efectividad personal en el ministerio de un plantador de iglesias. A dos plantadores de iglesias nuevos se les hizo la misma pregunta: ¿Cómo se sentirían si, de aquí a un año, su iglesia tiene una asistencia semanal promedio de 75 personas? El primer plantador de iglesias respondió positivamente diciendo: "Me sorprendería que 75 personas vinieran a escucharme predicar." El otro honestamente confesó: "Abandono el ministerio." Sus expectativas marcan la diferencia. Si ambos tuvieran la misma experiencia, uno terminaría el año dispuesto a renunciar y el otro se sentiría alentado.

Pase algún tiempo explorando sus expectativas para su primer año de ministerio. A continuación, encontrará una lista de preguntas que le ayudarán a revelar sus expectativas. Después de entenderlas, puede comenzar a considerar cómo responderá cuándo las supere o no se cumplan.

El plantador de iglesias sabio recuerda pasajes en las Escrituras relacionados con el cumplimiento de nuestros planes, y no evaluará su éxito según sus propios logros, sino según la guía prometida que nuestro Salvador provee.

- "Muchos son los planes en el corazón del hombre, mas el consejo del Señor permanecerá."[1]
- "La mente del hombre planea su camino, pero el Señor dirige sus pasos."[2]
- "...yo estoy con vosotros todos los días, hasta el fin del mundo."[3]

Repase la siguiente lista de expectativas. Marque las que usted espera que se cumplan al final de su primer año de cultos de adoración públicos.

EXPECTATIVA	REALIDAD	
☐	☐	Mi familia ya habrá encontrado un ritmo "normal" en nuestra vida y ministerio.
☐	☐	Disfrutaré la labor.
☐	☐	Mi familia se habrá estabilizado en lo relacionado con el alojamiento y la escuela.
☐	☐	La iglesia tendrá una base fuerte conformada por al menos 10 familias comprometidas.
☐	☐	Estaré tan entusiasmado con el ministerio como lo estoy ahora.
☐	☐	Tendremos sirviendo con nosotros a otros compañeros de ministerio importantes.
☐	☐	La iglesia habrá celebrado su primer culto de bautismo.
☐	☐	La iglesia tendrá un lugar estable para congregarse.
☐	☐	La iglesia tendrá un promedio de más de 100 personas en los cultos de adoración semanales.
☐	☐	La iglesia tendrá un líder de adoración de calidad.
☐	☐	La iglesia habrá afirmado, por lo menos, a otro anciano.
☐	☐	Se habrá escrito y acordado nuestra constitución de la iglesia.
☐	☐	La iglesia tendrá diáconos.
☐	☐	La iglesia tendrá miembros.
☐	☐	La iglesia tendrá su curso de membresía.

1 Proverbios 19:21
2 Proverbios 16:9
3 Mateo 28:20

- ☐ ☐ La iglesia habrá dado apoyo monetario a otro proyecto de plantación o revitalización.
- ☐ ☐ La iglesia habrá identificado y ayudado a preparar a otro plantador de iglesias.
- ☐ ☐ La iglesia habrá organizado y participado en un viaje misionero al extranjero.
- ☐ ☐ Nuestros servicios de adoración podrían describirse como gozosos y espiritualmente profundos.
- ☐ ☐ Los líderes de todos los ministerios son cristianos obedientes y llenos del Espíritu.
- ☐ ☐ Los hombres y las mujeres que sirven más cerca de mí en la obra respetan mi liderazgo.
- ☐ ☐ Los hombres y mujeres que sirven más cerca de mí en la obra respetan mi caminar con Dios.
- ☐ ☐ Los hombres y mujeres que sirven más cerca de mí en la obra son mis mejores amigos.
- ☐ ☐ Las personas que asisten a nuestra iglesia invitarán a otros a asistir regularmente.
- ☐ ☐ Podré ver el resultado de mi predicación en las vidas de los que asisten regularmente.
- ☐ ☐ Habré tenido un conflicto significativo con un miembro clave del equipo central o del personal.
- ☐ ☐ Habré enojado tanto a alguien que dejó nuestra iglesia.
- ☐ ☐ Tendré una buena relación con los demás plantadores de iglesias en mi red.
- ☐ ☐ Regularmente ayudo a otros plantadores de iglesias con consejos o aliento.
- ☐ ☐ Tendré por lo menos algo que mejorar en cuanto a la forma en que he liderado hasta el momento.
- ☐ ☐ Leo y estudio regularmente.
- ☐ ☐ Mi vida de oración es profunda y coherente.
- ☐ ☐ Mantengo una actitud pastoral en mi hogar, con mi esposa y con mi familia.

APÉNDICE H

RECURSOS PARA LA INVESTIGACIÓN

Asociación para Archivos de Datos Religiosos

La Asociación para Archivos de Datos Religiosos (ARDA, por sus siglas en inglés) se esfuerza por democratizar el acceso a los mejores datos sobre la religión.

- Sitio web: www.thearda.com
- Proporciona datos religiosos de los Estados Unidos.

Christianity Today (Cristianismo Hoy)

Christianity Today equipa a los cristianos para renovar sus mentes, servir a la iglesia y crear una cultura para la gloria de Dios.

- Sitio web: www.christianitytoday.com
- Proporciona comentarios sociales, tendencias religiosas, estadísticas, recursos religiosos.

City-Data (Datos de Ciudades)

City-Data crea perfiles detallados e informativos de todas las ciudades de los Estados Unidos mediante la recopilación y análisis de datos de numerosas fuentes.

- Sitio web: www.city-data.com

- Proporciona estadísticas sobre criminalidad, patrones climáticos locales, comentarios sobre las escuelas, evaluaciones de impuestos a la propiedad, registro de agresores sexuales, guías para restaurantes, estadísticas, datos de vivienda, datos demográficos.

Expatistan

Expatistan es una calculadora del costo de vida que le permite comparar ciudades de todo el mundo. Las comparaciones proveen una mejor comprensión de los costos de vida en cualquier ciudad antes de que se mude allí.

- Sitio web: www.expatistan.com
- Proporciona calculadora de costo de vida, herramienta de conversión salarial

Federal Bureau of Investigation (Buró Federal de Investigaciones)

El *FBI* es una agencia nacional de seguridad y cumplimiento de la ley dirigida por la inteligencia, que ha provisto liderazgo y ha marcado la diferencia por más de un siglo.

- Sitio web: www.fbi.gov
- Provee estadísticas de criminalidad, verificación de antecedentes penales, registro de agresores sexuales

Gallup, Inc.

Gallup ofrece análisis y asesoramiento para ayudar a líderes y a organizaciones a resolver sus problemas más apremiantes. Con más de 80 años de experiencia global, Gallup posee mayor conocimiento de las actitudes y los comportamientos de empleados, clientes, estudiantes y ciudadanos, que cualquier otra organización en el mundo.

- Sitio web: www.gallup.com
- Proporciona datos de investigación y estadísticas

GreatSchools (Grandes Escuelas)

GreatSchools es una organización sin fines de lucro con perfiles de más de 200,000 escuelas de preescolar-12 (públicas y privadas) y cerca de 1 millón de comentarios de padres, maestros y estudiantes sobre las escuelas que mejor conocen.

- Sitio web: www.greatschools.org
- Proporciona recursos educativos, comentarios sobre las escuelas

El Proyecto Josué

El Proyecto Josué es una iniciativa de investigación que destaca a los grupos poblacionales étnicos del mundo con menor número de seguidores de Cristo. La información exacta y actualizada del grupo poblacional étnico es esencial para entender y llevar a cabo la Gran Comisión.

- Sitio web: www.joshuaproject.net
- Proporciona investigaciones sobre los grupos poblacionales del mundo.

Noodle

Noodle es un sitio web educativo que ayuda a los padres y estudiantes a tomar mejores decisiones con respecto a su aprendizaje. Utilizando herramientas de búsqueda interactivas, los usuarios pueden encontrar el preescolar adecuado, la universidad, el tutor o cualquier otro recurso de aprendizaje que necesiten. Además, los usuarios pueden leer artículos con autoría de expertos, hacer preguntas, y obtener respuestas de algunas de las principales mentes pensantes de la educación. También pueden conectarse con otros en sus comunidades.

- Sitio web: www.noodle.com
- Proporciona recursos educativos locales, comentarios sobre escuelas, capacitación.

North American Mission Board, SBC (Junta Norteamericana de Misiones)

La *North American Mission Board* trabaja con iglesias, asociaciones y convenciones estatales para movilizar a los Bautistas del Sur a ser la fuerza misional que impacte a América del Norte con el Evangelio de Jesucristo a través del evangelismo y la plantación de iglesias. *Send North America* (Envía a Norteamérica) es su estrategia nacional para movilizar a las iglesias a plantar iglesias, y movilizar a plantadores de iglesias y otros misioneros a apoyar esos esfuerzos.

- Sitio web: www.namb.net
- Proporciona investigación demográfica, estadísticas, capacitación y financiamiento

Numbeo

Numbeo es la mayor base de datos del mundo con datos aportados por usuarios, sobre ciudades y países de todo el mundo.

- Sitio web: www.numbeo.com
- Proporciona calculadora para determinar el costo de vida, indicadores sobre la vivienda, información local de salud, condiciones de tráfico, estadísticas de criminalidad, niveles de contaminación.

PEOPLEGROUPS.info

Peoplegroups.info es una iniciativa conjunta de las *North American and International Mission Boards* (Juntas de Misiones Norteamericanas e Internacionales) de la Convención Bautista del Sur. Este sitio proyecta una visión para establecer contacto con los grupos poblacionales no alcanzados y equipa a individuos e iglesias para cumplir la Gran Comisión donde viven.

- Sitio web: www.peoplegroups.info
- Proporciona investigaciones sobre los grupos poblacionales del mundo.

Centro de Investigación *Pew*

El Centro de Investigación *Pew* es un tanque de datos no partidista que informa al público sobre los temas, las actitudes y las tendencias que determinan a los Estados Unidos y al mundo. Incluye encuestas de opinión pública, investigación demográfica, análisis de contenidos y otras investigaciones de ciencias sociales basadas en datos.

- Sitio web: www.pewforum.org
- Proporciona investigación demográfica, tendencias religiosas, comentarios sociales, estadísticas.

La Oficina del Censo de los Estados Unidos

La Oficina del Censo proporciona datos sobre la población y economía de la nación.

- Sitio web: www.census.gov
- Proporciona estadísticas, datos demográficos, mapas interactivos.

Zillow

Zillow es el principal mercado inmobiliario y de alquiler dedicado a empoderar a los consumidores mediante datos, inspiración y conocimiento sobre el lugar al que llaman hogar, y conectarlos con los mejores profesionales locales que pudieran ayudarles.

- Sitio web: www.zillow.com
- Ofrece ayuda inmobiliaria, tendencias de la vivienda.

APÉNDICE I

HOJA DE TRABAJO DEL PRESUPUESTO PERSONAL

Llene la siguiente información sobre sus gastos personales y familiares. En la columna de la izquierda ingrese la cantidad necesaria para vivir cómodamente en esa categoría. En la columna de la derecha, escriba la cantidad más baja que necesita para sobrevivir.

CATEGORÍA	**IDEAL**	**UMBRAL**
Casa:		
• Alquiler/Hipoteca	____________	____________
• Utilidades	____________	____________
• Teléfono	____________	____________
• Seguro	____________	____________
• Cable/Medios	____________	____________
• Internet	____________	____________
• Asoc. Propietarios (HOA)/	____________	____________
• Pagos al Condominio	____________	____________
Auto:		
• Combustible	____________	____________
• Reparaciones	____________	____________
• Seguro	____________	____________

Cuidado Personal:

• Cortes de Cabello	______	______
• Ropa	______	______
• Educación	______	______
• Artículos Personales	______	______
• Visitas al Médico	______	______
• Visitas al Dentista	______	______

Comida:

• Comestibles	______	______
• Restaurantes	______	______

Diversión:

• Vacaciones	______	______
• Diversión Familiar	______	______
• Gastos no Presupuestados	______	______
• Navidad	______	______
• Cumpleaños	______	______

Pagos de Deudas:

• Pago del Auto	______	______
• Tarjetas de Crédito	______	______
• Préstamos Estudiantiles	______	______
• Otros Préstamos	______	______

Sabiduría

• Diezmo/Ofrendas	______	______
• Ahorros	______	______
• Inversiones	______	______
• Beneficencia	______	______

Diversos

• Otros	______	______
• Otros	______	______
• Otros	______	______

Total Mensual	______	______

APÉNDICE J

EJEMPLO DEL PRESUPUESTO PARA PLANTAR LA IGLESIA

Para ayudar a proyectar el presupuesto de su nueva iglesia, llene la cantidad "Ideal" necesaria para operar cómodamente y la cantidad "Umbral" necesaria para cubrir solamente las necesidades.

CATEGORÍA	EJEMPLO	IDEAL	UMBRAL
Personal			
• Salario del Plantador	40000	__________	__________
• Vivienda del Plantador	15000	__________	__________
• Asistente	25000	__________	__________
• Educación/Capacitación	6000	__________	__________
• Reembolso por Uso del Auto	2400	__________	__________
Instalaciones			
• Renta	30000	__________	__________
• Seguro	3250	__________	__________
• Utilidades	4800	__________	__________
• Mantenimiento	2400	__________	__________

Remolque y Equipos

- Mantenimiento del Remolque 600 __________ __________
- Mantenimiento de equipos 1200 __________ __________
- Compra de Equipos 5000 __________ __________

Ministerio

- Currículo 1200 __________ __________
- Suministros 1000 __________ __________
- Alcance 14,000 __________ __________
- Evangelismo 2000 __________ __________
- Grupos Pequeños 1200 __________ __________
- Hospitalidad 600 __________ __________
- Eventos 18,000 __________ __________

Misiones

- Apoyo Misionero 2400 __________ __________
- Beca de Viaje 4000 __________ __________
- Apoyo a Plantador 6000 __________ __________
- Apoyo a Plantador 6000 __________ __________
- Ofrenda Denominacional 3600 __________ __________

Comunicaciones

- Sitio web 1000 __________ __________
- Correo electrónico 1600 __________ __________
- Correo 3000 __________ __________
- Señalización 4300 __________ __________

Diversos

- Otros __________ __________
- Otros __________ __________
- Otros __________ __________

Total de Gastos Mensuales: __________ __________

Cantidad Ideal Cantidad Umbral

APÉNDICE K

EJEMPLO DE UN RESUMEN DE FINANCIAMIENTO

Esta hoja de trabajo pretende ayudarle a llevar un registro de su labor de recaudación de fondos. Registre aquí todos los totales y asegúrese de actualizar a todos sus colaboradores siempre que haya un cambio en sus asociaciones.

Plantador:____________________ Cónyuge del Plantador:__________

Nombre de la Iglesia Plantada: ____________Año de Inicio: __________

CONTRIBUYENTE	AÑO 1	AÑO 2	AÑO 3	AÑO 4
____________________	________	________	________	________
Contribución Denominacional				
____________________	________	________	________	________
Ingreso de la Iglesia Plantada				
____________________	________	________	________	________
Iglesia que lo Envía				
____________________	________	________	________	________
Iglesia Contribuyente #1				
____________________	________	________	________	________

Iglesia Contribuyente #2

______________________ ________ ________ ________ ________

Iglesia Contribuyente #3

______________________ ________ ________ ________ ________

Iglesia Contribuyente #4

______________________ ________ ________ ________ ________

Iglesia Contribuyente #5

______________________ ________ ________ ________ ________

Iglesia Contribuyente #6

______________________ ________ ________ ________ ________

Total Provisto por Contribuyentes Individuales

______________________ ________ ________ ________ ________

Otras Contribuciones

Contribución Total ________ ________ ________ ________

APÉNDICE L

REDES DE PLANTADORES DE IGLESIAS

- 21st *Century Strategies* (Estrategias del Siglo 21) — www.effectivechurch.com
- *Acts 29* (Hechos 29) — www.acts29network.org
- *Aletheia Network* (Red Aletheia) — www.aletheianetwork.com
- *Association of Related Churches* (Asociación de Iglesias Relacionadas) — www.arcchurches.com
- *Calvary Nexus* — www.calvarynexus.org
- *CityReach Network* (Red CityReach) — www cityreachnetwork.org
- *Church Multiplication Associates* (Asociados en la Multiplicación de Iglesias) — www.cmaresources.org
- *Church Multiplication Network* (Red de Multiplicación de Iglesias) – www.churchmultiplication.net
- *Church Multiplication Training Center* (Centro de Capacitación para la Multiplicación de Iglesias) — www.cmtcmultiply.org
- *Church Planting by Nexus* (Plantación de Iglesias por Nexus) — www.nexus.us
- *CoachNet* — www.coachnet.org

- *Converge* — www.convergeworldwide.org
- *Dynamic Church Planting International* (Plantación Dinámica de Iglesias Internacionales) — www.dcpi.org
- *Evangelical Free Church of America* (Iglesia Evangélica Libre de Estados Unidos) — www.efca.org
- *Exponential Network/Passion for Planting* (Red Exponencial/Pasión por la Plantación) — www.church-planting.net
- *Fellowship Associates* — www.fellowshipassociates.org
- *Global Church Advancement* (Avance Global de la Iglesia) — www.gca.cc
- *Glocalnet* — www.glocal.net
- *Harvest Bible Fellowship* — www.harvestbiblefellowship.org
- *Kairos Church Planting* (Plantación de Iglesias Kairos) – www.kairoschurchplanting.org
- *Liberate* (Liberar) — www.liberate.org
- *Liberty Church Planting Network* (Red de Plantación de Iglesias de Liberty) — www.libertycpn.com
- *Multiply Group* (Grupo Multiplicar) – www.multiplygroup.org
- *New Breed Church Planting* (Plantación de Iglesias por una Nueva Generación) – www.newbreedcp.org
- *North American Mission Board* (Junta Norteamericana de Misiones) — www.namb.net
- *North American Church Planting Foundation* (Fundación Norteamericana de Plantación de Iglesias) — www.northamericanchurchplantingfoundation.org
- *Northwest Church Planting* (Plantación de Iglesias del Noroeste) — www.nwchurchplanting.org
- *Pillar Network* (Red Pilar) – www.thepillarnetwork.org

- *Pillar Planting* (Plantación Pilar) — www.pillarchurchsbc.com
- *PLNTD Network* (Red PLNTD) — www.plntd.com
- *Praetorian Project* (Proyecto Pretoriano) — www.praetorianproject.org
- *Redeemer City to City* (Redentor de Ciudad a Ciudad) — www.redeemer.com
- *SBC State Conventions List* (Lista de Convenciones Estatales de CBS) — http://www.sbc.net/stateconvassoc.asp
- *Sent Network* (Red Enviado) — www.sentnetwork.org
- *Sojourn Network* (Red Estadía) — www.sojournnetwork.com
- *Soma Family of Churches* (Familia de Iglesias Soma) — www.wearesoma.com
- *Sovereign Grace Ministries* (Ministerios Gracia Soberana) — www.sovereigngraceministries.org
- *Stadia* — www.stadia.cc
- *The Association of Related Churches* (Asociación de Iglesias Relacionadas) — www.weplantlife.com
- *The Summit Network* (Red La Cumbre) — www.thesummitnetwork.com
- *Treasuring Christ Together Network* (Red Atesorando a Cristo Juntos) — www.tctnetwork.org
- *V3* — www.thev3movement.org
- *Verge Network* (Red Margen) — www.vergenetwork.org
- *Vineyard Church Planting* (Plantación de Iglesias de la Viña) — www.vineyardusa.org
- *Vision360* — www.wision360.org
- *Waterhouse Church Planting Network* (Red de Plantación de Iglesias Waterhouse) — www.waterhouse.org

APÉNDICE M

DESCRIPCIONES DE TRABAJO DEL EQUIPO MISIONERO

Promotor de Oración — El Promotor de Oración es el responsable de promover la oración personal y colectiva en la vida de nuestra nueva iglesia. Esta persona debe de (1) mantener una vida espiritual saludable y en crecimiento, y guiar a los demás a hacer lo mismo; (2) organizar una reunión mensual de oración donde participe toda la iglesia: miembros y oyentes; (3) crear un medio eficiente para comunicarle a la congregación las cargas de oración inmediatas; (4) crear un medio eficiente para comunicar las peticiones de oración de la iglesia a nuestros colaboradores y asociados; y (5) trabajar con otros líderes del ministerio para asegurar que la oración desempeñe un rol fundamental en sus ministerios.

Líder de Adoración — El Líder de Adoración es el responsable de magnificar la grandeza de Dios y Jesucristo a través de la planificación, conducción y promoción de los programas de música y adoración de nuestra iglesia. Esta persona debe de (1) mantener una vida espiritual saludable y en crecimiento, y guiar a los demás a hacer lo mismo; (2) participar regularmente en la conducción de la adoración con música en nuestras reuniones dominicales y en otros eventos de vez en cuando; (3) reclutar, desarrollar y dirigir un equipo de adoración; (4) trabajar con nuestro pastor para seleccionar conjuntos de canciones de adoración centradas en el Evangelio y que exalten a Cristo; (5) planificar y dirigir los ensayos; y (6) ayudar en la supervisión y coordinación de otras áreas relacionadas con la adoración: sonido, luces, video, etc.

Director de Discipulado — El Director de Discipulado es el responsable de promover el discipulado en nuestra iglesia para ayudar a las personas a crecer tanto en conocimiento como en obediencia a la Palabra de Dios. Esta persona debe de (1) mantener una vida espiritual saludable y en crecimiento, y guiar a los demás a hacer lo mismo; (2) equipar a los cristianos maduros con las herramientas y recursos necesarios para discipular a los demás; (3) identificar a los cristianos menos maduros que necesitan ser discipulados; y (4) establecer y facilitar las relaciones de formación de discípulos en toda la congregación.

Coordinador de Alcance — El Coordinador de Alcance es el responsable de la planificación general, desarrollo y despliegue de los ministerios de alcance de nuestra iglesia nueva, incluyendo los campos misioneros locales, nacionales e internacionales. Esta persona debe de (1) mantener una vida espiritual saludable y en crecimiento, y guiar a los demás a hacer lo mismo; (2) desarrollar y mantener programas misioneros locales e internacionales; (3) reclutar, capacitar y apoyar a una red de voluntarios para guiar diversas oportunidades para el evangelismo; (4) planificar y dirigir viajes misioneros, tanto a nivel local como al extranjero; (5) trabajar con el liderazgo de nuestra iglesia para garantizar la presencia de nuestra iglesia en eventos comunitarios; y (6) establecer una red con varios individuos y grupos pequeños para lograr los objetivos de la congregación para el alcance.

Coordinador del Ministerio de Niños — El Coordinador del Ministerio de Niños es el responsable de planificar, conducir, promover y evaluar un ministerio integral y equilibrado para nuestros niños y para sus familias. Esta persona debe de (1) mantener una vida espiritual saludable y en crecimiento, y guiar a los demás a hacer lo mismo; (2) planificar programas y actividades para el desarrollo espiritual, emocional e intelectual de nuestros niños y sus padres o tutores; (3) reclutar y equipar al liderazgo ministerial y a los voluntarios; (4) evaluar y asegurar la literatura, los recursos y el material didáctico; (5) desarrollar e implementar políticas para garantizar la seguridad de nuestros niños; y (6) coordinar y proveer el cuidado de los niños pequeños durante los cultos de adoración y los eventos especiales de la iglesia en general.

Coordinador de Comunicaciones — El Coordinador de Comunicaciones es el responsable de asegurar que los medios de comunicación y el mensaje de nuestra iglesia sean consistentes, bíblicos y claros. Esta persona debe de (1) mantener una vida espiritual saludable y en crecimiento, y guiar a los demás a hacer lo mismo; (2) manejar el contenido y la estética para todas las formas de comunicación de la iglesia incluyendo la web, los medios sociales y los impresos; (3) servir como el embudo a través del cual pasan todas las formas de comunicación antes de publicarse; (4) trabajar con varios líderes de ministerios para producir un mensaje consistente y elocuente a nuestra comunidad y a nuestra congregación; (5) administrar la base de datos de la membresía de la iglesia, manteniendo un registro de los visitantes y los que asisten a eventos de alcance organizados por nuestra iglesia; (6) inspeccionar regularmente nuestro sitio web para detectar información obsoleta y enlaces que no funcionen; (7) proveer contenido para cualquiera de las publicaciones o de las campañas de los medios sociales de nuestra iglesia; y (8) garantizar que utilicemos los mejores métodos de comunicación disponibles para llegar al mayor número posible de miembros y asistentes.

Director Técnico — El Director Técnico es el responsable de dirigir a un equipo de voluntarios para que brinden un servicio de apoyo de alta calidad para el audio, video e iluminación que se utilicen durante los cultos y otros eventos, según sea necesario. Esta persona debe de (1) mantener una vida espiritual saludable y en crecimiento, y guiar a los demás a hacer lo mismo; (2) reclutar voluntarios; (3) proveer oportunidades de capacitación para que los voluntarios adquieran las habilidades necesarias para que tengan éxito en sus áreas; (4) iniciar y planificar regularmente la capacitación continua; (5) programar a los voluntarios necesarios para cada culto o evento y comunicarles sus responsabilidades por adelantado; (6) iniciar reparaciones y reemplazos de equipos importantes; y (7) establecer un plan para preparar y ejecutar elementos de video, visualización e iluminación de calidad para cada culto o evento.

Coordinador de Cultos — El Coordinador de Cultos es el responsable de planificar, implementar y evaluar los cultos de adoración de la iglesia incluyendo los formatos del culto, el orden, los temas y los programas especiales. Esta persona debe de (1) mantener una vida espiritual saludable y en crecimiento y guiar a los demás a hacer lo mismo; (2) administrar la logística de todos los cultos de adoración; (3) trabajar junto al pastor predicador y los líderes del culto para crear una presentación cohesiva de los elementos del culto; (4) actuar como punto de contacto para todos los elementos del culto de adoración; y (5) desarrollar un equipo y un sistema que mantenga informados a todos los involucrados.

Director del Ministerio de Jóvenes — El Director del Ministerio de Jóvenes es el responsable de planificar, conducir, promover y evaluar un ministerio integral y equilibrado para nuestros jóvenes y para sus familias. Esta persona debe de (1) mantener una vida espiritual saludable y en crecimiento, y guiar a los demás a hacer lo mismo; (2) planificar programas y actividades para el desarrollo espiritual, emocional e intelectual de nuestra juventud y de sus padres o sus tutores; (3) reclutar y equipar al liderazgo del ministerio y a los voluntarios; (4) evaluar y asegurar la literatura, los recursos y el material didáctico; (5) desarrollar e implementar políticas para la seguridad de nuestros jóvenes; (6) planificar y llevar a cabo proyectos especiales, tales como campamentos y retiros; y (7) coordinar el alcance y viajes misioneros para los jóvenes.

Tesorero — El Tesorero es el responsable de recibir, distribuir, contabilizar y proteger apropiadamente los fondos de la iglesia en el marco de las políticas establecidas por la iglesia. Esta persona debe de (1) mantener una vida espiritual saludable y en crecimiento, y guiar a los demás a hacer lo mismo; (2) desarrollar e implementar políticas y procedimientos relacionados con la recepción, contabilidad y distribución de los fondos de la iglesia; (3) llevar los registros de los fondos recibidos y distribuidos; (4) reclutar voluntarios para recibir, contar y depositar el dinero; (5) llevar los registros de las contribuciones, y preparar y distribuir las declaraciones de las contribuciones; (6) conciliar mensualmente los estados de las cuentas bancarias y corregir los libros de contabilidad según sea necesario; y (7) hacer informes regulares a la iglesia o al liderazgo, según lo indique la iglesia.

Coordinador de Grupos Pequeños — El Coordinador de Grupos Pequeños es el responsable de organizar nuestro ministerio de grupos pequeños para el desarrollo y cuidado de los discípulos, para estimular a la iglesia a la vida en comunidad bíblica y para desarrollar el ministerio a los perdidos. Esta persona debe de (1) mantener una vida espiritual saludable y en crecimiento, y guiar a los demás a hacer lo mismo; 2) colaborar con el liderazgo de la iglesia para concebir e implementar un sistema de grupos pequeños; (3) desarrollar e implementar procedimientos que promuevan la asistencia y la participación en los grupos pequeños; (4) estar familiarizado con los recursos curriculares y hacer recomendaciones para las clases y los grupos; (5) reclutar y desarrollar el liderazgo de los grupos futuros; (6) garantizar la rendición de cuentas y la capacitación adicional para los líderes de grupos pequeños actuales.

APÉNDICE N

HOJA DE TRABAJO SOBRE ELEMENTOS DE ADORACIÓN

Debajo encontrará una lista con elementos de adoración que usted pudiera incluir en sus cultos. Teniendo en cuenta la duración y el contexto de su culto, valore los pros y los contras de cada elemento para determinar cuáles funcionarán en sus cultos y cuáles no. Esta no es una lista completa, y es posible que usted no pueda incluir todos los elementos de esta lista en sus cultos.

Consideraciones Generales sobre la Adoración

Al decidir qué elementos usará en sus cultos de adoración, trate de determinar qué principio de adoración refleja mejor su comprensión de las Escrituras. A continuación, he incluido una breve introducción de cada principio; sin embargo, también recomiendo que lleve a cabo un estudio personal adicional sobre estos principios. Al decidir incluir o excluir ciertos elementos de sus cultos de adoración, trate de comprender a profundidad estos principios; ello le ayudará a tomar decisiones sabias y a explicar su razonamiento a miembros y líderes curiosos.

- **Principio Regulativo en la Adoración** — En pocas palabras, el Principio Regulativo en la Adoración es el entendimiento de que, a través de la Biblia, Dios ha prescrito específicamente la manera en que el hombre le debe adorar colectivamente, y que cualquier intento de adorarle colectivamente que no esté específicamente estipulado o ejemplificado en las Escrituras, es inaceptable. Este enfoque sobre la adoración intenta honrar las Escrituras y evitar el antinomianismo.

- **Principio Normativo en la Adoración** — En contraste, el Principio Normativo en la Adoración se basa en el conocimiento de que Dios no ha limitado la manera en que se le debe de adorar colectivamente, y de que solo las acciones o formas de adoración específicamente prohibidas por la Biblia son inaceptables. Esta perspectiva sobre la adoración enfatiza nuestra libertad en Cristo y se basa en pasajes como 1 Corintios 10:31 y Colosenses 3:17.

Elementos de la Adoración

Música — La música es el método principal por el que la mayoría de las congregaciones a lo largo de la historia han participado en la adoración colectiva. Gran parte de los Salmos y varios pasajes del Nuevo Testamento proporcionan tanto el precedente como la prescripción sobre cómo adorar al Señor a través del canto y la música. Como plantador de iglesias, usted tendrá que decidir cuándo comenzará a incluir un elemento musical de adoración en sus cultos y deberá determinar qué estilo de música se ajusta mejor a su contexto y a su comprensión de las Escrituras.

Predicación — Para muchas iglesias, la predicación constituye el medio de enseñanza y discipulado principal de los ministerios de la iglesia. En algunos casos, los pastores también usarán la predicación como una herramienta evangelística fundamental. Hay dos métodos principales de predicación: el temático y el expositivo. Las predicaciones temáticas suelen explorar una sola idea a través de una variedad de textos bíblicos. El objetivo de la predicación temática es entender lo que la Biblia dice sobre el tema. Por el contrario, las predicaciones expositivas suelen centrarse en un solo texto y pueden incluir una variedad de ideas. El objetivo de las predicaciones expositivas es entender lo que dice el texto bíblico. Como plantador de iglesias, necesitará optar por el enfoque de predicación que mejor se adapte a su contexto y a su comprensión de las Escrituras.

Oración — La oración es parte importante de la vida individual del cristiano, así como de la vida de la congregación en su conjunto. Incluir la oración como uno de los elementos de su culto de adoración proporcionará una oportunidad para resaltar la importancia de la oración en la vida de la iglesia. La oración también empodera el ministerio de la iglesia. Como plantador de iglesias, usted debería de considerar concederle a la oración un lugar prominente en su culto de adoración. Además, tendrá que determinar cuándo y con qué frecuencia desea que se ore durante el culto y quién guiará esas oraciones. Por último, debería de pensar cómo le gustaría que la congregación ore. Algunas iglesias ofrecen oportunidades para orar en el altar, arrodillándose frente a sus asientos u orando en pequeños grupos.

Bautismo — El bautismo es una de las dos ordenanzas de la iglesia. El bautismo debe de ser uno de los primeros pasos de obediencia para un nuevo creyente. Es la oportunidad del nuevo creyente para identificarse públicamente con el cuerpo de Cristo. Usted necesitará determinar su método de bautismo y cuán prominentemente desea celebrarlos, según su entendimiento de las Escrituras y su contexto. También necesitará comunicarle a la congregación cualquier expectativa que tenga sobre cómo deberían de animar al creyente recién bautizado.

Santa Cena — La Santa Cena es una de las dos ordenanzas de la iglesia. Cristo modeló la Santa Cena en los Evangelios, y la participación regular en la misma es tanto una ordenanza bíblica como una práctica histórica. Como plantador de iglesias, usted tendrá que bregar con algunas preguntas relacionadas con la Santa Cena. En primer lugar, si bien el vino se ha utilizado históricamente en la Santa Cena, muchas congregaciones modernas optan por utilizar jugo de uva en su lugar por causa de los que luchan con el alcoholismo. Tendrá que decidir cuál bebida se ajusta mejor a su contexto y a su comprensión de las Escrituras. Además, tendrá que decidir la frecuencia con la que desea celebrar la Santa Cena. La mayoría de las congregaciones celebran la Santa Cena semanal, trimestral o anualmente. Finalmente, como plantador, usted deberá decidir cómo realizar la Santa Cena. Las iglesias y las denominaciones participan en la Santa Cena de diversas maneras. Estudie o visite varias iglesias de diferentes trasfondos para desarrollar un método de Santa Cena que mejor se adapte a su contexto y a su entendimiento de las Escrituras.

Lectura Bíblica — Muchas iglesias leen pasajes de la Escrituras durante sus cultos. La lectura de las Escrituras durante la adoración tiene una rica precedencia histórica y sirve para resaltar la Palabra de Dios en la vida del creyente. Las iglesias llevan a cabo la lectura de las Escrituras de varias formas, incluyendo a veces música, videos o la participación de los congregados. Debido a que existen maneras diversas de presentar las Escrituras, debería de pensar en los métodos que mejor destaquen el pasaje que se lee, y que mejor se ajusten a su contexto.

Énfasis en las Misiones — Muchas iglesias optan por resaltar las misiones durante sus cultos. Una de las maneras más comunes de hacerlo es orando por un misionero o plantador de iglesias específico, o por un país o grupo poblacional. Algunas iglesias muestran un video relacionado con las misiones, o invitan a un misionero o a un plantador de iglesias a hablar por un tiempo breve. La inclusión en el culto de adoración de un elemento relacionado con las misiones puede ayudarle a desarrollar una pasión congregacional por las misiones.

Ofrendas/Diezmos — La devolución a Dios de una porción de los recursos que Él mismo nos da, ha sido un elemento integral de la adoración tanto para los cristianos como para los judíos. La ofrenda proporciona a los congregados la oportunidad de adorar a Dios confiándole a Él sus recursos, y proporcionando fondos para la obra ministerial de la iglesia. Tanto el Antiguo como el Nuevo Testamento ofrecen instrucciones amplias sobre el acto de dar. Algunas iglesias se enfocan en ofrendas generales de cualquier cantidad, mientras que otras iglesias exhortan activamente a diezmar, la expectativa del Antiguo Testamento de que cada persona debe dar el 10% de sus ingresos. Las iglesias recolectan las ofrendas y los diezmos de muchas maneras: pasando platos o cestas de recolección, proporcionando buzones de depósito convenientes, donaciones en línea, etc. Como plantador de iglesias, usted tendrá que decidir qué método de recolección de ofrendas se ajusta mejor a su contexto y a su comprensión de las Escrituras. Usted también tendrá que bregar con la idea de si el mandamiento a diezmar del Antiguo Testamento es algo que se espera de las iglesias del Nuevo Testamento.

Dedicación de Bebés — Las dedicaciones de bebés proporcionan oportunidades para que las congregaciones y los padres se unan en la responsabilidad de criar y discipular a los hijos de los creyentes. Existe, entre las denominaciones, una variedad de opiniones sobre las dedicaciones de bebés y funciones similares, incluyendo el pedobautismo. Como plantador de iglesias, usted necesitará determinar su postura con respecto a este elemento y reflexionar cuidadosamente sobre la estructura y el momento indicado para celebrar esta ceremonia.

Participación de los Niños — Algunas iglesias involucran a los niños en el culto trayéndolos al frente para una breve lección de un pastor o de un líder de niños. Estas lecciones suelen incluir elementos visuales y son fáciles de entender y aplicar para los niños. Como plantador de iglesias, usted tendrá que considerar si tal actividad es un elemento apropiado para su contexto.

Elemento Teatral — Los Elementos Teatrales incluyen dramas y bailes interpretativos acompañados frecuentemente de música. Cuando se ejecutan bien, los elementos teatrales pueden proporcionar una oportunidad única y creativa para la adoración y la reflexión. Como plantador de iglesias, usted tendrá que evaluar si su equipo puede llevar a cabo ese tipo de producción de forma efectiva y si valdrá la pena tal esfuerzo.

Testimonio — Algunas iglesias incluyen los testimonios como parte de sus cultos. Estos testimonios pueden ser presenciales o por video, y pueden incluir la historia de salvación de la persona o un testimonio sobre la provisión de Dios durante una prueba. Los testimonios pueden ser un estímulo para la congregación y los que dan sus testimonios deben estar completamente preparados para compartir.

Videos — Algunas iglesias, especialmente las iglesias más grandes, utilizan regularmente videos durante sus cultos de adoración. Los temas y funciones de estos videos pueden variar. Pueden utilizarse para introducir el tema de la predicación o para proporcionar enseñanza, información útil, o un momento de buena risa. Como plantador de iglesias, si usted decide usar videos en sus cultos, necesitará seleccionar cuidadosamente los videos que enriquezcan la experiencia de la adoración.

Anuncios — Parte de ser un buen líder es comunicarse bien con los que está liderando. Para lograr esto durante los cultos de adoración muchas iglesias comunican anuncios en diferentes momentos y de varias maneras, incluyendo diapositivas con anuncios, boletines de la iglesia, videos y discursos. Como plantador de iglesias, usted tendrá que decidir cómo y cuándo comunicará los anuncios.

Llamado al Altar — Nacidos del Gran Avivamiento, los llamados al altar se han convertido en un elemento básico del Evangelicalismo. Los llamados al altar son oportunidades para que los oyentes respondan al mensaje del predicador. Algunos predicadores ofrecen la posibilidad del anonimato pidiéndole a la congregación que cierre los ojos, mientras que otros hablan de la necesidad de responder públicamente ante la congregación. Como plantador de iglesias, usted tendrá que evaluar si existe apoyo escritural para los llamados al altar y decidir cuál método se ajusta mejor a su contexto y a su entendimiento de las Escrituras.

APÉNDICE O

PREPARÁNDOSE PARA PREDICAR

por Jonathan Ransom – *Pillar Church* de Okinawa, Japón

ORE

Usted necesita que el Espíritu Santo le hable a través de la Palabra de Dios. Pídale a Dios que le muestre el significado del texto. Pregúntele cómo se aplica hoy a su audiencia. Pídale que le ayude a comunicar fielmente el texto y que le guarde de decir algo tonto o confuso. Pídale que le mantenga humilde y escuchando. Pídale que le revele cualquier cambio que necesite hacer en sus propios pensamientos/vida/creencias antes de predicarle a los demás. Arrepiéntase rápida y completamente de cualquier cosa que el Espíritu Santo le revele. Abrace el texto, vívalo, apréndalo, medítelo, órelo, pídale a Dios que Su gloria se mantenga siendo el centro del mensaje. Pídale que le ayude a enfocarse en Cristo y en su Evangelio y que mantenga la cruz como el centro de toda su predicación. Predicamos para llevar a las personas a la cruz, al Evangelio de Jesucristo y a la gracia que tan desesperadamente necesitamos. No predicamos para hacer que la gente buena sea mejor. Predicamos para guiar a los rebeldes a su redentor. ¡Ore! Muy bien, ahora comience.

LEA

Lea el pasaje varias veces. Si es posible, lea el libro completo al menos una vez. ¡Mientras más lea, mejor será! Si no tiene tiempo para leer el libro completo, asegúrese de leer por lo menos los pasajes que rodean los versículos sobre los que va a predicar. EL CONTEXTO ES CLAVE. Si no domina el contexto, puede terminar predicando algo distinto de lo que el autor pretendía. De más está decir que eso no es bueno. Tener una visión general del texto protege al predicador de distorsionar los segmentos que componen el todo. Básicamente, si no puede sintetizar sobre lo que trata el libro o la carta (quién lo escribió, a quién lo escribió y la intención del autor al escribirlo), probablemente aún no domine bien el contexto. Lo ideal sería que usted fuera capaz de explicar el argumento, el tema o el mensaje general del libro o carta en particular. Si puede hacerlo, estará dando los pasos correctos hacia la comprensión del contexto.

Si no tiene tiempo para estudiar el contexto de un libro, o si siente que ha fracasado en su intento (lo cual puede suceder, así que no se martirice), lea lo que otros eruditos de confianza han escrito sobre el texto que predicará. **Pero — y esto es importante — por favor, no lea los comentarios expositivos sobre esos versículos todavía**. Aún le queda trabajo individual por hacer antes de leer lo que otros han predicado sobre el texto. Si tiene una Biblia de estudio, ese sería un buen lugar para empezar a leer sobre el contexto de un pasaje. Si no posee una Biblia de estudio y no tiene acceso a comentarios, la Internet es un gran lugar para buscar esta información. El siguiente enlace proporciona una introducción a todos los libros de la Biblia: blueletterbible.org/study/intros/esv_intros.cfm

ORE OTRA VEZ

OBSERVE

A continuación, encontrará algunas buenas preguntas que debe de hacerse sobre su texto mientras se prepara:

- ¿Quién lo escribió?
- ¿Quién lo recibió?
- ¿De qué se trata el libro?
- ¿Cuándo se escribió?
- ¿Dónde se escribió?

- ¿Por qué se escribió?
- ¿Contiene una palabra clave, una idea, una doctrina, un tema, etc.?
- ¿Quiénes son los personajes principales del libro?

ORE NUEVAMENTE

Pasando del Texto al Sermón

Después de leer y hacer algunas observaciones básicas con respecto a su pasaje, ya está listo para dar los próximos pasos, que le llevarán del texto en bruto a la predicación preparada.

1. Lea su pasaje en la traducción que piensa utilizar para predicar. (Ore)

2. Anote las primeras observaciones y/o las preguntas que pueda tener sobre el texto. (Ore)

3. Lea el pasaje en otras traducciones; a veces esto le ayudará a aclarar algo en el texto. (Ore)

4. Determine el significado de los versículos que conducen a su texto y los que se encuentran después del mismo. No es que usted esté tratando de escribir sermones sobre esos versículos adicionales, sino que solo se está asegurando de que los comprende de forma general y de que puede explicárselos a alguien. Sé que suena tedioso, y tal vez usted sienta que ya lo hizo en los pasos anteriores, pero recuerde, ¡el contexto es clave! (Ore)

5. Elabore un diagrama de su texto, separando las oraciones dentro de los versículos que estudiará y predicará. (Ore)
    a. Identifique el sujeto y el verbo de cada oración. Debido a que los verbos se utilizan para desarrollar el argumento o la historia, debe encontrarlos.
    b. Si ve la frase "*por lo tanto*", pregúntese, ¿para qué está ahí?

c. Las conjunciones (*pero, y, o, para, ni, sin embargo, así*) son muy importantes ya que guían su atención a través del desarrollo de una conversación o de un argumento.
d. Otras pistas en el texto incluyen frases y palabras como *para que, por esta razón, y entonces.*

6. Haga un bosquejo de su pasaje permitiendo que fluya desde el texto. Basta con escribir las cláusulas principales (sujeto y verbo) en una línea y luego escriba debajo de ellas, en líneas sangradas, las cláusulas dependientes (que modifican y/o explican las cláusulas principales). Este formato le ayudará a ver los puntos principales y cómo el autor emplea todo lo demás en el pasaje para explicar o describir los puntos principales. Asegúrese de que los puntos principales de su predicación fluyan desde los puntos principales del texto; su deseo no es inventar algo o predicar algo que simplemente no está en el texto. (Ore)

7. ¡Hora de estudiar las palabras! Ahora que ha identificado los verbos principales y otras palabras clave, es el momento de asegurarse de que entiende lo que significan. Escriba una lista de palabras y luego un estudie un poco sobre cada una. Una vez más, si no tiene acceso a ninguna herramienta de estudio bíblico, visite blueletterbible.org/index.cfm o olivetree.com/pc/. (Ore)

8. ¡Tiempo de teología bíblica! ¿Cuáles son los temas teológicos fundamentales que aparecen en su texto? ¿Misericordia, gracia, pecado, santificación, etc.? Asegúrese de encontrarlos y de explicarlos. No hay necesidad de escribir artículos extensos sobre estos temas, sólo asegúrese de que puede explicarlos en una o dos oraciones.
   a. Vea qué más tiene que decir el autor de su pasaje sobre esas mismas palabras en otra parte de este mismo libro o carta.
   b. Si su autor ha escrito otros libros o cartas, busque en ellos las ideas teológicas que aparecen en su pasaje.

c. Luego, lleve a cabo una búsqueda bíblica completa de esos temas. Una vez más, el sitio de *Blue Letter Bible* es una gran herramienta.

9. Escriba un borrador usando su bosquejo. Concéntrese en las siguientes preguntas de orientación al desarrollar más su esbozo.
   a. ¿Qué dice el texto?
   b. ¿Qué significa el texto?
   c. ¿Qué necesito saber, creer, hacer o dejar de hacer en respuesta a este texto?

10. Después de hacer todo este trabajo, lea algunos comentarios respetados. Esto es importante para asegurarse de que su mensaje no contenga inexactitudes. Si alguna de sus interpretaciones difiere de algunos de los comentarios que lee, probablemente sea usted el que está equivocado.

APÉNDICE P

FORMULARIO PARA LA EVALUACIÓN DE CULTOS

- Informe de la semana:
- ¿Comenzó a tiempo el culto?: ☐ Sí ☐ No (¿A qué hora?:_______)
- ¿Terminamos en tiempo? ☐ Sí ☐ No (¿A qué hora?:_______)
- ¿Se presentaron problemas técnicos? ☐ Sí ☐ No
- ¿Cuáles fueron los problemas técnicos?
- ¿Quién es el encargado de corregir este problema?
- ¿Quién predicó el sermón?
- ¿Cuál fue el pasaje?
- ¿La idea central del pasaje era la idea central del sermón?
- ¿Se proclamó el Evangelio en algún momento del culto?
- ¿El sermón tuvo puntos particularmente fuertes?

- ¿Existe algún tipo de crítica constructiva para el predicador?
- ¿Cuánto duró el sermón?
- ¿La Cena del Señor se dirigió de una manera que representaba al Evangelio?
- ¿Hay algo que podamos hacer para mejorar nuestra presentación de la Cena del Señor?
- ¿Se dieron instrucciones claras sobre quién puede tomar la Cena del Señor?
- ¿Se presentó la ofrenda como un acto de adoración?
- ¿Las canciones eran bíblicas?
- ¿Hubo algo en el culto que sirvió de distracción para llevar la atención de Dios al hombre?
- ¿Quién está presente en esta evaluación?
- ¿Cuántos adultos estaban en la adoración?
- ¿Cuántos niños estaban en la adoración?
- ¿Cuál fue la asistencia total de la semana?
- ¿Cuál fue el monto total de la ofrenda semanal?

APÉNDICE Q

TRES MODELOS DE GOBIERNO DE IGLESIAS

Por Clint Clifton

Cristo es la cabeza de la Iglesia (Colosenses 1:18). Él es la fuente de todo lo que la Iglesia es y hace. Su Palabra, la Biblia, es la guía de la iglesia para cada decisión que se tome. La iglesia mundial solamente existe para el deleite y propósito de Jesús. Todos los cristianos son ministros y sacerdotes de Dios (1 Pedro 2:5-10) que han recibido dones espirituales de Dios (Romanos 12:3-6) y un lugar especial de servicio en el cuerpo de la iglesia de Cristo (1 Corintios 12).

Algunos de los planes de Dios para el liderazgo de la iglesia local se pueden encontrar en las páginas del Nuevo Testamento. Las iglesias locales deben de seguir de cerca los ejemplos modelados por la iglesia cristiana primitiva. Donde la Escritura no se pronuncia, las iglesias deben de usar la sabiduría de los líderes fieles y la aplicación de los principios bíblicos para moldear efectivamente la estructura para la obra de Dios.

Había dos oficios en la iglesia cristiana primitiva: anciano y diácono. El término anciano se usa como sinónimo de los términos obispo, supervisor y pastor en el Nuevo Testamento. Para los fines de este documento, el término anciano representará los cuatro términos. Los ancianos tienen la responsabilidad de dirigir, enseñar y supervisar la iglesia, y los diáconos sirven al cuerpo de Cristo.

Tres Modelos Históricos

A lo largo de la historia de la iglesia, las iglesias se han gobernado de tres maneras básicas. Aunque existen muchos matices y variaciones de cada uno de estos sistemas de gobierno de la iglesia: episcopal, congregacional y presbiteriano; estos son los modelos eclesiásticos prevalentes.

Episcopal

En el siglo II, el modelo de gobierno de la iglesia por un grupo de ancianos, que había estado presente en las iglesias del Nuevo Testamento, fue reemplazado por un modelo episcopal, en el cual un hombre, el obispo, es designado para gobernar múltiples congregaciones. El Dr. Erwin Lutzer explica:

> La iglesia ha imitado frecuentemente las construcciones políticas de la cultura regente, con sus fortalezas y sus defectos. Según han evidenciado numerosos escritos de los padres de la iglesia, el liderazgo solitario de la iglesia (también conocido como gobierno episcopal de la iglesia) está fuertemente correlacionado con el liderazgo del Imperio Romano. Así como el emperador era supremo sobre lo físico, el obispo/anciano/pastor era supremo en lo concerniente a lo espiritual, presidiendo a todos los demás (diáconos y miembros).

Las iglesias católica, anglicana, ortodoxa oriental y luterana se gobiernan actualmente a través del sistema de gobierno episcopal. Aunque tiene ventajas obvias, como la eficiencia y la uniformidad, el modelo en sí mismo parece crear un entorno donde la corrupción puede arraigarse fácilmente.

Congregacional

Por mucho, esta es la forma de gobierno más popular de la iglesia protestante. El modelo congregacional pone énfasis en el sacerdocio de cada creyente, una convicción fundamental de las iglesias bautistas de todo el mundo. La sabiduría congregacional colectiva se convierte en el factor decisivo virtualmente en todas las decisiones importantes y los objetivos direccionales para la iglesia local. La contratación y la destitución de pastores, la adquisición de bienes, el presupuesto anual y todas las demás decisiones importantes se someten a la congregación para su consideración, discusión y aprobación. Este nivel de influencia de cada miembro tiene efectos positivos y negativos en una congregación. Positivamente, la congregación está protegida por las capas adicionales de rendición de cuentas que proporciona la diseminación de la autoridad. Por otro lado, al haber más opiniones aumenta la oportunidad de que ocurran peleas internas menores y desunión en el cuerpo.

Presbiteriano

La forma presbiteriana de gobierno combina la forma episcopal y la congregacional. La base de la política presbiteriana es el "presbiterio" o la "junta de ancianos", un grupo de líderes calificados bíblicamente y designados congregacionalmente, encargados de proporcionar dirección, supervisión y rendición de cuentas a una congregación. En la mayoría de los casos, el cuerpo de la iglesia tiene cierta influencia sobre las decisiones importantes, pero los ancianos bíblicamente calificados tienen la mayor parte de la responsabilidad del liderazgo. Este modelo es consistente con las iglesias del Nuevo Testamento y parece mantener un buen equilibrio de eficiencia y rendición de cuentas.

Conclusión

Las iglesias son vulnerables a todo tipo de dificultades y desafíos. El sistema de gobierno de la iglesia es el mecanismo diseñado para guiar a una congregación local a través de las aguas turbulentas que a menudo acompañan el ministerio, los cambios y el crecimiento. Las formas episcopales, congregacionales y presbiterianas de gobierno de la iglesia han resistido la prueba del tiempo como formas funcionales del sistema de gobierno de la iglesia. Un plantador de iglesias debe determinar qué forma de gobierno de la iglesia le parece más bíblica.

*Lutzer, Erwin. "*Different Forms of Church Government.*" *Church Leadership and Government.* Consultado el 8 de enero de 2016. http://www.moodymedia.org/articles/different-forms-church-government/.

APÉNDICE R

EJEMPLO DE DECLARACIÓN DE CREENCIAS

Declaración de Creencias de *Pillar Church of Dumfries* (Iglesia Pilar de Dumfries), Adaptado de la Fe y el Mensaje Bautista 2000

Dios

Dios es el creador y gobernante del universo. Él ha existido eternamente en tres personas: el Padre, el Hijo y el Espíritu Santo. Estos tres son co-iguales y un solo Dios.

El Padre: Dios el Padre reina con cuidado providencial sobre Su universo. Él es todopoderoso, omnisciente, amoroso y sabio.

El Hijo: Jesucristo es el único Hijo de Dios. Él es completamente Dios y completamente hombre. Nació de una virgen, vivió una vida humana sin pecado y se ofreció como el sacrificio perfecto por los pecados de todos muriendo en una cruz. Se levantó de los muertos después de tres días para demostrar su poder sobre el pecado y la muerte, y ascendió al cielo donde se sienta a la diestra de Dios.

El Espíritu Santo: El Espíritu Santo está presente en el mundo para hacer conscientes a las personas de su necesidad de Jesucristo. Él mora en todos los cristianos desde el momento de la salvación, proporcionándoles poder para vivir y guía para hacer lo correcto.

Juan 16: 7-13; Gálatas 5:22-25; Juan 4:24; 1 Corintios 15:3-4; Filipenses 2:5-11; Génesis 1:1; Deuteronomio 6:4.

Las Escrituras: La Biblia es la Palabra de Dios para nosotros. Los autores humanos escribieron la Biblia bajo la guía sobrenatural del Espíritu Santo. Debido a su inspiración divina, la Biblia es la fuente suprema de la verdad para todas las personas. Creemos que cada palabra de la Biblia es inspirada y que, en su forma original, la Biblia no tiene ningún error. También creemos que la Biblia juega un papel indispensable para el seguidor de Cristo. Edifica, transforma, alienta, corrige y protege al cristiano al estudiarla y aplicarla.

Salmos 119:11; Hechos 20:32; Efesios 5:26; 6:17; Éxodo 24:4; Salmos 40: 8; 2 Timoteo 3:15-17; Hebreos 4:12; Salmo 119:105; 1 Corintios 2:7-15; Juan 16:12-15.

El Hombre

El hombre es la creación especial de Dios, hecho a Su propia imagen. En el principio el hombre era inocente de pecado y fue dotado por su Creador de libertad de elección. Por su elección el hombre pecó contra Dios y trajo el pecado a la raza humana. La decisión del hombre de pecar causó una división entre el Creador y la creación dejando al hombre necesitado de un Salvador.

Génesis 1:26-30; 2:5,7,18-22; 3; 9:6; Salmos 1; 8:3-6; 32:1-5; 51:5; Isaías 6:5; Jeremías 17:5; Mateo 16:26; Hechos 17:26-31; Romanos 1:19-32; 3:10-18,23; 5:6,12,19; 6:6; 7:14-25; 8:14-18,29; 1 Corintios 1:21-31; 15:19,21-22; Efesios 2:1-22; Colosenses 1:21-22; 3:9-11.

La Salvación

La salvación implica la redención de todo el hombre y se ofrece gratuitamente a todos los que aceptan a Jesucristo como Señor y Salvador, quien por Su propia sangre obtuvo eterna redención para el creyente. En su sentido más amplio, la salvación incluye la regeneración, la justificación, la santificación y la glorificación. No hay salvación sin fe personal en Jesucristo como Señor.

1. La regeneración, o el nuevo nacimiento, es una obra de la gracia de Dios mediante la cual los creyentes se convierten en nuevas criaturas en Cristo Jesús. Es un cambio de corazón forjado por el Espíritu Santo a través de la convicción de pecado, a la cual el pecador responde con arrepentimiento ante Dios y fe en el Señor Jesucristo. El arrepentimiento y la fe son experiencias de gracia inseparables. El arrepentimiento es el rechazo genuino del pecado contra Dios. La fe es la aceptación de Jesucristo y el compromiso de toda la personalidad con Él como Señor y Salvador.

2. La justificación es la absolución total y por gracia de parte de Dios, sobre los principios de Su justicia, de todos los pecadores que se arrepienten y creen en Cristo. La justificación trae al creyente a una relación de paz y favor con Dios.

3. La santificación es la experiencia que comienza con la regeneración y mediante la cual el creyente es apartado para los propósitos de Dios, y es capacitado para progresar hacia la madurez moral y espiritual a través de la presencia y poder del Espíritu Santo que mora en él. El crecimiento en la gracia debe de continuar a lo largo de la vida de la persona regenerada.

4. La glorificación es la culminación de la salvación y es el estado bendito y permanente de los redimidos.

Génesis *3:15;* Éxodo *3:14-17; 6:2-8;* Mateo *1:21; 4:17; 16:21-26; 27:22-28:6; Lucas 1:68-69; 2:28-32; Juan 1:11-14,29; 3:3-21,36; 5:24; 10:9,28-29; 15:1-16; 17:17; Hechos 2:21; 4:12; 15:11; 16:30-31; 17:30-31; 20:32; Romanos 1:16-18; 2:4; 3:23-25; 4:3; 5:8-10; 6:1-23; 8:1-18,29-39; 10:9-*

10,13; 13:11- 14; 1 Corintios 1:18,30; 6:19-20; 15:10; 2 Corintios 5:17-20; Gálatas 2:20; 3:13; 5:22-25; 6:15; Efesios 1:7; 2:8-22; 4:11-16; Filipenses 2:12- 13; Colosenses 1:9-22; 3:1ss.; 1 Tesalonicenses 5:23-24; 2 Timoteo 1:12; Tito 2:11-14; Hebreos 2:1-3; 5:8-9; 9:24-28; 11:1-12:8,14; Santiago 2:14-26; 1 Pedro 1:2-23; 1 Juan 1:6-2:11; Apocalipsis 3:20; 21:1-22:5.

El Evangelismo y la Plantación de Iglesias

Es el deber y el privilegio de cada seguidor de Cristo, y de cada iglesia del Señor Jesucristo, esforzarse por hacer discípulos de todas las naciones. Nosotros creemos que los discípulos se hacen más efectivamente en el contexto de la iglesia local. Por lo tanto, la plantación de iglesias y las misiones son de suma importancia. El Señor Jesucristo ha mandado a predicar el Evangelio a todas las naciones. El deber de todo cristiano es constantemente procurar ganar a los perdidos para Cristo.

Génesis 12:1-3; Éxodos 19:5-6; Isaías 6:1-8; Mateo 9:37-38; 10:5-15; 13:18-30, 37-43; 16:19; 22:9-10; 24:14; 28:18-20; Lucas 10:1-18; 24:46-53; Juan 14:11-12; 15:7-8,16; 17:15; 20:21; Hechos 1:8; 2; 8:26-40; 10:42-48; 13:2-3; Romanos 10:13-15; Efesios 3:1-11; 1 Tesalonicenses 1:8; 2 Timoteo 4:5; Hebreos 2:1-3; 11:39-12:2; 1 Pedro 2:4-10; Apocalipsis 22:17.

Las Ordenanzas

Hay dos ordenanzas para la iglesia del Nuevo Testamento. La primera, el bautismo, es la inmersión de un creyente en agua. Es un acto de obediencia que simboliza la fe del creyente en un Salvador crucificado, sepultado y resucitado, la muerte del creyente al pecado, el entierro de la vida, y la resurrección para caminar en una nueva vida en Cristo Jesús. La segunda, la Santa Cena o Cena del Señor, es un acto simbólico de obediencia mediante el cual los seguidores conmemoran la muerte del Redentor y anticipan Su segunda venida.

Mateo 3:13-17; 26:26-30; 28:19-20; Mark 1:9-11; 14:22-26; Lucas 3:21-22; 22:19-20; Juan 3:23; Hechos 2:41-42; 8:35-39; 16:30-33; 20:7; Romanos 6:3-5; 1 Corintios 10:16,21; 11:23-29; Colosenses 2:12.

APÉNDICE S

EJEMPLO DE PACTO DE LA IGLESIA

New Covenant Bible Church
(Iglesia Bíblica del Nuevo Pacto) — St Charles, IL
Pacto de la Iglesia

Habiendo sido traídos por la gracia de Dios al arrepentimiento y a creer en el Señor Jesucristo, ahora nosotros, dependiendo del Espíritu Santo, establecemos este pacto los unos con los otros.

En todo lo que hacemos, trataremos de glorificar y gozar del Dios de nuestra salvación, de quien y por medio de quien y para quien son todas las cosas: ¡A Él sea toda la gloria para siempre! *(1 Cor. 10:31; Rom. 11:36)*

Mantendremos ávidamente la unidad del Espíritu en el vínculo de la paz caminando juntos en el amor y en el Espíritu y apartando toda amargura, ira y lenguaje injurioso *(Ef. 4:3; Gál. 5:16, 25; Ef. 4:29, 31)*.

Con humildad y mansedumbre, paciencia y amor seremos amables unos con otros, misericordiosos, perdonándonos unos a otros, así como Dios, por causa de Cristo, nos ha perdonado *(Ef. 4:1-2; Luc.17:3; Col. 3:13; 1 Tes.5:11; 1 Ped. 1:22)*.

Los unos llevaremos las cargas de los otros, regocijándonos con los que se alegran y llorando con los que lloran *(Gál 6:2; Rom. 12:15)*.

Adiestraremos a nuestros hijos en la instrucción del Señor, procurando caminar de una manera que traiga decoro al Evangelio de Cristo ante nuestra familia, amigos y nuestro prójimo *(Prov. 22:6; Ef. 6:4; 1 Ped. 3:1)*.

Nos esforzaremos por vivir una vida de dominio propio, recta y piadosa en este tiempo presente, mientras esperamos la bendita esperanza, la aparición de la gloria de nuestro gran Dios y Salvador Jesucristo *(Gál 5:22-24; Tito 2:12; 1 Ped. 1:14)*.

No descuidaremos el congregarnos, sino que apoyaremos y atesoraremos la predicación bíblica de todo el consejo de Dios, la observancia fiel del bautismo y la Cena del Señor, y el ejercicio amoroso de la disciplina en la iglesia *(Heb. 10:25; 2 Tim. 4:2; Hechos 2:38; 1 Cor. 11:26; Mat. 18:17; 1 Cor.5:13)*.

Contribuiremos alegre y generosamente para los gastos de la iglesia, el alivio de los pobres y el avance del Evangelio tanto a nuestros vecinos como a las naciones *(Mat. 28:19; Lucas 12:33; 2 Cor. 9:7)*.

Cuando nos mudemos de este lugar, nos uniremos tan pronto como sea posible a alguna otra iglesia donde podamos implementar el espíritu de este pacto y los principios de la Palabra de Dios.

En todas estas cosas, confiamos en el Dios nuestro que ha hecho un pacto nuevo y eterno con nosotros, diciendo:

> "Ellos serán mi pueblo, y yo seré su Dios; y les daré un solo corazón y un solo camino, para que me teman siempre, para bien de ellos y de sus hijos después de ellos. Haré con ellos un pacto eterno, por el que no me apartaré de ellos, para hacerles bien, e infundiré mi temor en sus corazones para que no se aparten de mí. Me regocijaré en ellos haciéndoles bien, y ciertamente los plantaré en esta tierra, con todo mi corazón y con toda mi alma". (Jer. 32:38-41)

En y por Jesús oramos, Amén.

APÉNDICE T

ENTREVISTAS DE MEMBRESÍA

Cómo Conducir una Entrevista de Membresía Eficazmente
Por Mike McKinley

Para comenzar, puede que sea útil admitir que no existen versículos específicos en las Escrituras que requieran que una iglesia realice una entrevista antes de reconocer a alguien como miembro de su congregación. En los días del Nuevo Testamento, el proceso para convertirse en miembro de la iglesia parece haber sido bastante breve y orgánico: un nuevo miembro profesaba fe en Cristo, era bautizado y añadido a la iglesia (consultar Hechos 2:41).

Pero por buenas razones muchas iglesias han considerado útil dedicar un tiempo para conversar con el candidato a la membresía antes de que él o ella se unan a la iglesia. En mi experiencia, estas sesiones de entrevistas representan una oportunidad pastoral extremadamente valiosa. Es una ocasión para hacer preguntas, para ofrecer cuidado pastoral y para moldear la comprensión que los candidatos tienen de su rol en la iglesia.

El propósito de este artículo es proporcionar una guía práctica sobre cómo aprovechar al máximo estas entrevistas para beneficio del miembro y para la salud de la iglesia. Y aunque no hay una manera establecida para llevar a cabo una entrevista de membresía, he considerado útil intentar lograr tres cosas durante una reunión de una hora:

1. Conocer al candidato a miembro.
2. Ayudar al candidato a entender la iglesia.
3. Comenzar la atención pastoral con el candidato.

Conózcalos

Después de comenzar en oración, suelo comenzar haciendo preguntas que me ayudarán a conocer mejor al individuo. A veces entrevisto a personas que conozco bastante bien, como antiguos miembros que han regresado a la zona. En otras ocasiones, he entrevistado a personas que han sido, a todos los efectos, completos extraños. Así que, si bien podría adaptar mi enfoque a esas situaciones específicas, he aquí cuatro cosas que normalmente le pregunto a todos los candidatos a la membresía (con algunos comentarios breves):

1. ¿Qué le hace querer unirse a la iglesia?

Esta pregunta es buena para romper el hielo, ayuda a entender las motivaciones de las personas y ocasionalmente puede disparar alguna señal de alarma (como la persona que una vez respondió: "Porque ya me cansé de buscar una buena iglesia").

2. ¿De dónde es usted?

Las personas no llegan a su oficina de la nada. Han sido formados para bien y para mal por sus trasfondos, experiencias y familias. Como pastor, esta información le ayudará a cuidar al nuevo miembro al convertirse en parte de su rebaño. Alguien de un trasfondo cristiano legalista probablemente tendrá diferentes necesidades, reacciones y tentaciones a las de alguien que haya sido criado por padres ateos.

3. ¿Cómo se convirtió en cristiano?

Esta es la información más importante que se puede obtener en una entrevista de membresía. Una iglesia debe estar segura de que sus miembros se han convertido genuinamente, y el entendimiento que posea una persona sobre su conversión revelará bastante sobre su madurez espiritual. Dios ha usado esa pregunta en más de una ocasión para revelar que el miembro potencial podría muy bien no haberse convertido en lo absoluto.

4. ¿Me puede explicar el Evangelio brevemente?

Usted podría sorprenderse de cuántos cristianos no pueden articular claramente las buenas nuevas de Jesús. Pueden creer el Evangelio, pero no lo entienden lo suficientemente bien como para comunicarlo. O, más comúnmente, podrían omitir una parte importante del Evangelio, como la necesidad de que los pecadores respondan en arrepentimiento y fe. Esta pregunta le permite a usted orientar al nuevo miembro o corregir gentilmente su comprensión de las buenas nuevas.

Ayúdelos a Conocer la Iglesia

Después de dedicar algún tiempo a conocer al posible miembro (y creer que se ha convertido), giro la conversación hacia ayudarle a comprender la iglesia a la que ha venido a unirse. Aunque tenemos una clase de membresía que abarca muchos de estos temas, es siempre provechoso explicarlos cara a cara.

1. Conteste cualquier pregunta que el candidato pueda tener.

Las personas a menudo hacen preguntas acerca de la iglesia que van desde las más pequeñas ("¿Por qué el logotipo de la iglesia es verde?") hasta las de más peso ("¿Qué enseña la iglesia sobre el divorcio?"). Esta es una buena oportunidad para que la gente explore cualquier pregunta que pueda estar inquietándole.

2. Repase la declaración de fe y el pacto de la iglesia.

Este tema se cubre bastante a fondo en nuestras clases de membresía, pero la entrevista de vez en cuando genera buenas oportunidades para explicar algún punto doctrinal o para corregir cualquier malentendido.

3. Repase las expectativas para los miembros de la iglesia.

La entrevista de membresía es un buen momento para establecer claramente las expectativas. A nuestros miembros nuevos les decimos que la congregación espera seis cosas de todos sus miembros:

- *Que asistan* — Para nuestra iglesia, esto quiere decir el domingo por la mañana y (si fuera posible) el domingo por la noche. Uno no puede ser parte de algo si no está presente.
- *Que oren* — Pedimos y esperamos que nuestros miembros oren unos por otros.
- *Que ofrenden* — Dar es un acto de adoración y de obediencia.
- *Que sirvan* — Use sus dones dados por el Espíritu para edificar al cuerpo.
- *Que vivan en santidad* — Sus acciones, en privado y en público, afectan la salud del cuerpo. Luche contra el pecado por la gracia de Dios y apresúrese a confesar y a pedir ayuda cuando la necesite.
- *Que evangelicen* — Usted es un misionero enviado por nuestra iglesia a su vecindario, hogar y puesto de trabajo.
- *Afiance cualquier rasgo que sea importante para la cultura de su iglesia.*

La entrevista de membresía es un buen momento para asegurarse de que los nuevos miembros realmente asimilen la cultura de la iglesia. Normalmente yo repaso nuestro enfoque de la libertad cristiana, la prioridad que damos en nuestro presupuesto a la plantación de iglesias y nuestro énfasis en el ministerio de cada miembro más que en los programas. Es provechoso que todos en la iglesia estén en la misma sintonía en este tipo de asuntos.

*4. **Repase el proceso restante para la membresía.***

Esta parte es simple; explíqueles los siguientes pasos del proceso de membresía de su iglesia. Pudiera ser útil responder a preguntas que tengan sobre alguna fecha, así como cualquier declaración pública que se les pueda pedir que hagan.

Comience el Cuidado Pastoral

A estas alturas de la conversación, ya yo debo de tener una idea bastante buena sobre lo que un candidato podría necesitar al comenzar a ser parte de la vida de la congregación. Al final de la reunión es bueno establecer un plan sobre las maneras en que el candidato se puede integrar a la iglesia. En nuestra congregación, esto puede implicar hacer arreglos para que se una a un grupo pequeño y asignarle un compañero personal para leer la Biblia. En algunos casos especiales, queda claro que la persona se beneficiaría de algún seguimiento especial (como consejería, un programa de estudio bíblico o incluso un curso evangelístico). En esos casos, prefiero comenzar el proceso antes de que el candidato salga de mi oficina. Al concluir la reunión sería útil orar por el nuevo miembro para que sea fructífero en la vida de la iglesia y para que la iglesia produzca muchos frutos en su vida.

Hacer entrevistas de membresía es un privilegio. Puede parecer tedioso cuando muchas personas quieren unirse y mi horario (y el de nuestros ancianos) está apretado. Pero es importante para la salud de la iglesia que examinemos cuidadosamente a las personas antes de que se conviertan en miembros, y es una alegría escuchar los testimonios de los candidatos sobre la gracia de Dios y pensar juntos en cómo Dios puede bendecirlos a través de la iglesia.

McKinley, Mike. *"How to Conduct an Effective Membership Interview"*. TGC. 9 de septiembre de 2012. Consultado el 8 de enero de 2016. http://www.thegospelcoalition.org/article/how-to-conduct-an-effective-membership-interview.

NOTAS FINALES

1. *"SBA Office of Advocacy, Frequently Asked Questions". Small Business Administration.* 1 de marzo de 2014. Consultado el 8 de enero de 2016. https://www.sba.gov/sites/default/files/FAQ_March_2014_0.pdf.

2. Stetzer, Ed, y Phillip Connor. *"How Many Church Plants Really Survive — And Why?"* North American Mission Board. 2007. Consultado el 8 de enero de 2016. http://www.namb.net/namb1cb2col.aspx?id=8590001104.

3. Diccionario de la Real Academia Española. Consultado el 20 de septiembre de 2017. http://dle.rae.es/?id=b3b8sle (Entrada 3)

4. Spurgeon, C. H. *Lectures to My Students: Complete & Unabridged.* (Versión castellana bajo el título "Discursos a mis Estudiantes"). Nueva ed. Grand Rapids, Casa editorial Mich.: Zondervan, 1954. 26-27.

5. Thayer, Joseph Henry y Carl Ludwig Wilibald Grimm, "ὀρέγω: Strongs G3713". *In Thayer's Greek-English Lexicon of the New Testament: Coded with Strong's Concordance Numbers.* Sexta impresión, ed. Peabody, Mass.: Hendrickson, 2003.

6. *Ibid.* "πιθυμέω: Strongs G1937".

7. Piper, John. *Brothers, We Are Not Professionals: A Plea to Pastors for Radical Ministry.* Nashville, Tenn.: Broadman & Holman, 2002. 1.

8. Spurgeon, *Lectures.* 35. (Versión castellana bajo el título "Discursos a mis Estudiantes")

9. *"Learning a New Skill Is Easier Said Than Done". Gordon Training International.* 2011. Consultado el 8 de enero de 2016. http://www.gordontraining.com/free-workplace-articles/learning-a-new-skill-is-easier-said-than-done/

10. Henry, Matthew. *"Complete Commentary on James 4". "Matthew Henry Complete Commentary on the Whole Bible".* (Versión castellana bajo el título "Comentario

Bíblico de Matthew Henry") 1706. Consultado el 8 de enero de 2016. http://www.studylight.org/commentaries/mhm/view.cgi?bk=58&ch=4.

11. *Ibidem*

12. *Ibidem*

13. Chesterton, G. K. *What's Wrong in the World. Christian Classics Ethereal Library.* 1910. 114. Consultado el 8 de enero de 2016. http://www.ccel.org/ccel/chesterton/whatwrong.pdf.

14. Citado por Pearcey, Nancy. *Total Truth: Liberating Christianity from Its Cultural Captivity.* Wheaton, 111.: Crossway Books, 2004. 18.

15. Citado por *Ibidem 5*.

16. Lewis, C. S. *The Collected Letters of C.S. Lewis,* Volume 3: *Narnia, Cambridge and Joy 1950-1963*, editado por Walter Hooper. San Francisco, California: Harper Collins, 2007. 766.

17. Stott, John R. W. *Between Two Worlds: The Challenge of Preaching Today.* Grand Rapids, Mich.: W.B. Eerdmans Pub., 1994. 292.

18. McKinley, Mike. *Am I Really a Christian? The Most Important Question You're Not Asking.* Wheaton, IL: Cross way, 2011.

19. DeYoung, Kevin, y Ted Kluck. *"Church: Love It, Don't Leave It — OnFaith". OnFaith.* 1 de julio de 2009. Consultado el 8 de enero de 2016. http://www.faithstreet.com/onfaith/2009/07/01/church-love-it-dont-leave-it/123.

20. Dever, Mark Edward. *A Display of God's Glory: Basics of Church Structure Deacons, Elders, Congregationalism dr Membership. New England: Center for Church Reform*, 2001. 5.

21. *"The Waterer Watered — C. H. Spurgeon". Bible Bulletin Board.* Consultado el 8 de enero de 2016. http://www.biblebb.com/files/spurgeon/0626.htm.

22. Thayer. "μαθητής: Strongs G3101".

23. Bruskas, Dave. *"Churches Planting Churches Biblically".* ChurchLeaderscom. 15 de noviembre de 2010. Consultado el 8 de enero de 2016. http://www.churchleaders.com/outreach-missions/outreach-missions-blogs/146052-churches-planting-churches-biblically.html.

24. C. Peter Wagner, *Church Planting for a Greater Harvest.* Ventura, California: Regal Books, 1990. 11.

25. Thayer. "κκλησία: Strongs Gl577".

26. Spurgeon, *"The Waterer Watered"*

27. *"Simple Church — Why?" Simple Church — Why?* Consultado el 13 de enero de 2016. http://www.simplechurchathome.com/Why.html.

28. Olson, David T. *The American Church in Crisis: Groundbreaking Research Based on a National Database of over 200,000 Churches.* Grand Rapids, Mich.: Zondervan, 2008. 16.

29. Stetzer, Ed y Phillip Connor. "*Church Plant Survivability and Health Study 2007*" North American Mission Board. 2007. Consultado el 8 de enero de 2016.

30. Rainer, Thom. *"13 Issues for Churches in 2013"*. ChurchLeaderscom. 15 de enero de 2013. Consultado el 8 de enero de 2016. http://www.churchleaders.com/pastors/pastor-articles/164787-thom-rainer-13-issues-churches-2013.html.

31. *"The World Factbook: United States". Central Intelligence Agency.* Consultado el 8 de enero de 2016. https://www.cia.gov/library/publications/the-world-factbook/geos/us.html

32. Keller, Timothy y J. Allen Thompson. *Church Planter Manual.* Nueva York: *Redeemer Presbyterian Church*, 2002. 30.

33. Keller, Timothy, *"Why Plant Churches?" Redeemer City to City*, 2009. Consultado el 8 de enero de 2016. http://www.rockcreekfellowship.org/wp-content/uploads/2012/12/Why_Plant_Churches_.pdf

Made in the USA
Middletown, DE
13 April 2019